Lehmann-Brauns · Die alten Dorfkirchen der Eifel

Elke Lehmann-Brauns

Zeiten, Zank und Zauber

Die alten Dorfkirchen der Eifel

Mit Fotos der Autorin

2. Auflage

J. P. Bachem Verlag Köln

Das Foto auf dem Einband zeigt einen Ausschnitt aus einem Fenster von St. Wendelin in Kirmutscheid: im Hintergrund die Kirche und alte Schule, im Vordergrund ein strickendes Mädchen, das Kühe hütet (1913/14 von Heinrich Maier gemalt).

Die Vignetten zeigen:
Auf Seite 1 eine Holzfigurengruppe des 16. Jahrhunderts aus der Marienkirche in Auw: die Drei Jungfrauen Irmina, Adela und Clotildis auf dem Esel reitend, der sie in großem Sprung sicher über das Kylltal setzte.
Auf Seite 2 das Maskenmotiv einer Konsole aus der Monrealer Kreuzerhöhungskirche von der zweiten Hälfte des 15. Jahrhunderts.
Auf Seite 197 ein Dreiviertelsäulchen mit schnurrbärtigem Männerkopf als Kapitellschmuck aus der Gondelsheimer Kirche, (15. Jahrhundert).

Das Foto auf der Rückseite des Einbandes zeigt St. Peter von Berndorf auf dem Kirmesberg, Südansicht. Entstehungszeit 1513 bis 1515.

Titelbild: Elke Lehmann-Brauns
Karten: Hans-Karl Welle
Alle Fotos: Elke Lehmann-Brauns.

Die Deutsche Bibliothek – CIP-Einheitsaufnahme

Lehmann-Brauns, Elke:
Die alten Dorfkirchen der Eifel · Zeiten, Zank und Zauber / Elke Lehmann-Brauns. Mit Fotos der Autorin. –
2. Aufl. – Köln · Bachem, 1996
ISBN 3-7616-1192-7

Erste Auflage · 1994
Zweite Auflage · 1996

Einbandentwurf: Bettina Hartmann, Köln
Reproduktionen: Willy Kühl, Köln
Satz und Druck: Druckerei J. P. Bachem GmbH & Co. KG Köln
Printed in Germany
ISBN 3-7616-1192-7

Inhalt

Vorwort

Der Reichtum an Dorfkirchen im Gebirgsland Eifel ist überwältigend groß: knapp 400 Beispiele finden sich in den alten Landkreisen Aachen, Ahrweiler, Bitburg, Daun, Düren, Euskirchen, Mayen, Monschau, Prüm, Schleiden und Wittlich. Dabei sind die großen Stadtkirchen nicht mitgerechnet. Den Schwerpunkt bilden Bauwerke aus der Zeit des Mittelalters, das dann in neogotischer Auflage bei der letzten großen Bauwelle von Dorfkirchen im romantischen 19. Jahrhundert wiederauflebt. Die barocke Periode im 17. und 18. Jahrhundert gehört vorrangig den kleineren Kapellen, 300 an der Zahl. Doch an den bestehenden Kirchen wurden nun vielfach stilistische Veränderungen und Erweiterungen vorgenommen. Da es Ziel meiner Arbeit war, nicht nur die Architektur zu beschreiben, sondern darüber hinaus von ihrem Umfeld, vor allem von den Menschen zu erzählen, für die ihre Kirche einst Mittelpunkt des Lebens war, mußte ich eine sehr begrenzte Auswahl treffen, um im vorgegebenen Rahmen zu bleiben. Ich entschied mich für das Mittelalter, das in seiner ausgehenden Phase um 1500 noch einmal einen Höhepunkt im Kirchenbau mit spätgotischen Formen brachte. Immer noch blieb eine Überzahl an Kirchen mit romanischem Turm und Mauerwerk oder spätgotischen Chören. Doch im ursprünglichen Zustand erhalten, rein oder nahezu unverfälscht durch Zutaten waren verhältnismäßig wenige Anlagen. Sie sprachen mich am meisten an, auf sie fiel meine Wahl. Dabei sparte ich die vom Weinanbau eher städtisch geprägten Moseldörfer aus. Meine Arbeit ist keine wissenschaftliche Dokumentation mit vollständiger Aufführung mittelalterlicher Sakralarchitektur, sondern nach subjektiven Kriterien angelegt. So ließ ich einzelne Kirchen unberücksichtigt, wenn sie mich weniger inspirierten, andere nahm ich trotz einer geringen späteren Zutat auf, wenn mir ihre Geschichte bedeutend erschien. Zwei Beispiele bezog ich ein, die ein dezenter Neubau auf Tuchfühlung berührt, ohne die alte Substanz zu beschädigen.

Um die Bedeutung der Reformation für die größtenteils römisch-katholische Eifel darzustellen, schrieb ich ein Kapitel über die evangelische Kirche in Kirchseiffen/Hellenthal, die als Bethaus ohne Turm und Glocken erst nach dem Duldungserlaß Joseph II. von 1781 gebaut werden durfte. Für mich ziehen sich die 29 Dorfkirchen wie eine lockere Perlenkette durch das gebirgige Land. Sollte eine Kirche wegen Diebstahlgefahr verschlossen sein, ist der Schlüssel im Ort zu erfragen.

Zum Entstehen meines Buches haben viele Fachkundige durch ihre Förderung engagiert beigetragen. An erster Stelle richte ich tief empfundenen Dank an Professor Matthias Zender, Volkskundler der Universität Bonn. Der gebürtige Eifeler, Niederweis, Jahrgang 1907, hat meine Arbeit seit ihrem Beginn bis zum Abschluß als generöser Ratgeber begleitet und durch sein nahezu unerschöpfliches Stegreifwissen und seine Veröffentlichungen zu Heiligen wie zu Sagen und Schwänken wesentlich bereichert. Matthias Zender starb am 20. Dezember 1993. Besonderen Dank für großzügige Hilfe in Sachfragen schulde ich der Expertin auf dem Gebiet der christlichen Ikonographie, Dr. Gertrud Schiller, in Grafrath. Für Unterstützung und Anregung habe ich auch zu danken dem Kunsthistoriker Professor Horst Hallensleben, Universität Bonn, seinen Kollegen von der Katholisch-Theologischen Fakultät, Professor Ernst Dassmann und Professor Eduard Hegel, ferner Dr. Gerhard Bauchhenß, Rheinisches Landesmuseum in Bonn, und Dr. Paul-Georg Custodis, Landesamt für Denkmalpflege in Mainz. Bei meinen Untersuchungen und Befragungen vor Ort in den Dörfern traf ich auf großes Interesse, Entgegenkommen, Hilfe und Auskunftbereitschaft bei Pfarrern, Küsterinnen und Küstern, bei Bürgermeistern, Ortsvorstehern, Heimatkundlern und Geschichtenerzählern. Dadurch wurde meine Arbeit entscheidend belebt. Ich danke diesem liebenswürdigen Personenkreis ganz besonders für die Mitgestaltung am Buch der Eifeler Kirchen und ihrer Dörfer: in *Alendorf:* Thomas Keul, Heinz Keul, Josef Kraus, Elisabeth Reifferscheid, Professor Karl-Heinz Urlaub und Frau Helene; in *Baasem:* Heinrich Reidt, Peter Warler; in *Berndorf:* Albert Bell, Peter Mauel; in *Dottel:* Karl Wilhelm Becker, Robert Bruchhausen, Magdalena Feder, Georg Honscha; in *Dümpelfeld:* Alfred Fuhrmann, Knut Stratmann, Edith Surges; in *Fraukirch:* Margarete und Robert Sesterhenn; in *Gappenach:* Dr. Giesbert Feils, Arnold Probstfeld; in *Gondelsheim:* Nikolas Bahles, Hubert Göbel, Peter Meyer †; in *Gransdorf:* Rudolf Heck, Alois May, Gertrud Spoden; in *Großlangenfeld:* Joseph Reusch; in *Kerpen:* Nikolaus Rätz; in *Kirmutscheid:* Christel Fehling, Hermann Kettel, Heinrich Schwall; in *Kirschseiffen:* Dr. Gerhard Rabius, Dr. Armin Haas, Werner Hanf, Ulf Martin Rock (Düsseldorf); in *Kronenburg:* Marliese Brandenburg, Johann M. Brandenburg; in *Lambertsberg:* Hubert Colling, Klara Habscheid, Gerhard Heltemes †; in *Meckel:* Max Becker, Eugen Kirscht, Gräfin Adda von Krokow (Föhren); in *Mertloch:* Kurt Groß, Gerhard Pies; in *Monreal:* Roland Imhoff, Karl Müller; in *Niederkyll:* Katharina Königs; in *Niedermendig:* Manfred Drum, Michael Hoellen, Franz Klein, Ottmar Schneider; in *Polch:* Rudolf Faßbender; in *Roth a.d.Our:* Horst Brandt, Erwin Schneider; in *Stockem:* Eugen Monshausen, Agnes Wirts, Alfred Zehren; in *Üß:* Peter Koch, Alfons Poss †; in *Welling:* Alexander Geiermann, Gretchen und Johann Dähler; in *Weyer:* Kurt Hoberg, Peter Wassong; in *Wolsfeld:* Frank-Oliver Hahn, Hubert Schaal. Schließlich gilt mein besonderer Dank für Beratung bei meinen Fotoarbeiten und für Handabzüge Leszek Hirch in Köln.

Elke Lehmann-Brauns

Einführung

Mittelpunkt des Lebens

Die typische Silhouette eines Dorfes zeichnet den gleichbleibenden Umriß: aus dem Ensemble von Häusern und Höfen hebt sich die Kirche mit aufragendem Turm, spitzem Helm und großen Dachflächen monumental hervor. Die Kirche bestimmt das Erscheinungsbild, auch wenn sie am Rand steht. Hier gebührt ihr ein markanter Platz, der sie als Orientierungspunkt in der Landschaft weithin sichtbar macht. Die Natur trägt zur Unverwechselbarkeit einer jeden Kirche bei: bewaldete Hänge, ein abfallendes Tal mit Felsen oder Feldern, Wiesen mit Obstbäumen. Und häufig stehen Linden oder Buchen zum Schutz gegen Wind und Wetter um sie herum auf dem Friedhof. Für die mittelalterlichen Menschen hatten ihre Gotteshäuser mit reicher Ausstattung höchste Bedeutung. Ihr Weltbild gründete in der Idee der Christenheit, die Europa vereinte und die Kultur prägte. Bei ihrer großen Heilssehnsucht verstanden die Gläubigen die Kirche als Lebensmittelpunkt, der einzige Hilfe bot zur Vorbereitung auf das Jenseits. Die zentrale, hochgehobene Lage im Ort und die unvergleichliche Größe, mit der allenfalls eine Burg konkurrieren konnte, sind Ausdruck dieser Haltung.

Kunstwerke dienten ausschließlich religiösen Themen und Funktionen. Sie waren Gegenstand intensiver Frömmigkeit und eingebunden in die Liturgie. Ihre Schönheit für sich genommen war kein Wert, sondern wie Gold und Glanz Ausdruck göttlicher, heiliger Erhabenheit und erleichterte die gefühlsmäßige Anteilnahme im Gebet. Sinnbildliche Bedeutung haftete jedem Gegenstand, jeder bildlichen Darstellung im Sakralraum an, wobei die Erziehung zu gottgefälligem Leben im Vordergrund stand. Die Grabplatten im Fußboden waren ständige Mahnung an den Tod, und das Weltgericht, im ausgehenden Mittelalter in nahezu jeder Kirche an die Wand gemalt, führte in drastischer Deutlichkeit die Höllenqualen der Sündigen vor Augen, vermittelte aber auch die Verheißung ewigen Heils. Christus, dem Überwinder von Tod und Sünde, war der Hauptaltar im Chor geweiht, dem Kultzentrum, in dem das Meßopfer gefeiert wird. Erst später, seit barocker Zeit, kann auch Maria diese Stelle einnehmen. Christus ist in biblischer Symbolsprache das Licht der Welt, die aufgehende, lebenspendende Sonne. Daher liegt der Chor im Osten und gibt der Kirche ihre Ost-West-Ausrichtung.

Die Schar der Heiligen in Schlußsteinen, an den Wänden, auf den Altären war Vorbild eines Lebens in der Nachfolge Christi, das in Legenden gegenwärtig war. Sie gewährten aber auch Beistand und Trost demjenigen, der sie um Hilfe anflehte. Überlieferte Wunderheilungen ließen auf Hilfe hoffen, in Reliquien war konkrete Nähe ihrer Schutzkraft gegeben. Ein vielstimmiger Chor geistiger und magischer Mächte wirkte fortwährend auf den Frommen, der die Kirche betrat. Der häufige, tägliche Besuch von Andachten und Privatmessen neben den Pflichtgottesdiensten machte die Räume zu einem vertrauten intimen Ort. Die enge Beziehung erhöhte sich, wenn die persönliche Stiftung einer Heiligenfigur, eines Altars, Kultgerätes, Meßgewandes oder Schlußsteins dazugehörte. Die Einrichtungsgegenstände, die die Wände dicht füllten, waren größtenteils Schenkungen. Die Donatoren ließen sich mit Namen darin verewigen. Sie verknüpften auf diese Weise die persönliche Vorsorge für das Jenseits mit Befestigung oder Demonstration ihrer sozialen Stellung über den Tod hinaus für Generationen. Portraits an Konsolfiguren und Wappen künden noch immer von den Stiftern der Kirche aus den Adelsgeschlechtern. Frömmigkeit und Weltlichkeit waren miteinander verwoben.

Die ersten Kirchen

Die ältesten erhaltenen romanischen Kirchen aus der Zeit um 1100 und der zweiten Hälfte des 12. Jahrhunderts beschreibe ich in meiner Arbeit. Wie aber kann man sich ihre Vorgänger aus der Zeit des frühen Christentums vorstellen, deren Platz sie oft einnehmen? Den Wissenschaftlern breitet sich allerdings nur ein schmales Feld aus. Während aus der Zeit der Romanik des 11., 12. und 13. Jahrhunderts im Rhein-Maas-Gebiet 1200 Kirchen nachweisbar sind, schrumpft die Zahl in der doppelt so langen Periode der Vorromanik, der Zeit von 500 bis 960, auf ganz wenige erhaltene Bauten, und nur einige Dutzend treten schattenhaft im Grundriß hervor, ohne Anhalt für Höhe und Raumverbindung. Die meisten Erkenntnisse stammen aus der Zeit nach dem Zweiten Weltkrieg, dessen Zerstörungen Grabungen und, nach Befunden, gedankliche Rekonstruktionen möglich gemacht hatten. Demnach standen im ländlichen Raum der Eifel steinerne Saalkirchen aus einem rechteckigen Raum von weniger als 10 bis zu 25 Meter Länge. Meist schloß sich ein eingezogener rechteckiger Altarraum an wie in der Fraukirch aus dem 8. Jahrhundert. Daneben gab es den Saal mit einer Apsis, der halbrunden Nische für den Altar, oder mit drei Apsiden und die kreuzförmige Anlage, durch rechteckige Anbauten geformt. Wurde die Kirche zu klein, erweiterte man sie um ein Seitenschiff oder um zwei. Kleine hochsitzende Rundbogenfenster gaben Licht. Die Dächer standen über, waren aus Holz konstruiert, die Wände aus ungegliederten Bruchsteinmauern, geschlämmt oder verputzt. Der Eingang soll überwiegend am Westende der Südwand gelegen haben. Vorhallen stellt man sich in Leichtbauweise aus Fachwerk vor. Türme wurden erst nach dem Jahr 1000 hinzugefügt. Parallel zum Steinbau arbeitete man in Holz. Auch hier überwiegen Saalbauten mit eingezogenem Rechteckchor neben den genannten Variationen. Parallele Pfostenreihen trugen die Wände, die Flechtwerk aus Ruten und Lehmbewurf füllte oder Bretter verschlossen, die man verputzte. Dreischiffige Anlagen überdeckte ein großes Satteldach, das dem Raum Hallencharakter gab (Kubach-Verbeek). Die Bauweise entsprach der von Wohnhäusern. Vom Ende des 10. Jahrhunderts an wird die flachgedeckte Basilika der beliebte Gestaltungstyp. Er geht auf hellenistische und römische Basiliken zurück, die Markt- und Gerichtshallen waren, oder Kaisersäle.

Christianisierung und Pfarrorganisation

Hinter dem Kirchenbau stand die Pfarrorganisation, die sich langsam in merowingischer Zeit (450–750) herausbildete. Das Christentum war mit syrischen Kaufleuten, vor allem aber über die römische Besatzung und ihre Kanäle nach Lyon, an den Rhein und in die Eifel gekommen, die von keltischen und germanischen Stämmen bewohnt war. An den Einmarsch der Legionen Cäsars 54 v. Chr. in die Südeifel schlossen sich 400 Jahre römischer Herrschaft an. Trier, die römische Kaiserstadt, wurde Zentrum des frühchristlichen Abendlandes. Als Konstantin der Große während seiner Trierer Residenzzeit 311 und 313 n. Chr. durch Toleranzedikte die Christenverfolgung verbot, konnte sich die Religion, unbehindert von der Staatsmacht, ausbreiten, sie nahm hauptsächlich die Wege der Heerstraßen. Bereits seit der Mitte des 3. Jahrhunderts hatte Trier die ersten Bischöfe, Eucharius und Valerius. Erst an zweiter Stelle kam Köln mit Bischof Maternus, der 314 als Kölner Teilnehmer des Konzils von Arles bezeugt ist und vermutlich in Trier starb und dort begraben wurde. In der Hand dieser hohen Geistlichen und ihrer Nachfolger lag im Anfang die religiöse Führung, Weiterbildung und Entfaltung des christlichen Glaubens, der durch den kaiserlichen Erlaß 399, die heidnischen Tempel zu zerstören, an Boden gewonnen hatte. Um das Jahr 600 gilt die Christianisierung auf dem Land, mit Unterstützung der fränkischen Herrscher, als abgeschlossen. Kirchen wurden in weiträumigen Grundherrschaften von ihren Besitzern, Bischöfen, Klöstern, die viele

Darstellung der Flucht nach Ägypten als Figurenrelief in Medaillonform am Marienaltar aus Stein von 1625 in der Kirche St. Mariä Geburt, Baasem. Dieser Altar wurde, so die Inschrift, von zwei Schwestern gestiftet, den »Greffinen zu Manderscheid, Blankenheim Und Gerolstein, Frewlein Zu Cronenburg und Bettingen«.

königliche Stiftungen erhielten, und Adelsherren gebaut. Diese konnten nach germanischem Eigenkirchenrecht frei über sie verfügen. Unter Karl dem Großen (742–814) entwickelten sich zunehmend Pfarrbezirke um eine Mutterkirche, die allein das Recht hatte zu taufen, den Sonntagsgottesdienst zu halten, das Sakrament zu spenden und Tote zu begraben. Denn nun wurde jeder Untertan verpflichtet, den »Zehnten« Teil seiner Einkünfte an die Kirche abzuführen zum Unterhalt des Priesters und des Baues. Dadurch ordneten sich die Zugehörigkeit zu einer Kirche und ihre Revierabgrenzung, da niemand doppelte Abgaben liefern wollte. Im 12. Jahrhundert wurde das Eigenkirchenrecht in das Patronatsrecht umgewandelt, das dem Besitzer oder Stifter einer Kirche, dem Patron, sein altes Privileg nahm, den Pfarrer einzusetzen, und es in ein Vorschlagsrecht beim Bischof veränderte. Der sollte das letzte Wort haben. In der Zeit der großen Waldrodungen, mit denen sich die stark anwachsende Bevölkerung, mit Höhepunkt um 1200, Siedlungsraum schaffte, nahmen die Pfarreien rapide zu und erreichten die Zahl, die noch um 1800 bestand. Sie wurden in Gruppen zu Dekanaten zusammengefaßt mit Archidiakonaten als oberster Verwaltungsinstanz. Die zum Erzbistum Köln gehörenden Dekanate umfassen den Norden der Eifel und erstrecken sich mit Ausläufern südlich über Daun hinaus. Im Westen, Osten und Süden schließen sich die Dekanate des Bistums Trier an.

Die Eifel im Wechsel der Zeiten

Die Teilung in zwei Diözesen ist nur ein Beispiel für Unterschiede, die im Gebirgsland gelten. Die Eifel charakterisiert Vielfältigkeit in Landschaft, Kultur, Industrie und Geschichte. Karge schneereiche Hochflächen des Islek bei Neuerburg, kahle Gegenden der Maare, steile Höhen bei Daun und Berge wie die Hohe Acht bei Adenau kontrastieren zum fruchtbaren Gutland um Bitburg, den ausgedehnten Kalkmulden wie der Blankenheimer mit bester Unterlage für Weizen, oder dem Maifeld, der »kleinen Kornkammer«. So gab es neben »ne halve, ärme Bur ne fette, deftige Bur«. Schafherden zogen über Weideland, Eichenwälder gaben Baumrinde für Gerberlohe zur Herstellung von Leder. Eisenerz- und Bleivorkommen im Schleidener Tal, Basaltlava der vorgeschichtlichen Mühlsteinbrüche bei Mayen nutzten die Römer zu blühender Industrie. Dieses hochentwickelte Kulturvolk durchzog die Eifel mit einem soliden Heerstraßennetz.

Um 400 n. Chr. wurden die römischen Machthaber von den Franken vertrieben, und mit dem Untergang des weströmischen Reiches 476 begann das Mittelalter (bis zur Entdekkung Amerikas 1492). Die beiden Frankenstämme, die Ripuarier des Kölner Raumes nördlich der Ahr und die Moselfranken südlich der Ahr, legten eine Sprachgrenze, die bis heute wirkt. In die auslaufende Frankenzeit – um 750 übernehmen die Karolinger die Herrschaft, bis 900 – fallen Klostergründungen wie Echternach, Prüm, Malmedy-Stablo, die als religiöse und kulturelle Zentren große Ausstrahlung auf ihre Umgebung haben und als Grundherren ausgedehnter Ländereien der Bevölkerung eine Arbeitsgrundlage geben. Dann folgen die Klöster Münstereifel, Cornelimünster, später Steinfeld, Himmerod, Maria Laach (1112) und andere. Seit der Zugehörigkeit zum Deutschen Reich 925 begann die Zersplitterung der öffentlichen Macht. Edelherren, Ritter, Grafen bauen sich Burgen, für das 11. und 12. Jahrhundert lassen sich allein 140 nachweisen. Die Eifel ist aufgeteilt in unzählig viele Territorien, Zwergstaaten, deren Auflösung erst unter französischer Herrschaft (1794–1814) erfolgt. Die kleinen Dynasten sind bestrebt, ihre Herrschaft zu erweitern, mit der Folge oft erbitterter Kämpfe. Einflußreiche Konkurrenten sind die Bischöfe, die, nun zu weltlichen Fürsten aufgestiegen, ihre Gebiete vergrößern. Die Reformation hält für einige Jahrzehnte in Schleiden Einzug, gefördert durch die toleranten humanistischen Manderscheider, die mächtigsten Eifelgrafen, und getragen von der Oberschicht der Reidemeister in den Eisenhütten, die dem Land seinen Wohlstand garantierten.

Losgelöst von den übrigen Territorien entwickeln sich die, die seit dem 10. Jahrhundert unter luxemburgischer Lehnshoheit stehen (die größten Teile der alten Landkreise Bitburg, Prüm, Schleiden, Abschnitte von Daun). Sie bleiben an die wechselvolle Geschichte der Grafschaft und des späteren Herzogtums gebunden, das drei deutsche Kaiser stellte. So werden diese Kleinstaaten, nachdem Karl V. seinem Sohn Philipp II. Spanien und die Niederlande abgetreten hatte, »spanische Ländchen« und von kriegerischen Aufständen in diesem Reich, zuletzt dem spanischen Erbfolgekrieg, hart getroffen. Erst nach dem Frieden 1714, der das Gebiet den Habsburgern unterstellte, konnte es sich erholen und erlebte unter der Landesmutter Kaiserin Maria Theresia seine »goldenen Jahre«. Stattliche Höfe im »Abteistil« dieser Zeit prägen bis heute das Aussehen dieser schmucken Dörfer. Die gesamte Eifel hatte vor allem im Dreißigjährigen Krieg (1618–48) und in den sich anschließenden Raubkriegen Ludwigs XIV. (1673–97) schrecklich gelitten. Bis zur Mitte des 18. Jahrhunderts, mit Beendigung des Siebenjährigen Krieges 1763, war das Land ausgepreßt, verwüstet worden.

Der Einmarsch französischer Revolutionstruppen in die Rheinlande 1794 brachte umstürzende Veränderungen anderer Art. Der Code Civil hob das Anerbenrecht, die ungeteilte Weitergabe eines Hofes an das älteste Kind, auf und führte die Realteilung ein, die gleichmäßige Aufteilung von Hof und Boden an alle Erbberechtigten. Im Gutland versuchte man durch einvernehmliche Regelung in der Familie die Bestimmung zu umgehen. Dort liegen deshalb die größten Höfe in Rheinland-Pfalz. Doch insgesamt fand Zerstückelung des Bodens statt. Klöster und Kirchenvermögen wurden zum größten Teil verstaatlicht, das System der Pfarreien umorganisiert, die Zehntpflicht aufgehoben, und das Konkordat von 1801 verpflichtete den Staat, dem Pfarrer ein festes Gehalt zu zahlen. Wirtschaftlich nahm die Eifel Aufschwung, die Kriege Napoleons brauchten Pferde und Kanonen, die Eisenindustrie blühte wieder, und die Kontinentalsperre gegen England vergrößerte die Chancen auf den Märkten. Vom Militär konnte man sich für den Gegenwert von acht Pferden freikaufen. So trauerten viele Eifeler den Franzosen nach, nachdem die Preußen 1815 gekommen waren, die die Kontinentalsperre aufhoben, neue Zollbestimmungen einführten und zu spät den Aufbau der Eisenbahn in die Hände eigener Beamter gelegt hatten. Ihre Tatkraft mit Schieneneröffnungen seit der zweiten Hälfte des 19. Jahrhunderts hatte Abwanderung und Niedergang der Industrien nicht mehr aufhalten können. Auch die Verwendung von Koks bei der Konkurrenz an Ruhr und Saar hatte das Schleidener Tal, das die Werke mit Holzkohle betrieb, ins Abseits gebracht. Mißernten und Hunger förderten die Auswanderung Tausender nach Übersee. Zurückgeblieben waren kahle Berge, der Wald war in Hochöfen verschwunden. Mühsam, aber systematisch, wurde Aufforstung mit dem ungeliebten »Preußenbaum«, der Fichte, betrieben, und die Wunden wuchsen zu. Die Polizeistunde, Knöllchen für Pfeiferauchen im Stall und unbeleuchtete Fuhrwerke, das straffe Militär blieben bei der Bevölkerung genauso in Erinnerung wie Hilfe in den Hungerjahren, Steuererleichterungen, Organisation des Schulwesens mit Einführung des Schulzwangs 1825 und Verbesserungen in der Land- und Forstwirtschaft, die die Zugehörigkeit zu dem großen Staatsgebilde mit sich gebracht hatte.

Die Entwicklung der Nachkriegszeit ist in der ländlichen Eifel gekennzeichnet durch Umstellung von Ackerbau auf Viehzucht. In den letzten Jahrzehnten allerdings wurde die Landwirtschaft mehr und mehr zum Nebenberuf. Nur wenige Großbetriebe tragen sich noch, und immer mehr geben auf. Firmen verarbeitender Industrien behaupten sich, Fremdenverkehr hat sich entwickelt, doch die Mehrheit der Bevölkerung pendelt zur Arbeit in nahe liegende Großstädte. Aber es gibt auch einen Zustrom. Denn seit den sechziger Jahren ist die Eifel für Großstädter, allen voran für Kölner und Bonner, zum Ruhepunkt mit zweitem Wohnsitz geworden. Vielfach ist ihr Refugium ein altes Haus, das sie mit viel Liebe und Geld erhalten.

Niedermendig: St. Cyriakus

Die Hilfe des heiligen Riesen

Wo vor Maria Laach die schwingende Landschaft mit den verstreuten bewaldeten Vulkankuppen plötzlich aufbricht und in Tiefen eines weiten wüsten Grubentales stürzt, dort beginnt Niedermendig. Dort liegt sein Lebensnerv frei, sein Reichtum. Dies aufgerissene Gelände ist von Schnellstraßen eng umschlossen, und der Blick erfaßt im Vorbeifahren zwischen Wildwuchs aus Schlehen, Haselnußsträuchern und Heerscharen von Birken, die das Tal durchziehen, Fetzen von Basaltlavasäulen und dunkle Höhlenöffnungen, die Eingänge zum Untertagebau des Mittelalters. Bis in den Ortskern unterlaufen Lavaströme, Auswurf des gegenüberliegenden Thelenbergs und des Wingertsbergs von vor 150 000 Jahren, Niedermendig, das inzwischen auf ausgebeuteten, ausgehöhlten Gruben steht.

Vor 800 Jahren begann hier die Erschließung der verwitterungsbeständigen, kostbaren Basaltlava. Die Abteikirche Maria Laach ist mit ihren senkrechten Wandstreifen im Hauptschiff ein früher Zeuge. Wer dem unwirtlichen Grubengelände wenig Beachtung schenkt auf dem Weg in den Ort Niedermendig, entgeht dennoch nicht dem »Mendiger Stein« und seiner Geschichte. Aufgerichtet oder liegend säumen viele Meter hohe Basaltlavasäulen rechts und links eindrucksvoll die Straße. Als Stolz der Natursteinfirmen stehen sie Parade an der Toreinfahrt, wo auch die Produkte, Mühlsteine und Unfall- und Votivkreuze aus vergangenen Jahrhunderten präsentiert werden. Der Handel mit Mühlsteinen war international und brachte Niedermendig Reichtum seit dem Mittelalter, ebenso wie dem nahen Mayen, in dessen Grubengebiet Reib- und Mühlsteine aus nahezu identischer Basaltlava seit 5000 Jahren vertrieben wurden. Der Wohlstand von Grubenbesitzern und Mühlsteinhändlern machte die von ihnen abhängigen Steinbrecher und Tagelöhner bisweilen neidisch und mißgünstig. Noch heute spricht man in Niedermendig über den Mühlsteinhändler Bernhard Keib, der, wenn alle schliefen, sein Geld zählte »und es mit dem Teufel hatte«. Er soll als Hexenmeister verbrannt worden sein. Sein Grabstein mit dem Todesjahr 1626 steht heute in der Kirche, der er etliche Stiftungen, vermutlich auch den spätgotischen Altar, hinterlassen hat.

Der Weg in den Ort führt langsam abwärts, ehe rechts die kleine, kompakte evangelische Kirche von 1892 durch ihr schwarz-weißes Design auffällt, Basalt- und Tuffquader im Wechsel dekorieren ihre Kanten, helle Schallarkaden kontrastieren zum schwarzen Gemäuer des historistischen Baues. Es ist kein Zufall, daß der Kirche gegenüber eine Brauerei liegt und die Brauereistraße abzweigt. Denn das evangelische »Gemeindlein« (heute zehn Prozent der überwiegend katholischen Bewohner) rekrutierte sich im vorigen Jahrhundert vorwiegend aus zugezogenen Arbeitern und Meistern der mehr als zwanzig Niedermendiger Felsenbier-Brauereien. Die hatten sich angesiedelt, um die unterirdischen ausgebeuteten Basaltlava-Schächte mit ihrer für Bier idealen Temperatur von plus fünf Grad Celsius als Lagerhallen zu nutzen. Die Neuwieder Herrenhuter Brüdergemeinde baute damals dort eine große Brauerei, in der sie den Evangelischen ein »Betkämmerlein« zur Verfügung stellte, bevor es eine Kirche gab.

St. Cyriakus von Südosten

Evangelische Kirche von 1892

Das Ortszentrum liegt im Tal des Kehl- und Thelbaches. Der »Kirchberg« führt dann wieder aufwärts und geradewegs hoch zur St. Cyriakus-Kirche. Sie thront auf der Kuppe und weist mit monumentalen Maßen den schmalen Häusern ringsum den zweiten Platz zu. Schon die Kelten sollen hier eine Kultstelle gehabt haben. Der Blick reicht über Niedermendigs Dächer ins weit fruchtbare Land mit den Vulkanen Nickenicher Hummerich und Krufter Ofen am Horizont. St. Cyriakus, das sind zwei Kirchen: vornean, tonangebend die weiße kleine romanische Basilika aus der zweiten Hälfte des 12. Jahrhunderts, und seitlich an sie geschmiegt der schwarze große »Dom der Pellenz« aus Basaltlava, eine neogotische dreischiffige Basilika von 1857, nach den Plänen des Kölner Architekten Vincenz Statz. Der Neubau bot nun der auf 2000 Mitglieder angewachsenen katholischen Gemeinde in weiten lichten Räumen reichlich Platz. Im Chor wurde der transportable spätgotische Flügelaltar aus der alten Kirche mit der Beweinung Christi (Meister der niederrheinischen Schule zu Kalkar) aufgestellt. Der aus dem 12. Jahrhundert stammende Altar mit Rundbogenfries, eines der wenigen in Deutschland erhaltenen Beispiele eines Blockaltars, blieb auf seinem angestammten Platz in der kleinen Südapsis.

Bis auf den anschlußschaffenden Durchbruch im nördlichen Seitenschiff hat Statz die alte Kirche vollkommen bewahrt. Die Proportionen der neuen großen Kirche hat er so harmonisch auf die kleine alte abgestimmt, daß eine optische Einheit der Baukörper gelang, die durch die Schieferdächer beider Häuser noch unterstrichen wird. Souverän überragt einzig der romanische Westturm mit seinem gotischen Knickhelm das Ensemble. »Ich fühle mich sehr heimelich in der Kirche, es gibt keine schönere für mich«, schwärmt eine Bewohnerin von der alten Kirche, in der sie ihren Stammplatz hat. Denn die Gemeinde nutzt beide Schiffe gleichzeitig.

Fortschrittlicher als Laach

Die alte St. Cyriakus-Kirche ist als Dorfkirche der Eifel von überragender Bedeutung. Ihre erst 1887 von H. F. Jos. Liell wieder freigelegten Wandmalereien vom 12. bis 15. Jahrhundert sind imposant und in ihrem bewahrten Reichtum einzigartig. Herausragend ist hier der sechs Meter hohe Christophorus, der zur Reihe der frühen monumentalen Gestalten des Heiligen im Rheinland gehört. Der Maler A. Bardenhewer aus Köln, der die berühmten Wandmalereien der Doppelkirche von Schwarz-Rheindorf untersuchte, übernahm dann 1897 die vollständige Aufdeckung, Sicherung und Wiederherstellung der dekorativen und figürlichen Malereien in Niedermendig. Sie wurden 1950 von Hermann Velte restauriert.

In der zweiten Hälfte des 12. Jahrhunderts fällt St. Cyriakus aus dem üblichen Rahmen der Dorfkirchen, da sie als Gewölbebasilika die hochromanische Errungenschaft der Einwölbung (Kreuzgrat) im klassischen, ausgewogenen Jochgefüge der »gebundenen«

Ordnung präsentiert, während anderswo, besonders auf dem Lande, noch verschiedenartige Gewölbesysteme nebeneinander angewendet wurden. Auch die nahe Abteikirche von Maria Laach (1130) ging noch einen anderen Weg und wurde als Vorbild verschmäht. Doch ihre Mönche waren als Prediger in St. Cyriacus zu allen Zeiten willkommen. Die Gewölbebasilika (Kreuzgrat- oder Kreuzrippengewölbe) ist die Weiterentwicklung der Flachdeckbasilika, die seit Ende des 10. Jahrhunderts vorherrschender Bautyp war. Ihre Grundform bleibt bis auf die Decke gewahrt: die gestaffelten Kastenräume sind durch Arkaden verbunden, die Pfeiler oder Säulen tragen. Das Mittelschiff überragt die Seitenschiffe und hat eigene Fenster (Obergaden).

Im Idealfall bildet bei der Einwölbung im »gebundenen« System das Chor- oder Vierungsquadrat die Maßeinheit, die die Joche des Hauptschifffes wiederholen und die, halbiert, also im Verhältnis 1:2, in den Jochen der Seitenschiffe wiederkehrt. So ergibt sich ein harmonisches Deckengefüge. In leichter Abwandlung dazu steckt in St. Cyriakus in den beiden Hauptschiffjochen je zweimal das Chorquadrat, und entsprechend haben die Nebenschiffjoche die halbe Länge des zweifachen Chorquadrats. Die Joche sind also längsrechteckig an das Verhältnis 1:2 »gebunden« (Maria Laach zeigt dagegen kurze querrechteckige Joche im Mittelschiff und längsrechteckige Joche in den Seitenschiffen). Zum klassischen Gepräge dieser gebundenen Ordnung gehört ferner die Gliederung der Jochwand: der Schildbogen - Bogen im Schnitt von Gewölbe und Wand - schließt je zwei rundbogige Arkaden, die auf quadratischen Pfeilern ruhen, und jeweils zwei Obergadenfenster zu einer Gruppe zusammen; die Fläche zwischen und über den Arkaden ist glatt und nicht von einer Empore durchbrochen. All das ist hier gegeben. Die Harmonie dieser Architektur besteht im ausgewogenen Wechsel von geschlossener Wand und ihren Öffnungen an Arkaden und Fenstern und der sich dort in die Breite entfaltenden Mauermasse. Die romanische Betonung der Mauer als dreidimensionaler Körper wird durch die niedrige Höhe der quadratischen, etwa einen Meter breiten Pfeiler und die Abtreppung an den Fensterlaibungen noch deutlich unterstrichen. Der niedrige, rechteckige Chor zeigt außen an seiner Schlußwand Rund- und Kleeblattbögen. Die Nebenschiffe schlossen ursprünglich mit halbrunden Apsiden. Die südliche ist in der spätgotischen Sakristei erhalten, die dem Chor gegen Ende des 15. Jahrhunderts angefügt wurde, als auch der Westturm zwei neue Obergeschosse und einen achtseitigen Knickhelm erhielt. Die Sakristei mit Vorjoch und Schluß in fünf Seiten eines Achtecks hat ein zierliches, reich geschmücktes Kreuzrippengewölbe, das von einmal abgetreppten Strebepfeilern gestützt wird.

Der tägliche Anblick

Man betritt die Kirche am südlichen Seitenschiff durch ein Portal mit Eichentür, bekrönt von einem großen profilierten Halbkreisbogen aus Tuffstein. Der Bogen wiederholt sich kleiner, läuft rechts und links seitlich hinunter als säulenähnlicher Rundstab. An der Stelle von Kapitellen sind die Stäbe verknotet. Ein dritter Bogenlauf aus Basaltlava wurde über der Türöffnung im Barock, 1717, eingesetzt. Seine Inschrift beschwört das mittelalterliche »memento mori« (gedenke des Todes): HINGEHT DAS LEBEN, HERKOMBT DER TOT, O MENSCH THUE RECHT VUND FORCHTE GOTT.

Die ersten Schritte im Inneren führten ursprünglich über Grabplatten, so daß der Gläubige noch drastischer und direkt an Vergänglichkeit erinnert und gleichzeitig nach Christenpflicht zum Fürbittgebet für die Verstorbenen aufgefordert wurde. Gleich nach Vollendung des Baues war die Kirche nur mit einfacher dekorativer Ausmalung geschmückt, die sich auf Betonung der architektonischen Gliederung beschränkte, Quader der Pfeiler durch rote Fugen, Arkadenbögen und Kapitelle im Farbklang Weinrot, Blau, Ocker hervorhob. Auch die Markierung der Grate des Kreuzgewölbes durch ockerfarbene und marmorierte und geometrisch ge-

Wandbild des hl. Christophorus, Mitte des 13. Jahrhunderts

musterte Streifen ist erhalten. Fast hundert Jahre später folgte dann die Darstellung des monumentalen Christophorus an der Nordwand des Mittelschiffes. Damals einzige Figur in der Kirche, muß er noch gewaltiger und beherrschender gewirkt haben. Bei ihm suchten die an den Tod gemahnten Eintretenden mit dem Blick sofort Schutz.

Denn in mittelalterlichem Volksglauben schützte der tägliche Anblick des Heiligen Christophorus vor einem bösen, das heißt plötzlichen Tod, der das Seelenheil im Jenseits gefährdete, da er den Menschen unvorbereitet und ohne den Segen der Kirche traf: *Christophori faciem die quacumque tueris, illa nemque die morte mala non morieris.* Übersetzt: welchen Tag auch immer du das Gesicht des Christophorus anschaust, an dem Tag wirst du nicht den bösen Tod sterben. Diese Formel wurde vielfach, auch in deutschen Variationen, benutzt und Christophorus wie kaum ein anderer Heiliger verehrt. Sein Bild, zwölf Ellen lang, also dreimal so groß wie ein Mensch, mußten die Gläubigen im Inneren oder außen an der Kirchenwand nicht lange suchen. Auch an Stadttoren und Brücken war es weithin sichtbar.

In St. Cyriakus steht er massig und breit frontal zwischen den Arkadenbögen und reicht fast bis zum Scheitel des Gewölbes, eine strenge, archaische Figur in steifer Haltung. Mit dem rechten Arm stützt sich Christophorus auf einen Baumstamm, der drei Blätterkronen treibt, mit dem linken hält er den kleinen, erwachsenen, bärtigen Christus in langem Gewand auf der Schulter am Herzen. Der greift ihm mit seiner rechten Hand in die Haare, seine linke hält er zum Segen erhoben. Geometrisch, mit leuchtend gelben Medaillons gemustert, ist der Leibrock des heiligen Riesen, über die Schultern fällt ihm ein rotbrauner Mantel, innen mit weißgrauem Pelz besetzt. Bis auf die großen, ernsten, weitgeöffneten Augen, die langgelockten Haare und die Blätterkronen, die bereits gotische Stilmerkmale sind, wird die Gestalt des Heiligen von Paul Clemen noch der Romanik zugerechnet und um die Mitte des 13. Jahrhunderts datiert.

Christophorus heißt aus dem Griechischen übersetzt »Christusträger« und bedeutet im übertragenen Sinn: Christus in sich tragen, ihn im Herzen haben. Die Christophorus-Darstellung in St. Cyriakus ist die Umsetzung des Namens in ein Bild, eine reine Wortillustration, wie sie erstmals um die Mitte des 12. Jahrhunderts in Tirol erhalten ist. Von dort breitete sich seine Gestalt über die Schweiz nach Norden aus und gelangte rasch an den Rhein, wobei Niedermendig zu den ganz frühen und bedeutenden Darstellungen zählt.
Zwei verschiedene Legenden entstanden um diesen orientalischen Märtyrer. Aus der Ursprungslegende vom 5. Jahrhundert, die ihn als zwölf Ellen langen, hundsköpfigen, später bekehrten Menschenfresser schildert, sind einzig seine Riesenhaftigkeit und der knospende Baumstamm in sein Namensbild eingegangen. Die Existenz einer historischen Persönlichkeit namens Christophorus ist in Kleinasien durch eine Steininschrift nachgewiesen, nach der Bischof Eulalius von Chalkedon im Mai 450 eine Kirche zu Ehren von Christophorus begonnen und sie am 22. September 452 geweiht hat. Mehr weiß man von diesem Märtyrer nicht, nur, daß nach seinem Vorbild bald weitere Kirchen benannt wurden.
Die volkstümliche, anmutige Legende vom Fährmann Christophorus, der nur dem Mächtigsten dienen wollte und so erst einem König, dann dem Teufel und schließlich Christus folgte, nachdem er ihn unerkannt als Kind über den Fluß getragen hatte, ist erst im 13. Jahrhundert, angeregt durch die monumentalen Namensbilder, entstanden. Denn wer die Wortillustration nicht mehr erkannte oder verstand, fragte sich, warum der Heiland so klein wie ein Kind auf der Schulter des Riesen sitzt. So schrieb Jacobus de Voragine die Legende von Fährmann Christophorus und nahm sie in seine berühmte Sammlung, die Legenda Aurea (Goldene Legenden), gegen Ende des 13. Jahrhunderts auf, von wo aus sie größte Volkstümlichkeit erreichte und nun zu unzähligen Darstellungen anregte. Sie zeigen Christophorus, gebeugt von der Last des kindlichen, bartlosen (!) Heilands auf seiner Schulter, wie er im Wasser am Flußufer steht. Christophorus stand in St. Cyriakus am Beginn der figürlichen Ausmalung, die sich noch vor 1300 in einem großen Zyklus fortsetzte, dem Jüngsten Gericht über dem Triumphbogen des Chores mit Christus als Weltenrichter im Zentrum. Seine Beisitzer, die zwölf Apostel, fanden an den Seitenwänden des Hauptschiffes ihren Platz. Der unbekannte ländliche Meister arbeitete vermutlich nach mehreren Vorlagen, aus denen er typische Merkmale einer Gerichtszene kombinierte und mit eigener Phantasie bereicherte, wozu ihn auch der vorgegebene Platz an der Wand anregte. Er übersetzte die Vorbilder aus der hohen sakralen Kunst in seine eigene Handschrift, deren Einfachheit und Ursprünglichkeit von starker Ausdruckskraft sind.

Das Weltgericht

Die Gerichtsszene ist in zwei Zonen aufgeteilt. In der oberen sitzt Christus auf einem Thron aus Wolken, der die Wiederkunft des Herrn »in himmlischer Herrlichkeit« verbildlicht. Haltung und entblößte Brust mit Seitenwunde zeigen ihn als »Fünfwundenchristus«. Aus seinem Mund gehen zwei mächtige Schwerter aus, das richtende Gotteswort, das die Wahrheit offenbart, symbolisierend. Nach mittelalterlicher Bedeutungsperspektive ist Christus die größte Gestalt im Geschehen, gefolgt von Maria und Johannes dem Täufer, die rechts und links neben ihm fürbittend knien. Leicht versetzt hinter ihnen blasen zwei Engel die Fanfaren zum Jüngsten Gericht. Die Fürbittgebete gelten den sehr viel kleineren, gerichteten Menschen in der unteren Zone des Wandbildes, dessen bogenförmige Begrenzung der Künstler phantasievoll in der Anordnung der aufsteigenden Erlösten und abstürzenden Verdammten nutzte.
Rechts im Bild werden die Verdammten von einem Seil zusammengehalten. Erzengel Michael stößt sie mit der Lanze fort von Christus und hinab in die Tiefe des Höllenschlundes. Dort wartet bereits ein schwarzer, riesiger, zottiger Teufel mit einem Dreispitz darauf, sie aufspießen zu können. Ein zweiter Teufel mit böse blitzendem Auge packt wei-

ter oben schon einen Verdammten am Schopfe. Es ist einer von drei Mönchen aus der Gruppe, in der außerdem ein Ritter zu erkennen ist. Ob die drei Klosterbrüder auf dem Weg in die Hölle eine Anspielung auf die nahe Abtei Maria Laach sein sollte? Wie auch immer, im Zug der 22 Erlösten, die in der linken Bildhälfte betend den Berg der Seligen emporsteigen, ist zum Ausgleich jedenfalls kein Mönch auszumachen. Denn die Männer und Frauen lassen keinen Stand in ihrer Volkstracht erkennen. Für den Engel, der die Erlösten ins Paradies geleitet, war auf dem Berg kein Platz mehr. So ließ der Künstler ihn beschirmend über der Gruppe schweben, wo - nach Gertrud Schiller ein ungewöhnliches Bild in einer Gerichtsszene - aus einer Wolke die Hand Gottes erscheint als Zeichen der Erlösung und des Ziels. Als Bildinhalt einer typischen Gerichtsszene fehlen Engel mit den Leidenswerkzeugen, die zum Kreuzestod führten und auf die Passion hinweisen. Später wurden dann Hahn und Laterne, Kreuz, Lanze, Schwammstab, Leiter, Dornenkrone und Rute in Ockergelb in die Gewölbefelder des Mittelschiffes gemalt. Auffallend sind in der Niedermendiger Gerichtsszene die mächtigen zwei Schwerter, die vom Munde Christi ausgehen. Denn der Bibeltext, der diesem Bild zugrunde liegt - vermutlich die Apokalypse oder auch Paulusbriefe an die Hebräer (4,12) und die Epheser (6,17) - spricht nur von einem Schwert. So heißt es in der Apokalypse 19,15: »Und aus seinem Mund geht ein scharfes Schwert hervor, daß er die Heiden damit schlage ...« Entsprechend ist Christus in frühen Handschriften mit Miniaturmalereien, zum Beispiel der Bamberger Apokalypse (um 1000), nur mit einem Schwert dargestellt, das er quer im Mund hält. Dieses Motiv kehrt in der christlichen Kunst des Mittelalters, vor allem in der führenden Buchmalerei häufiger wieder, auch noch zu Anfang des 13. Jahrhunderts in Apokalypsefenstern französischer Kathedralen (Bourges). Daneben gibt es Darstellungen mit

Das Weltgericht, Wandmalerei vor 1300

einem Schwert, das vom Mund zu einer Seite ausgeht.
Doch auch zwei Schwerter sind bereits in frühen Handschriften vorhanden, wie in der katalonischen Roda-Bibel aus der zweiten Hälfte des 11. Jahrhunderts, in einer westdeutschen Bibel vom Anfang des 12. Jahrhunderts, die in Oxford verwahrt wird, und in dem Hardeshausener Evangeliar aus der Zeit um 1200. Wie kam es zu der Doppelung? Die Apokalypse 2,12 nennt das Schwert scharf und zweischneidig. Hatten die Verfasser der Handschriften die Zweischneidigkeit bildlich in zwei Schwerter umgesetzt? Wilhelm Molsdorf erklärte 1926 dazu: »Der Symmeterie halber werden später aus dem einen zwei Schwerter mit Bezugnahme auf Lukas 22,38 ...«. Ähnlich äußerte sich die Expertin für christliche Ikonographie, Gertrud Schiller, 1991 auf Anfrage zu den beiden Schwertern in Niedermendig: »Möglicherweise ist es bei den sehr symmetrisch angeordneten Darstellungen nur das Bedürfnis, dieses wichtige Symbol auf beiden Seiten zu zeigen. Das Schwert ist nicht nur Symbol des Richtens, sondern auch des Wortes Christi.«
Dem heutigen Betrachter von Weltgerichtsszenen ist Christus als Weltenrichter geläufiger mit einem Schwert und einer Lilie (als Zeichen der Gnade), die von seinem Mund ausgehen, da diese Darstellung dann im 14. und 15. Jahrhundert vor allem auf Altarbildern vorherrscht (Rogier van der Weyden, Hans Memling) und in ungezählten Beispielen bewahrt ist, während die frühen Fresken der Kirchen, verblaßt und übertüncht, größtenteils verschwanden.
Auf welchen Wegen welche Vorlagen in die Hände des Niedermendiger Meisters gekommen sind, weiß heute niemand mehr. Doch müssen ihm die zwei Schwerter bekannt und sie müssen bereits volkstümlich gewesen sein. Nicht weit von der Eifel, in der Deutschordenskirche zu Ramersdorf, gehörte das Weltgericht zum umfassenden, heute zerstörten Bildprogramm großartiger Fresken eines bedeutenden Meisters aus der Zeit um 1300. Darin ist Christus mit zwei Schwertern dargestellt. In Alken an der Mosel (alte St. Michaelskirche) und in Spay (Peterskapelle) sind Weltgerichtsszenen einmal mit Schwert und Lilie, einmal mit zwei Schwertern, vom 14. Jahrhundert, erhalten. Im ausgehenden Mittelalter soll sich dann in fast jeder größeren Kirche mit Putzflächen im Inneren ein Wandbild des Jüngsten Gerichtes gefunden haben: »Damit die Eintretenden alle, auch die des Lesens Unkundigen, überall, wohin sie den Blick wenden würden, das liebenswürdige Antlitz Christi und seiner Heiligen schauen können ..., sei es im Bilde des gnadenvoll Menschgewordenen, sei es in dem des letzten Gerichtes, um beim Anblick desselben innerlich Einkehr zu halten und strenger mit sich selbst ins Gericht zu gehen ...«, wie Abt Benedikt von Wearmouth es sich schon im Jahr 680 wünschte.

Jakob der Pilger

Die Beisitzenden des Weltenrichters, die Schöffen, die zwölf Apostel, sind über den Arkaden der Seitenwände des Hauptschiffes plaziert. Sie stehen in gemalter Architektur unter Rundbögen zwischen Säulen, die die nun typischen Laufgänge romanischer Kirchen imitieren. An der Südwand sind jeweils zwei Apostel wie im Gespräch einander zugewandt, an der Nordwand bilden je drei eine Gruppe. Der Aufbau ihrer Figuren beruht noch auf der Wirkung ihrer Silhouette, die der Künstler mit einer scharfen, einfachen Kontur zeichnet (= zeichnerischer, romanischer Stil). Die Linie gibt auch den zum Teil eckig abstehenden Faltenfluß der Gewänder an. Im zweiten Arbeitsgang wurden dann die Farben Ocker und Rotbraun flächig aufgetragen. Die frontale statuarische Haltung romanischer Figuren ist bei den Aposteln durch ihre leichte Seitwärtswendung bereits aufgegeben. Hier zeigt sich die neue gotische Stilauffassung, zu der auch die Beinstellung - Spielbein - Standbein - gehört. Paul Clemen vermutet, »daß hier ein alternder Meister am Werk war, dessen Jugendjahre noch in den Ausgang der spätromanischen Epoche fielen, der sich dann aber der Frühgotik zuwandte«. Er datiert die Apostel noch vor 1300.
Einer von ihnen, Jakobus der Ältere, kehrt mit seinem Muschelsymbol gleich noch zwei-

Reiterkampfbild, Wandmalerei vor 1300

mal wieder, auffällig an der Nordwand des Hauptschiffes und an einer südlichen Arkadenlaibung. Einmal steht er unter einem gemalten frühgotischen Kleeblattbogen mit Kreuzblumen und bekrönt fünf Pilger, das andere Mal zeigt er sich in Pilgertracht mit Pilgerstab neben einem König mit Lilienzepter. Wie Pfarrer Hoellen herausfand, könnte es sich um den heiligen Ludwig IX., König von Frankreich, handeln, der den 6. und 7. Kreuzzug angeführt hatte.

Jakobus d. Ä. war der ältere Bruder des Evangelisten Johannes. Er wurde als erster Apostel 44 n. Chr. in Jerusalem hingerichtet. Seine Gebeine, so die Überlieferung, brachte man nach Spanien und fand sie dort im 9. Jahrhundert wieder auf. Das Grab des Heiligen in Santiago de Compostela wurde neben Jerusalem und Rom im Mittelalter zur bedeutendsten Wallfahrtsstätte Europas. Jakobus d. Ä. ist Patron der Pilger. Hat der Stifter der Wandmalereien vielleicht selbst eine Wallfahrt nach Santiago de Compostela unternommen oder sich als Ritter sogar an einem Kreuzzug in Spanien beteiligt? Denn an erster Stelle ist Jakobus d. Ä. Patron der Krieger, und zwar der Krieger besonders im Kampf gegen Mohammedaner, die Mauren in Spanien. Dann könnte auch ein Zusammenhang zu dem ausdrucksvollen Reiterkampfbild an der südlichen Hauptschiffwand gesehen werden: ein gepanzerter Ritter prescht hoch zu Roß mit Schild und ausgestreckter Lanze gegen zwei auf der Flucht befindliche Reiter vor. Einer von ihnen schießt im Galopp rückwärtsgewandt noch einen Pfeil auf den Verfolger ab. Beide Fliehende tragen spitze, weiche Mützen (Jakobinermützen!), die in mittelalterlicher Symbolik Heiden, Mohammedaner kennzeichnen. Große weiße Kreuze hat der temperamentvolle Künstler auf Helmbusch von Ritter und Roß, Schild und Schabracke des Pferdes zum kontrastreichen rotbraunen Grund so gemalt, daß sie deren heftige Bewegungen nachzeichnen und den Kampf des Kreuzritters auch formal zu einer aufregenden Zerreißprobe steigern.

Bei allen Mutmaßungen über Stifter oder Auftraggeber der reichen Wandmalereien in St. Cyriakus bleibt doch die Erkenntnis, daß tatsächliche Zusammenhänge wissenschaftlich unerforscht sind. Zu den Wandbildern noch bis zum Jahr 1300 gehört auch eine Darstellung mit Christus als Gärtner. Zeitlich etwas später folgen Einzelfiguren, die hl. Margaretha mit dem Drachen, die Taufe Christi, das Martyrium des hl. Laurentius. Frühgotisch ist dann bereits eine sitzende Madonna. Der hl. Nikolaus und eine Kreuzigungsszene aus dem 14. Jahrhundert gehören der Hochgotik an.

Anna Selbdritt

Das jüngste Wandgemälde in St. Cyriakus stammt aus der Kölner Malerschule vom Ende des 15. Jahrhundert, und zeigt Anna Selbdritt. Am Pfeiler unter dem hl. Christophorus war es dem Andächtigen immer nah, denn von Übermalungen blieb es frei. Es ist im malerischen spätgotischen Stil mit durchmodellierten Figuren in weichfließenden Gewändern und mit Lichteffekten gearbeitet. Die Himmelskönigin Maria trägt ihren blauen Mantel. Ausdrucksstärke liegt in Gesten der Hände und des Körpers, die Gesichter folgen einem höfischen Schönheitsideal. Der Künstler malte das Motiv in der damals üblichen Anordnung: Maria und ihre Mutter Anna sitzen einander zugewandt auf einer Rasenbank und blicken beide auf das nackte Jesuskind zwischen sich. Breitbeinig steht es auf Marias Knien, sie hält es fest. Spielerisch, mit ausgestreckten Armen, wendet sich der Jesusknabe seiner Großmutter zu, die ihre Lektüre (ein Buch auf dem Schoß) unterbricht, um ihm eine süße Frucht, eine Birne, zu reichen. Maiglöckchen wachsen hinter der Bank und deuten kommende Freude durch den Erlöser an, während die roten Rosen rechts im Garten wie die stilisierten Nelken des leuchtend roten Hintergrundes auf seine Passion hinweisen. Am oberen Bildrand läuft ein Schriftband mit der Aufschrift: O SENT ANNA HYLFT SELFFE DRITTEM. Rechts und links darunter sind zwei Schilde mit Hausmarken und Initialen der Stifter angebracht.

Die Szene stellt deutlich den familiären Charakter der Gruppe heraus, im Gegensatz zur weit früheren Anna Selbdritt im Gewölbe der südlichen Seitenapsis (1300). Hier sitzt Maria auf dem Schoß der großen Mutter Anna, die ihren Kopf leicht neigt. Mit dem kleinen Christus in Segensgestus zwischen sich sind sie auf der Rasenbank noch blockhaft verschmolzen, präsentieren ein Sinnbild, während die spätere Version sich durch stärkere Naturnähe auszeichnet.

Als der Kölner Meister das Wandbild in St. Cyriakus malte, war die Verehrung der Heiligen Anna in Europa auf ihrem Höhepunkt. Denn Papst Sixtus IV. hatte 1483 gerade die heißumstrittene unbefleckte Empfängnis Mariens anerkannt, wonach die Mutter Jesu im Gegensatz zu allen anderen Menschen im Augenblick der Empfängnis im Leib ihrer Mutter Anna durch eine Gnade vor der Erbsünde bewahrt wurde. Daher war auch Anna von allen Frauen herausgehoben und gebührte ihr höchste Verehrung. Bedenkt man, daß in St. Cyriakus auch ein

Anna Selbdritt, Wandmalerei, Kölner Malerschule, Ende des 15. Jahrhunderts

St. Annen-Altar (1516) stand und eine St. Annen-Bruderschaft existierte, dann wird deutlich, daß Niedermendig im ausgehenden Mittelalter die große Annen-Kultbewegung mittrug, zumal die Heilige auch Patronin der Bergleute war. »Mutter Anna« war damals Modeheilige. Außer Kirchen, Kapellen, Frauenklöstern, Bruderschaften, Glocken trugen auch viele Mädchen ihren Namen, doch nicht nur wegen der unbefleckten Empfängnis. Ihre ungewöhnliche Popularität galt ihr im kinderreichen Mittelalter als der Patronin der Ehe, der Mutterschaft und der Kinder. Denn die Legende des Jakobievangeliums berichtet, daß Joachim und Anna, fromme Israeliten, nach vielen Jahren unfruchtbarer Ehe durch Fasten, Flehen, Beten und viele Prüfungen schließlich von Gott erhört und mit einem Kind, Maria, gesegnet wurden.

Barbara und die Layer

Eine Heilige, die heute noch in Niedermendig sehr verehrt und gebraucht wird, wie es Pfarrer Hoellen am Barbara-Tag am 4. Dezember 1990 in der Abendmesse formulierte, ist Barbara. Als sie einst, so die frühchristliche Legende, vor ihrem heidnischen Vater floh, tat sich vor ihr wunderbarerweise ein Felsen auf und verbarg sie. Daher wird sie auch hier seit Jahrhunderten als Schutzheilige der Bergleute unter Tage angerufen, und am Vorabend des Barbara-Tages stellen Steinhauer in den Gruben Lampen zum Andenken an die verstorbenen Kollegen auf.

»Hier in Mendig ist jeder ›layisch‹ geboren. Vater und Söhne gingen schon immer auf die Lay, nämlich in die Gruben, die Mühlsteinbrüche, etwas anderes gab es ja nicht«, erzählt ein Mitglied der »Layerbruderschaft und Steinhauerzunft Mendig« nach der Abendmesse am 4. Dezember, der sich die Hauptversammlung im Wirtshaus anschloß. Die Layerbruderschaft, so genannt seit etwa 1800, ist die frühere Barbara-Bruderschaft, die Papst Clemens IX. 1669 bestätigt hatte. Ihre außerordentliche soziale Leistung in den vergangenen Jahrhunderten waren die Unterstützung von kranken oder verletzten Mitgliedern und bei ihrem Tod Zahlungen an die Hinterbliebenen.

Das Geld kam aus Vermögen und Mitgliedsbeiträgen. Für die Verstorbenen ließ die Bruderschaft Messen und Beerdigung ausrichten, wobei die Anzahl von Wachslichtern und Leuchtern vorgeschrieben war, und die Träger des Sarges sollten mit »einem Weck von vier Pfennig« entlohnt werden. Heute wird diese Tradition symbolisch fortgeführt. Ein Hinterbliebener erhält 50 DM, denn das Vermögen existiert nicht mehr. Noch bis vor ein paar Jahren begleiteten Fahnenträger den Sarg zum Friedhof, doch Brudermeister Klein geht selbstverständlich und wie immer seit Jahrzehnten mit. Die Feier des Barbara-Tages hat sich seit dem Ende des Zweiten Weltkrieges deutlich gewandelt, vor allem, weil der 4. Dezember kein freier Tag mehr ist, es wird gearbeitet! Auch die Zeremonie während der Messe ist verändert. Vor dem Krieg machten die Bruderschaftsmitglieder einen Umgang um den Altar, blieben dann beim Brudermeister stehen und legten in dessen Zylinder die Einladungskarten. Wer nicht gekommen war, mußte selbstverständlich Strafe zahlen, so wie ein Kirchgänger vor dreihundert Jahren, der die Messe zu früh verlassen hatte. Diese Sitte ist verschwunden.

Wegen Nachwuchssorgen schloß sich die Bruderschaft 1954 mit der Steinhauerzunft zusammen, deren beide Schutzheilige am Katharinentag, dem 25. November, nun gemeinsam verehrt werden, Inzwischen, bei einer Mitgliederzahl von 120 angelangt, sind auch weibliche Steinmetze willkommen und sogar nicht »layisch Geborene«, genau so hatte es bereits 1669 Papst Clemens IX. gewünscht. Als vornehmste Aufgabe betrachten die Layerbruderschaft und die Steinhauerzunft jetzt die Bewahrung und Restaurierung von Flur- und Wegekreuzen: »Wir sind ja alle Fachleute.« Als Stifter zweier Basaltlava-Säulen mit den Heiligen Barbara und Katharina in Niedermendigs Straßen bekundeten sie 1982 öffentlich die Verehrung ihrer Patroninnen. Vergoldet findet sich die heilige Barbara auch auf der Strahlenmonstranz in St. Cyriakus, die die Barbara-Bruderschaft 1744 gestiftet hatte.

Obermendig: St. Genovefa

Ölberg auf dem Land

Obermendigs Hauptstraße beginnt dort, wo die Felder enden. Sachte schlängelt sie sich aufwärts, baumlos und so schmal, daß zwei Fahrzeuge Mühe haben, aneinander vorbeizukommen. Dicht bei dicht die Häuser, einstöckig und vorherrschend aus Niedermendigs schwarzer Basaltlava. Meist sind es Neubauten des vorigen Jahrhunderts, nachdem 1823 eine Feuersbrunst 72 Wohnhäuser, 74 Ställe und 45 Scheunen zerstört hatte. Eingestreut sind rechts und links Bauernhöfe mit weiten, rundbogigen Toreinfahrten aus dem schwarzen Stein. Obermendigs Stärke war schon immer die Landwirtschaft. Der helle Tuff an mancher Mauer oder Toreinfassung stammt aus den nahen Grubenfeldern von Kottenheim und Ettringen. Als Baustein und Material für gotisches Maßwerk ist er seit

St. Genovefa, Südansicht

Jahrhunderten geschätzt. Genauso lange helfen Obermendiger bei seinem Abbau. »Oftmals mußte mein Bruder, statt zu lernen, mit aufs Grubenfeld fahren«, erzählt der 80 Jahre alte Wirt einer kleinen Gaststube in der Fallerstraße. »Meine Eltern besaßen einen Wagen mit Pferd, und kurz bevor der Wagen an der Schule, fast nebenan, vorbeifuhr, duckte sich mein Bruder, und der Vater stülpte ihm eine Decke über, damit der Lehrer ihn nicht sehen sollte.«

Doch noch heute ist unverkennbar, daß auch sehr viele Obermendiger auf den Niedermendiger Mühlsteinbrüchen arbeiteten: etliche Häuser der Hauptstraße zieren im Fundament eingebaute Mühlsteine, meist an der Ecke, manchmal sogar zwei übereinander. Aber die reichen Grubenbesitzer und Mühlsteinhändler saßen, von Ausnahmen abgesehen, in Niedermendig. Obermendig war in der Landwirtschaft überlegen. Doch der internationale Mühlsteinhandel brachte mehr ein. Spannungen machten sich Luft. Die Niedermendiger seien nur »Dreiviertelsherren, Möchtegerne«, lästerten die Obermendiger, »Basaltköpp, Dickköpp« schallte es aus Niedermendig zurück. Wenn früher die jungen Männer aus Niedermendig zur Kirmes nach Obermendig kamen, durften sie einmal mit einem Obermendiger Mädchen tanzen, beim zweiten Mal war ihnen Achtung geboten, das dritte Mal bekamen sie »den Buckel jeranzt«. Und den großen Reisighaufen fürs Martinsfeuer auf dem Feld von Obermendig steckten Jungen von Niedermendig mit Lust schon vorher in Brand. Die alten Herren erheitert das heute noch.

Menedich ist 1041 in einem Vertrag des Erzbischofs Poppo beurkundet, die erstmalige topographische Unterscheidung in »mendichi inferiori«, »superiori mendichi« erfolgte dann 1147 in einer Urkunde Papst Eugens III. Die Orte liegen einen Kilometer voneinander entfernt. Sie hatten unterschiedliche Grundherren, Niedermendig das Domkapitel von Trier, Obermendig das Stift St. Florin zu Koblenz. Jeder Ort hatte ein eigenes Hochgericht, das über Leben und Tod entschied. Die Flurbezeichnung »Am Galgen« in Obermendig zeugt noch heute von der Hinrichtungsstätte. Vom Niedermendiger Hochgericht ist die Distriktsbezeichnung »An den Urteilssteinen« erhalten. Trotz mancher Gemeinsamkeiten waren die Orte grundsätzlich für sich selbständig. Das endete schließlich 1969, als durch die kommunale Neugliederung Niedermendig und Obermendig eine Gemeinde wurden. Auch der Pfarrer ist nun ein und derselbe, er predigt heute sowohl in St. Cyriakus als auch in St. Genovefa.

Gekonnte Verschiebung

Langgestreckt, in gotischen Formen, weiß verputzt und mit schmückenden rotgefaßten zweibahnigen Maßwerkfenstern, schiefergedeckt liegt St. Genovefa am Ende der Hauptstraße, wo linker Hand breit die Fallerstraße abzweigt. Man muß zu ihr aufblicken, sie ist auf der höchsten Erhebung des Ortes plaziert, monumental vor allen anderen Gebäuden herausgehoben. Denn die Kirche, nicht das Rathaus, war im Leben der mittelalterlichen Menschen von höchster Bedeutung und daher am größten. So wies der Turm weit über das Dorf hinaus. Er ist viergeschossig, durch Gesimse gegliedert und zeigt in den drei Obergeschossen jeweils gepaarte Schallarkaden unter einer Rundbogenblende. Der spitze Knickhelm (1880) ist mit vier Achtorten (achteckigen Türmchen) bereichert. Schmuck und hochragend dient er immer noch als Orientierungspunkt für die Pellenz, den ehemaligen Sitz der Pfalzgrafen vor fast 1000 Jahren mit vierzehn Dörfern. Beim Gang um die Kirche kann man sich davon in umgekehrter Richtung ein Bild machen. Gen Süden öffnet sich zu Füßen der Kirche das fruchtbare Land der Voreifel mit Felderbahnen und Baumreihen, gespickt mit den Pellenzdörfern, Thür vornean.

Die Kirche, der hl. Genovefa von Paris geweiht, war ursprünglich eine romanische Anlage aus der Zeit noch vor der Mitte des 12. Jahrhunderts. Ihr Turm wurde dann in der zweiten Hälfte des 15. Jahrhunderts in den Neubau einer dreischiffigen Stufenhalle mit überhöhtem Mittelteil einbezogen. Als dieser typisch niederrheinische, spätgotische Bau Ende vorigen Jahrhunderts für die Gemeinde

Lebensgroße Ölberggruppe, Tuff, Anfang 16. Jahrhundert

zu klein geworden war, wandte sich Bürgermeister Bitgenbach an den namhaften Architekten Friedrich von Schmidt (Erbauer des Wiener Rathauses), der in Köln ein Büro unterhielt und neugotisch arbeitete. Nach seinen Plänen wurde die dreijochige Kirche 1879 um ein Querschiff und zwei östliche Joche so erweitert, als habe man Chor und Langhaus nach Osten verschoben. Denn der westliche Teil der spätgotischen Anlage mit dem romanischen Westturm blieb erhalten, und die niedergelegten Elemente wurden versetzt wiederverwendet. Unter dem Putz, außen im dritten Joch, erkennt man deutlich die Naht zwischen Alt- und Neubau. Von Schmidt hatte das Mittelschiff noch höher gezogen und mit Rundfenstern die Stufenhalle in eine Basilika überführt. Das alte Sterngewölbe der Ostteile und des Mittelschiffes wurde in den neuen Chor und seine seitlichen Anbauten (Nebenchörchen und Sakristei) übertragen. Die Seitenschiffe behielten ihr Netzgewölbe, das Langhaus wurde kreuzgewölbt. Die Rippen sind aus dem heimischen hellen Tuff gemeißelt, so auch die spitzbogigen Arkaden. Ihre achteckigen Pfeiler bestehen bis zu halber Höhe aus Basaltlava, so daß der Naturstein der Gegend im Wechsel von hellem und dunklem Ton einen starken Akzent setzt. Unruhig wurde der recht harmonische Raum erst durch grellbunte Glasfenster aus den sechziger Jahren. Wie von einer frühchristlichen Kirche wirkt dagegen das freiliegende Gemäuer des romanischen Turms unter der Empore mit seinen wuchtigen, grobbehauenen Steinen.

An den Wänden der Seitenschiffe enden die Gewölberippen in Figurenkonsolen aus Tuff mit Engeln, die die Leidenswerkzeuge Christi tragen, wie Nägel, Leiter, Dornenkrone. Ihnen entsprechen gegenüber an den Pfeilern Halbfiguren der Apostel. Bis auf zwei, die noch vom Ende des 15. Jahrhunderts stammen (am ersten und dritten südlichen Pfeiler unter der Empore) hat Peter Mittler sie und die Engel 1879 nachgearbeitet. Ähnlich einfühlsam hat dann Johann Mittler 1935 die große Figur des schlafenden Apostels Petrus

Ausschnitt aus der Ölberggruppe mit den schlafenden Jüngern Jakobus und Johannes

aus einer Ölbergszene neu gemeißelt. Sie steht in einem spätgotischen Vorbau mit Netzgewölbe an der nördlichen Außenwand der Sakristei, das Material ist Tuff aus Weibern, die Figuren wurden 1967 restauriert.

In Todesangst

Dieser spätgotische »Ölberg« vom Anfang des 16. Jahrhunderts, 2,45 Meter breit, ist im Kreisgebiet das einzige erhaltene Beispiel einer plastischen, fast lebensgroßen Ölbergszene, wie sie zu dieser Zeit sehr populär waren. Schwaben und Franken hatten sich bereits seit dem 15. Jahrhundert zu Zentren dieses Ölbergchristus entwickelt, der in oder neben Kirchen und auf Friedhöfen aufgestellt wurde. Hintergrund zur Entstehung dieser Bildwerke zu volksfrommer Andacht war der wachsende Einfluß der Mystik, das Verlangen der Menschen nach Einswerden mit Gott, seine bitteren Leiden nachzuerleben und damit auch die Überwindung von Tod und Sünde. Lebendigsten Ausdruck fand dieses Nachleben in den Passionsspielen der Zeit. Todesangst, Furcht vor dem Gottesgericht gingen um mit den Seuchen Pest und Cholera. Zu ihrer Überwindung suchten die Gläubigen bei Christus Trost und Vorbild.

Direkte Vorgänger zu diesen vollplastischen Figurengruppen sind die plastischen Passionsaltäre, aus denen die Meister die Figuren der Ölbergszene sozusagen herauslösten, vergrößerten und in einen eigenen Raum stellten. Zugrunde liegen die Evangelien von Mathäus, Markus und Lukas. Jesus, der nach dem Abendmahl zum Garten Gethsemane am Ölberg vor Jerusalem mit seinen Jüngern gegangen war, ließ sie dort am Eingang zurück, nahm nur Petrus, Johannes und Jakobus mit, entfernte sich (nach Lukas) nur einen Steinwurf weit von ihnen, kniete nieder und betete in Todesangst: »Vater, wenn Du willst, so laß diesen Kelch an mir vorübergehen! Doch nicht mein, sondern Dein Wille geschehe!« (Lukas 22,42). Nach dem Gebet trat Jesus zu den schlafenden Jüngern und forderte sie auf, sich zu erheben, denn der Verräter nahte.

Der anonyme Meister der Obermendiger Gruppe, nach Paul Clemen vom Niederrhein, arbeitete mit dem formalen Grundschema, das seit dem 15. Jahrhundert auf Passionsfolgen Anwendung fand.

Die Ausweglosigkeit von Jesus am Ölberg vermittelt er hier durch den beengten Raum der Szene, die durch Gitter hinter zwei Spitzbögen eingeschlossen ist. Seine menschliche Einsamkeit zeigt sich in den von ihm entfernten und schlafenden Jüngern. Christus kniet mit aufgerichtetem Oberkörper, die Hände flehentlich zum Gebet erhoben. Bei leicht geöffnetem Mund hat er Augenbrauen und Stirn schmerzvoll zusammengezogen und blickt auf den Engel mit Kelch in einer Wolke. Diese Halbfigur hat Paul Milles 1980 als Ersatz für das verwitterte Original gefertigt. Der Kelch, ursprünglich Sinnbild göttlichen Zorns, ist im Spätmittelalter gewandelt zum Symbol des Erlösungsleidens. Als Sohn Gottes ist Jesus auf einem Felsen und in hochgereckter, nur leicht gebeugter Haltung als größte, also bedeutendste Figur herausgehoben. Schulterlange Haarlocken fallen auf das weite, üppige rote Gewand, das sich wie ein Gebirge mit Verwerfungen und Falten schwer auf dem Boden niederläßt. Entsprechend sind die drei Apostel mit stoffreichen, eckigen Faltenkleidern auf Felsen sitzend modelliert. Einer trägt das Haar wie Christus. Noch im Schlaf zeigen ihre Gesichtszüge Kümmernis.

Von anderer Erscheinung sind die Häscher im Hintergrund hinter einem Zaun, den einer überklettert. Sie drängen sich durch die

Pforte, allen voran Judas, um Christus dann zu küssen. Nur halb so groß, weil bedeutungsloser und entfernter, sind sie eingezwängt in die Rüstung der Zeit, bis auf Judas, der wie Christus ein langes Gewand trägt. Die Gruppe wirkt steif und wenig lebendig im Ausdruck. Sie soll aus einer anderen Werkstatt als die fast lebensgroßen Figuren stammen, ihre Köpfe sind zum großen Teil erneuert. Doch gehören sie zum typischen Bildprogramm solcher Ölbergszenen, wie auch ein Vergleich mit dem Heiligblutaltar von Tillmann Riemenschneider (1501–05) aus St. Jakob zu Rothenburg o. d. Tauber zeigt. Er gestaltete den Altar zur Aufnahme der Reliquie eines Tropfen Blutes Christi mit dem Abendmahl im Mittelteil, dem Einzug nach Jerusalem auf dem linken und dem Gebet am Ölberg auf dem rechten Flügel. Mit Sicherheit hat der Meister der Obermendiger Gruppe diesen berühmten Altar gekannt und sich von Riemenschneiders Christus inspirieren lassen. Auch auf dem Heiligblutaltar aus Lindenholz drängt sich die Schar der Häscher winzig klein hinter dem gleichen Zaun wie aus Weidengeflecht, und einer klettert bereits darüber. Doch haben seine Figuren in Rüstung individuelle Gesichtszüge, und Judas ist deutlich als Doppelgänger Christi gestaltet, wie gebrochen unter der Last seines Verrats. Solche Feinheiten erreicht ein großer Meister in Holz. Sein Vorbild wirkt in Arbeiten ländlicher Meister, in den großen Figuren des Obermendiger Ölbergs nach.

Mit Variationen hält sich das Ölbergmotiv an Altären noch bis ins 19. Jahrhundert wie zum Beispiel auf dem neogotischen Altar im Innern der Kirche St. Genovefa. Am linken Außenflügel hat der Koblenzer Bildhauer Ernst Christus kniend mit weit ausgestreckten, offenen Armen gestaltet, bereit, den Kelch vom Engel zu übernehmen.

Der schwebende Engel mit Kelch erscheint auch in Darstellungen der Kreuzigung, er fängt das Blut aus den Wunden auf. Dieses Motiv kehrt auf unzähligen Kruzifixen der Wegekreuze aus Basaltlava um Mendig herum wieder. Ein eindrucksvolles Exemplar von 1663 steht in unmittelbarer Nähe der Ölberggruppe in einem Mühlstein vor der

Ein 1653 in Obermendig errichtetes Wegekreuz aus Basaltlava mit der Darstellung des Gekreuzigten: drei Engel fangen in Kelchen sein Blut auf (Kelchengelkreuz).

Kirche. Nur noch als Bruchstück befindet sich hier auch der erste, 1461 datierte und beschriftete »Schöpflöffel«, eine Sonderform religiöser Wegemale, die mit ihrer Nische an eine aufrecht gestellte Schöpfkelle erinnern und zum Kult von Sakramentsprozessionen gehörten. Dieser Schöpflöffel gehört zu einem Ensemble von vier Exemplaren, frühen Meisterwerken aus Basaltlava. Das besterhaltene, das »Genovefa-Kreuz« von 1462, steht zum Schutz vor Dieben in der Kirche. Es birgt heute in seiner Nische eine Reliquie der Patronin der Kirche, der heiligen Genovefa von Paris, deren Name wie zur Anrufung auf dem ringsum reich mit Schrift und Symbolen bedeckten spätmittelalterlichen Schöpflöffel zu lesen steht.

Polch: St. Georg

Göttin im Giebel

Die beinahe 900 Jahre alte St. Georgskapelle bei Polch mitten im freien Land ist die frühere St. Georgskirche. Die Umbenennung des sehr kleinen Gotteshauses muß vor dreihundert Jahren erfolgt sein, als es in Zerfall geraten, dann renoviert und neu geweiht worden war. Vom Tor der hohen Friedhofsmauer aus sucht der Blick durch die prachtvolle Kastanienallee die Kapelle vergebens. Denn sie steht am Ende seitlich versetzt. Die Baumreihen wurden erst mit dem Friedhof 1806 angelegt. Damals war St. Stephan, Pfarrkirche von Polch, schon lange Zentrum der Seelsorge für die Polcher Bevölkerung. Wendet man sich am Friedhofstor zurück zum Ort, dann zeigen sich unmißverständlich seine beiden gewaltigen Türme, wenn auch der heilige Georg Mitpatron ist.

Dieser monumentale dreischiffige Hallenbau, der erst in der Zeit von 1849 bis 1852 in Anlehnung an klassizistische und romanische Formen entstand, besetzt den Platz der alten Stephanskirche, die abgerissen wurde. Sie war genauso alt und gestaltet wie die St. Georgskapelle, aber doppelt so groß. Nach dem letzten Gottesdienst dort am 1. Mai 1849 wurde das Allerheiligste in die St. Georgskapelle überführt, die dann während der Jahre des Neubaus mit sämtlichen Gottesdiensten Mittelpunkt der Polcher, rein katholischen Gemeinde wurde.

Die St. Georgskapelle ist eine Gründung von adligen Märkern (Bewohnern der Polcher Mark), die auch den Priester für den Sonntags-Gottesdienst benannten. 1275 erscheint sie erstmals in einer Urkunde. Zu diesem Zeitpunkt war bereits St. Stephan Pfarrkirche von Polch, also zuständig für die Seelsorge. Dennoch bewahrte sich St. Georg daneben eine besondere Bedeutung, vor allem bei der adligen Märkerschaft. So verpflichtete sich ein adliges Ehepaar 1370 schriftlich, jährlich zu Lichtmeß drei Pfund Wachs für die Mutterkirche zu Polch und ebensoviel an die Kirche St. Georg zu stiften. Auch die unzähligen Renovierungen durch die Jahrhunderte bis heute, allen voran die des Kammerdieners Eichhorn im Barock, zeugen von anhaltender Beliebtheit der kleinen Kirche. Und Kirmestag in Polch ist am 23. April auf St. Georg!

Im Mai liegt süßer Duft über dem Gelände um die St. Georgskapelle. Denn ringsum zieht leuchtend gelb Raps bis zum Horizont seine Bahnen zwischen grünem Getreide. Diese fruchtbare, stellenweise sich wölbende Ebene des Maifeldes diente seit Urzeiten der Landwirtschaft, dem Broterwerb der Bevölkerung hier. Die St. Georgskapelle aus der Zeit vom Ende des 11., Anfang des 12. Jahrhunderts (Kubach-Verbeek) zählt zu den ältesten Kirchen der Eifel. Die sehr kleine Anlage (11,75 Meter Länge, 9,40 Meter Breite) ist hervorgehoben über die Eifel hinaus durch Bewahrung ihrer annähernd ursprünglichen Erscheinung.

Als dreischiffige Flachdeckbasilika in einfachster Form von nebeneinander gestaffelten Kastenräumen, die durch Arkaden verbunden sind, repräsentiert sie frühromanische Architektur (960–1080), die dann noch bis zur Mitte des 12. Jahrhunderts gebaut wurde und als epochemachend, die Romanik begründend, gilt. Bei schlichtester Gestaltung einer Flachdeckbasilika ruhen die rundbogigen Arkaden auf quadratischen Pfeilern, die zur Wand gehören, welche ungegliedert und im

St. Georg, Ansicht von Westen

Obergaden von Rundbogenfenstern geöffnet ist; eine hölzerne Flachdecke schließt den Hauptraum nach oben, durch den Triumphbogen hindurch verlängert er sich im Chorgeviert, das - wie hier - meist platt oder von einer Apsis geschlossen ist. Bis auf kleine ovale Fenster im Obergaden und barocke Stuckdecken im Mittelschiff und in den Seitenschiffen ist St. Georg eine reine Pfeilerbasilika geblieben. Ihr Turm, glatt im Untergeschoß und mit Kleeblattbögen über den Klangarkaden im Glockengeschoß, ist an die Nordwand des Chores gebaut und von ihm aus durch eine niedrige Tür für den Glöckner, in den letzten Jahren der Friedhofsgärtner, zugänglich. »Georgius heise ich ...«, beginnt die Inschrift der Glocke von 1790.

Romanische Reinheit

Heute kommt diese frühe romanische Architektur als gestaltete Form nahezu pur zum Ausdruck, da jede schmückende Ausstattung, die aus der Barockzeit reichlich vorhanden war, bis auf zwei Barockaltäre und sechs kleine Barockbänke im Mittelschiff, in die Stephanskirche gebracht wurde. Die Wände sind leer und weiß getüncht, sie lassen den Raum rein hervortreten. In seiner klaren Gliederung liegt Betonung auf den jeweils vier niedrigen Arkadenbögen, in deren kurzen Pfeilern die massige Wand vor Augen geführt wird. Licht fällt von oben durch die Obergadenfenster und dringt, in einer zweiten Stufe, aus den Fenstern der Seitenschiffe gedämpft durch die Arkadenbögen in das Mittelschiff. Der Chor, abgeteilt durch ein barockes Gitter, bricht mit der Buntheit seiner Wände (Restaurierung im 19. Jahrhundert) aus dieser feierlichen Klarheit heraus. Von außen wirkt die weiß verputzte Flachdeckbasilika, die den ruhigen Kultraum birgt, bewegter, allein durch die Pultdächer, deren Schrägen über den Seitenschiffen die Portalwand abstufen. Nur selten findet man noch eine frühromanische erhaltene glatte Wand über dem Hauptportal mit einem Rundbogenfenster darüber wie hier bei St. Georg. Die barocken Veränderungen an fast allen Fenstern und Decken sind erkennbar, aber für den Gesamteindruck nicht zu störend. Ehe sie 1739 vorgenommen wurden, soll die Kirche wieder einmal in gar beklagenswertem Zustand gewesen sein, obwohl sie schon fünfzig Jahre davor von Privatleuten vom Zerfall gerettet und durch den Trierer Erzbischof Johann Hugo von Orsbeck erneut geweiht worden war. Dessen dritter Nachfolger, Franz Georg von Schönborn, hatte einen Kammerdiener namens Balthasar Eichhorn, der sich nun der guten Sache annahm, in sieben Jahren 2000 Reichstaler sammelte und St. Georg dezent barock sanieren ließ (Decken, Wände, Dach, Fenster). Auch kam eine neue Sakristei im Winkel zwischen Chor und Turm hinzu, die erst 1966 wieder niedergelegt wurde.

Römische Zierde

Ob die Giebelbekrönung an der Portalwand, eine römische Büste, und das als Türsturz verwendete Fragment eines römischen Grabsteins am Eingang des südlichen Seitenschiffs bei der Erneuerung von 1739 oder der von 1690 hinzukamen, lassen die Experten offen. Sicher scheint aber, daß diese römischen Spolien (wiederverwendete Architekturteile oder Skulpturen) hier nicht bereits in romanischen Zeit vermauert wurden, was anderswo, besonders an Altären, durchaus üblich war (zum Beispiel in Rindern). Denn Spolien schmückten, sparten Kosten und konnten ideologisch-erzieherisch heidnische in christliche Kultgegenstände umdeuten. In einer Polcher Chronik wird die bekrönende antike Büste zur römischen Fruchtbarkeitsgöttin Ceres erklärt und als Vorgängerbau von St. Georg ein Marstempel vermutet. Polch liegt an der großen Römerstraße von Marseille über Lyon und Trier zum Rhein und bewahrt Spuren römischer Siedlungen. Doch sind Funde einer römischen Kultstätte bei St. Georg nicht nachgewiesen. Und Ceres? Im Rheinland existieren nur sehr wenige Darstellungen dieser Göttin, die als Attribut stets Ähren in der Hand hält. Da die Giebelgestalt jedoch nur Kopf und Hals zeigt, ist sie unbestimmbar, beflügelt aber die Phantasie. So erwähnt eine andere hundert Jahre alte Chronik (de Lorenzi), was »der Volksmund« weiß: »Eine Jungfrau wird dem Drachen geopfert, ein Ritter tötet diesen. Zum Danke dafür errichtet die Jungfrau dem hl. Georg, dem Drachentöter, die Kirche. Der höchste Stein auf dem vorderen Mauergiebel ist ein Mädchenkopf: die Jungfrau soll sich in Stein haben verewigen lassen.«

Zur Zeit der barocken Renovierungen war immer noch ein gelehrtes, spielerisches Interesse am römischen Steinen wach, das Humanisten und Domherren in Köln im 16. Jahrhundert mit Sammlungen antiker Stücke begründet hatten. Einer von ihnen, Graf Hermann von Manderscheid, präsentierte in Blankenheim seine erlesene Kollektion im eigenen Schloßmuseum, deren Grundstock die Denkmäler des Kölner Bürgermeisters Lyskirchen bildete. Zweihundert Jahre später wurde sie aufgelöst und gelangte teilweise in den Besitz des Kanonikus Wallraf. In diesem Zusammenhang ist das Vermauern der beiden Spolien in St. Georg (Büste und Grabsteinfragment) als wertvoller und besonderer Schmuck zu betrachten. Das Grabsteinfragment über der südlichen Tür zeigt eine Inschrifttafel, die von einem Genius in Relief gehalten wird. Mit ausgeschriebenen Ligaturen steht zu lesen: C(AIO) ATTIO CARO ET IUL(IAE) SVAVSIAE UXORI ATTIO PATERNO ATTIAE AVIANAE FILIS. Die Übersetzung nach G. Bauchhenß lautet: Für Attius Carus und Julia Suasia, seine Gemahlin, für Paternus und Attia Aviana, ihre Kinder. Die Inschrift mit den Namen beider

Der hl. Georg den Drachen tötend, Mittelteil des 1739 von Balthasar Eichhorn gestifteten Barockaltares mit dem Eichhörnchen in der Kartusche.

Teilansicht eines Bildstockes an der Friedhofsmauer, Anfang 19. Jahrhundert

Eltern und deren Kindern bezeichnet ein Familiengrab.
Die gerettete Jungfrau soll sich hoch oben an der Kirche in Stein haben verewigen lassen, bei Balthasar Eichhorn gibt es keinen Zweifel. Sein Wappen mit einem vergoldeten, aufgerichteten Eichhörnchen, das an einer Nuß nagt, prangt in einer Kartusche am Hochaltar gleich über dem heiligen Ritter Georg in Helmbusch: Der stößt auf seinem sich aufbäumenden Roß in stolzer Haltung von oben einen langen Speer in das offene Drachenmaul, während das Ungetüm am Boden sich noch einmal spreizt. Diesen barocken Altar mit der bewegt-lebendig wirkenden Skulptur im Zentrum zwischen prächtigem Säulenaufbau aus Holz und einer Bekrönung mit geflügelten Engelköpfchen, die die gemalte heilige Dreieinigkeit rahmen, hat Eichhorn 1739 gestiftet. In mittelalterlicher Glaubenstradition sollte diese gute Tat dem Seelenheil des Stifters im Jenseits dienen und zugleich den Kirchenbesuchern an prominenter Stelle demonstriert werden. Unter dem Altaraufsatz verbirgt sich noch der romanische hohe Altartisch. Eichhorn machte St. Georg etliche Stiftungen, auch noch aus seinem Nachlaß, nachdem er 1746 gestorben war: Geld, Gemälde, eine Reliquie des heiligen Georg, auch ein grün geblümtes Meßgewand mit einem Kreuz aus weißem Damast, Borden aus gelber Seide und dem gestickten knabbernden Eichhörnchen im Wappen. Außerdem schenkte er eine Pfründe, Vermögen, aus dem ein Theologiestudent oder Priester aus Polch für Messen in St. Georg bezahlt werden sollte.

Friedhof und Teufel

Heute wird hier nur noch zweimal im Jahr eine Messe gefeiert, ein Hochamt für die Verstorbenen in Verbindung mit dem Festtag des hl. Georg (23.4.) am Kirmesmontag und eins am Volkstrauertag. Doch steht die Tür unter dem römischen Grabstein immer halb offen. Täglich kommen Friedhofsbesucher in die Kapelle zu privater Andacht und zünden Kerzen für ihre im Krieg vermißten Angehörigen an oder für Verstorbene, deren Grabstelle abgelaufen ist. »So wie meine Mutter es mich lehrte, gehe ich in die Kirche beten. Solange ich denken kann, bin ich da hineingegangen, wenn mich etwas bedrückt. Meine Eltern liegen jetzt beide hier. Wenn ich ein beklemmendes Gefühl habe, gehe ich erst an das Grab meiner Mutter und dann in die Kapelle und knie mich vor die Gottesmutter hin.« Das erzählt eine vierzig Jahre alte Frau aus Polch. Im nördlichen Seitenschiff steht ein Barock-Altar mit einer Pietà, bekrönt von einem gemalten Herzen mit sieben Schwertern, den unendlichen Schmerz Mariens über den Tod ihres Sohnes symbolisierend.
Für Beerdigungen wird eine moderne Friedhofshalle auf dem Gelände benutzt. Der Friedhof hat eine etwas bewegte Geschichte. Unzählige Kreuze mit Jahreszahlen des 16. Jahrhunderts und eingeritzter Schäferschippe oder Wecke (anstelle des Namens Schäfer oder Becker oder als Berufsbezeichnung)

bezeugen seine Funktion damals, die dann 1659 abrupt endete. Zu der Zeit hatte Polch viele Pesttote zu beklagen. Aus Angst vor Luftverpestung - im wahrsten Sinne des Wortes - wollte man an ihren Gräbern nicht mehr rühren und bestattete nun um St. Stephan herum im Ortszentrum, bis Ende des 18. Jahrhunderts zur Zeit der französischen Besetzung der Rheinlande (1794–1814) aus Aachen der Erlaß kam, Friedhöfe aus hygienischen Gründen außerhalb der Gemeinden zu plazieren. Die Polcher weigerten sich anfangs, bis Argumente eines Physikus aus Mayen den Maire überzeugten: ... die Erde sei zu leicht »und daher zu leichterer und stärkerer Ausdünstung fähig. Viertens liegt derselbe (Friedhof) grad an der Haupt-Land-Straße, welcher Anblick den Vorüberreisenden keinen angenehmen Eindruck verursachen kann«. 1806 legte man einen neuen Friedhof wieder um St. Georg an und umschloß ihn mit einer hohen Mauer, um die Vorüberreisenden zu schonen. Im nördlichen Abschnitt überragen sieben steinerne monumentale Bildstöcke mit klassizistischen Giebeln die Mauer, und führen zu St. Georg. Die sieben Stationen Christi auf seinem Leidensweg vom Gebet am Ölberg bis zur Kreuzigung sind in buntbemalten, prallen Reliefs von einem ländlichen Meister anschaulich gestaltet. Neben jeder Station wächst eine kräftige Birke.

Etwa hundert Jahre vor der Errichtung dieser Anlage, zu Anfang des 18. Jahrhunderts, war zeitweilig der Friedhof des benachbarten Ruitsch für Polcher Bürger eine Attraktion. Dort »gab ein einfältiger Priester von Polch, Kaplan Krugten, vor, Teufel auszutreiben und, mittels des Öls aus der ewigen Lampe, Krankheiten jeder Art zu heilen. Der Landdechant Horn wurde mit der Untersuchung beauftragt, deckte die Betrügereien auf, und Krugten flüchtete ins Ausland, seine Mitschuldigen aber mußten öffentlich Buße thun« (de Lorenzi). Seitdem sind fast 300 Jahre vergangen, und Gesundbeter gibt es bis heute in der Eifel, zum Beispiel in Alendorf, allerdings nicht im Priestergewand.

Gappenach: St. Maximin

Der Kampf um den Kaplan

Unweit der Polcher St. Georgskapelle, nach einer Strecke von drei Kilometern durch Felder, liegt in einer sanften Mulde des Maifeldes Gappenach und mitten zwischen den Bauernhöfen die weiße Kirche St. Maximin. An Münstermaifeld und der mächtigen Stiftskirche gemessen, deren Silhouette im Panoramablick am Horizont über Gappenach auftrumpft, wirkt das Dorf verschwindend klein, doch markant durch großflächige Dächer und Mauern seiner stattlichen Höfe. Der älteste mit hohen Giebeln und schmalen Fenstern vorne rechts an der Hauptstraße stammt noch aus der Gotik, der prachtvollste gegenüber der Kirche aus dem Barock mit Anbauten von 1766 und 1786. Er gehörte dem Trierer Bischof und war seit 1700 der Familie Feils zum Lehen mit Abgabepflicht übergeben. Im großen »Tanzsaal des Kurfürsten«, einem Versammlungsraum, feierte das Dorf seine Feste. Als das Rheinland französisch besetzt war (1794–1814) und in der Folge Kirchengut verstaatlicht, säkularisiert wurde, bot sich nun jedem die Möglichkeit, Land oder Höfe zu erwerben, und die Zeit der Abgabepflicht war vorbei. Familie Feils kaufte um 1806 den Hof und ist bis heute Eigentümer. Schweinemast wird dort betrieben.

In sommerlicher Glut schlagen Gappenachs größte Höfe und Häuser bizarre Schatten in Zickzack-Muster auf die baumlose, kurze Hauptstraße und ihre drei Unter-, Hinter- und Obergassen, die vor zwanzig Jahren neue Namen erhielten, als man auch die Durchnumerierung der Häuser aufhob. Überwiegend leben hier immer noch Landwirte. Ihr Besitzerstolz paart sich mit Eigenwilligkeit, ihre Beständigkeit mit Verläßlichkeit. Es ist Tradition geblieben, am Kirmesmontag nach der Messe, dem »Hagelamt«, in einer Bittprozession die Felder zur Abwendung von Hagel und für eine gute Ernte zu umgehen. Die Einwohnerzahl von heute, 245, ist seit Jahrhunderten ziemlich gleich geblieben. 1563 zählt das Erzstift zu Trier 22 Feuerstellen. Als Feuerstelle, damals eine Steuereinheit, galt ein Haus mit einem Herd, um den sich Großeltern, Eltern, Kinder und die Unverheirateten sammelten. Zweihundert Jahre später werden von Trier 32 Haushaltsvorstände (Familien) erfaßt, und ein Visitationsprotokoll gibt 1828 zu den Akten, was heute noch zutrifft: »Der Friedhof reicht aus.« Eine Ermahnung von 1680, »daß nicht geduldet werden darf, daß das unvernünftige Vieh auf dem Gottesacker weidet«, war diesmal nicht wiederholt worden, denn nun umschloß bereits eine Mauer die eng um die Kirche herum gruppierten Gräber.

Kleine Kirche

Dem Platzbedarf entsprechend hat St. Maximin sehr kleine Ausmaße (Langhaus: etwa zehn mal acht Meter) und ist ursprünglich wahrscheinlich eine romanische Basilika nach dem Vorbild der nahezu gleich großen St. Georgskapelle von Polch gewesen. Ebenso wie diese wurde St. Maximin im Barock erneuert, doch radikal, indem man durch Entfernen der Hauptschiffwände aus der Basilika eine Saalkirche machte. Ein Vergleich beider Kirchen zeigt, wie kleine oder starke Eingriffe an der gegen Veränderungen empfindlichen romanischen Basilika Harmonie der Propor-

St. Maximin mit Friedhofsmauer

tionen im Raum bewahren oder sie aufheben können. Die barocke Stuckdecke (im Chor erhalten) wurde vor kurzem von einer Balkendecke ersetzt. Vom rundbogigen vermauerten Portal bewahrte man die alte, zweiflügelige Eichentür mit ihren schönen Eisenbeschlägen, wohl noch aus dem 13. Jahrhundert. Sie sitzt im neuen Eingang. Der romanische Westturm mit gepaarten Schallarkaden in Rundbogenblende im Glockengeschoß und achtseitigem spätgotischen Knickhelm erhielt durch vier Meter hohe schräge Streben ein eher ungefüges Aussehen. Die barocke Ausstattung ist nach und nach verschwunden. Bekannt ist der Verbleib des berühmten Gappenacher Altars aus Tuff von Johannes Gros (1660). Er kam 1895 über die Sammlung Liebig in die Schloßkapelle von Gondorf und ist heute Besitz des Trierer Diözesanmuseums. Die Kreuzigung im Mittelteil ist rechts flankiert vom heiligen Rochus und links vom Patron der Kirche, St. Maximin mit Bär und Kirchenmodell. In Gappenach erscheint er heute noch auf der Fahne der St.-Sebastianus-Schützengesellschaft, dem einzigen Prunkstück der Kirche, in einer rosa Wolke über seiner Kirche in kunstvoller Stickerei.
Eindrucksvoller als die Architekturgeschichte des kleinen Gotteshauses, das in seiner Anspruchslosigkeit anrührend wirkt, ist seine Stellung als Lebensmittelpunkt der Bewohner über alle Zeiten hinweg bis heute. »Wenn die Kirche nicht mehr im Dorf wär', das wär' schlimm«, sagt eine junge Frau von Gappenach. Die Sonntagsmesse, einmal im Monat mit anschließendem Frühschoppen in der Alten Schule, dem Gemeindehaus, hält das Dorf zusammen. Eine Wirtschaft gibt es seit Jahren nicht mehr. Hartnäckig und verbissen kämpften die Gappenacher mehr als hundert Jahre, bis sie die 1803 verlorengegangene Selbständigkeit ihrer Pfarrei wiedererlangten. Denn die französische Besetzung hatte gemäß dem Konkordat Napoleons I. eine Neuorganisation der Pfarreien gebracht und Gappenach als Filiale (Tochterkirche) der Pfarrei Naunheim untergeordnet. Die Bewohner sahen in der Veränderung »eine Degradierung wegen der Nichtbefolgung der Versammlungspflicht zu Kundgebungen für Napoleon« (Chronik). Als Folge zog der Seelsorger nun bald nach Naunheim, kam zwar zur Messe, aber die Gappenacher hatten keine Gewähr mehr, mit seinem Beistand sterben zu können. Das war der tiefere Grund für den zähen Kampf um den Priester im eigenen Dorf, hier wie in anderen Orten, denen dasselbe widerfahren war.

Korn und Gänse für den Pfarrer

1826 stellten die Gappenacher mit dem Dorf Rüber für den Unterhalt eines Seelsorgers fünf Morgen Land sicher, 14 Malter Korn und 295 frs (Franken), doch ihr Gesuch wurde abgelehnt, ebenso wie 1860, als 22 Gemeindeglieder 2500 Taler zur Dotierung der Pfarrei aufbrachten. Inzwischen verfiel das Pfarrhaus. 1923 baute die Gemeinde ein neues mit acht Zimmern, und nun schickte Trier den ersehnten Kaplan. Den Status einer eigenständigen katholischen Gemeinde erhielt Gappenach erst 1948 wieder. Heute ist das Pfarrhaus an Dorfbewohner vermietet. Pfarrer Jaster wohnt in Münstermaifeld und betreut zehn Dörfer, eins davon Gappenach. Daran ist nun nicht mehr Napoleon schuld. Aber mit seiner Neuordnung, seit 1802, erhielten die Pfarrer vom Staat ein festes Gehalt. Bis dahin hatten sie Erträgnisse aus Pfarrstellenvermögen bezogen, dazu Gebühren für gottesdienstliche Handlungen und einen Teil des Zehnten (= zehnter Teil des Jahresertrages) von den einzelnen Familien, meist Naturalien vom Acker und Hühner, Gänse oder Schweine, auch »blutiger« Zehnt genannt. So verzeichnet zum Beispiel Schugs Pfarrchronik, was der Gappenacher Pfarrer 1719 außer seinen Einnahmen aus der Filiale Rüber im Jahr verdiente: ... »von Jahresmessen 16 Taler, vom Zehnt in guten Jahren 20 Malter Korn, drei Malter Speltz, ferner vom Wittum (Landbesitz der Kirche) fünf Malter Korn, ein Halb Malter Erbsen. Dazu an Weihnachten von jedem Bürger ein Brot, das er mit dem Lehrer teilte, Summa 60 Brote, an Ostern 30 Eier, ferner hatte der Pastor freies Weiderecht für 30 Schafe, aber keine freie Winterweide. Schließlich kleine Stolgebüh-

ren, u. a. ein Taschentuch bei jeder Kopulation (Vermählung) und bei der Aussegnung der jungen Mutter von jeder begleitenden Frau ein Ei.« Nach der Geburt galt die Mutter als unrein, bis sie vom Pfarrer vor einem Marienalter gesegnet wurde. Stolgebühren waren Abgaben an den Geistlichen für Amtshandlungen, bei denen er die Stola trug, wie Taufe, Trauung, Begräbnis.
Auch Opfergaben aus der Gemeinde waren oft Naturalien. Dafür stand in vielen Eifelkirchen ein vergitterter Kasten hinter dem Altar. Es wird erzählt, daß eines Sonntags ein Messebesucher einen lebenden Hahn opferte. Der Küster war an der Orgel eingeschlafen, als der Hahn zu krähen begann. Der Küster glaubte, der Priester habe »Dominus vobiscum« gesungen, und fiel mit der Orgel ein: »Et cum spiritu tuo.«
Wenn heute die Gappenacher noch Eier hergeben, pflegen sie die Tradition der Maibaumerrichtung. »Der Mai verlangt sein Ei, und die Gappenacher Junge zwei!« Nachdem die Jungen am 30. April von jedem Haus ihren Tribut erhalten haben, stellen sie an der Hauptstraße eine ellenlange Fichte mit buntem Papierflitter und vielen Tannenzapfen, Zeichen fruchtbaren Wachsens, auf, um anschließend mit Rührei und Speck das »Fest in den Mai« zu feiern. Da im Nachbardorf Gierschnach dann gerade immer Kirmes ist, wird anschließend dort getanzt. – Noch ein alter Brauch hat sich hier erhalten, wie der engagierte Bürgermeister Arnold Probstfeld erzählt, der 1988 die Tradition eines Fußballturniers unter den vier Dorfstraßen begründete. Den dazugehörigen Bolzplatz hatte er anlegen lassen. Wenn Karfreitag und Karsamstag die Kirchenglocken schweigen,

Eichentür mit Eisenbeschlägen, vermutlich vom 13. Jahrhundert, Ausschnitt

gehen die Kinder mit Holzklappern durch die Straßen und verkünden dreimal die Zeit: »Klipp-klapp Morgensglock«, dann: »Es ist Mittag« und: »Klipp-klapp Abendsglock«. Das fehlende Glockenläuten zur Karfreitagsmittagsmesse ersetzen sie durch Rufen: »Es ist das erste Mal«, »es ist das zweite Mal«. Zum Klappern radeln sie auch zu den umliegenden Höfen der Neu-, Mehl-, Gäns- und Geismühle. Anschließend erhalten sie Eier, Geld oder Süßigkeiten.

Mertloch: St. Gangolf

Ein frohes Antlitz

Mertloch bedeute Marterloch. Das lernten noch die Ältesten im stattlichen Maifelddorf mit 1000 Einwohnern in der Schule. Auch der Herr Pfarrer habe das erzählt, ist zu hören, und zum Beweis stehe auf der Kuppe des Hügels südlich des Ortes bis heute die Heilig-Kreuz-Kapelle. Durch eine weite Senke von Mertloch getrennt, liegt auf der Anhöhe Münstermaifeld. Von hier hätten Reiter während der Christianisierung der Franken die ersten Christen hinuntergetrieben, sie durch das Tal und den Hügel hinauf gejagt, um sie auf der Kuppe zu töten. Ihr Blut sei auf der anderen Seite des Hügels hinab in das Dorf geflossen und habe den noch heute so benannten Notbach gebildet. Zum Andenken an die erlittenen Martern der ersten Christen, so die Schulsage, sei am Ort des Gemetzels die Heilig-Kreuz-Kapelle errichtet und das Dorf Marterloch, Loch der Marter, genannt worden.

Die Kapelle auf der windigen Höhe, von Pappeln umstellt, ist ein Barockbau mit der Jahreszahl 1754. Franz Spies von Mertloch hat in unseren siebziger Jahren die Sage innen neben die Tür auf die Wand gemalt. Zur Kapelle hinauf führen seit 1849 vierzehn Basaltlava-Bildstöcke, deren Tuffreliefs den Leidensweg Christi in Stationen von der Verurteilung bis zur Kreuzigung und Grablegung nachzeichnen. Die Anlage dieses Kalvarienberges (Schädelstättenberg) in der Romantik ist ein Zeichen der Wiederbelebung des spätmittelalterlichen und im Barock aufblühenden Kultes, den Weg Christi nach Golgatha, den Berg hinauf, andächtig nachzuschreiten. Die Zeit der Aufklärung hatte Wallfahrten und Prozessionen stark eingeschränkt. Nach Mertloch sollen Pilger sogar aus Mayen gekommen seien.

Mertloch hieß im 10. Jahrhundert Martiliacum, dann auch Mertilacha und Mertelach. Die Endung = iacum im Ortsnamen deutet in der Regel auf die mit Caesar beginnende gallo-römische Zeit hin (bis zum 3. Jahrhundert n. Chr.). Die Deutung einer frühen, dem in fränkischer Zeit beliebten St. Martin geweihte Kirche gründet nur auf dem Gleichklang der Namen. Aus der Frankenzeit entdeckte man Ende vorigen Jahrhunderts beim gleichalten Künzerhof, etwas außerhalb, wo heute Weizen wächst, 560 Gräber mit Goldbeigaben.

Bewahrte Pracht

Mertloch, in der Eifeler Kornkammer Maifeld gelegen, bringt den Landwirten auch heute noch Wohlstand. Die prachtvoll ausgestattete, frisch renovierte Kirche zeigt es an. Weit über dem Turm von St. Gangolf kreisen Bussarde im sommerlich blauen Himmel. Viergeschossig, mit spitzem Helm, zeigt der Turm denselben dunklen Bruchstein, der auch den großen Höfen und Häusern der Kirchstraße ihr strenges Aussehen verleiht. Er wurde erst 1879 errichtet, als die weiß verputzte Kirche um ein Joch auf vier Joche verlängert wurde. St. Gangolf ist genau wie St. Cyriakus in Niedermendig ursprünglich eine dreischiffige romanische Pfeilerbasilika von der zweiten Hälfte des 12. Jahrhunderts, auch mit der gleichen Kleeblattbogenform an der Choraußenwand. Seine flache Decke wich schon etwa fünfzig Jahre später der Einwölbung mit Kreuzgratgewölben, wobei die Obergadenfenster in die Jochachsen verlegt

St. Gangolf von Süden

wurden. Im Laufe der Zeiten schlossen sich erweiternde Veränderungen an. Als erstes kam eine spätromanische Vorhalle vor dem alten, mit Laubkonsolen geschmückten Hauptportal an der Südseite der Kirche. Hier sollen gerichtliche Handlungen vorgenommen worden sein. Später diente der kleine Raum, wie heute noch, der Aufbahrung von Särgen während des Sterbeamtes. Er wird »Paradies« genannt. Ob diese volkstümliche Bezeichnung den »Himmel« meint, oder auf einen von Säulen umgebenen Hof an Basiliken, Paradies genannt, anspielt, ist offen.

Im 15. und 16. Jahrhundert wurden die Seitenschiffe in die Tiefe des Chores zu Kapellen verlängert und mit ihm durch breite Rundbögen verbunden. Die nördlich angebaute heutige Taufkapelle erhielt ein schönes, doppelt profiliertes spätgotisches Netzgewölbe, dessen großer Schlußstein Christus als Schmerzensmann (s. Kronenburg) in bunt bemaltem Relief darstellt. An den vier Ecken des kleinen Raumes ruhen die Gewölberippen auf Konsolen mit Brustfiguren von Engeln. Der Meister aus Koblenz, der in der Nachfolge des großen Nicolaus Gerhaert arbeitete, gab den farbig neu gefaßten Engeln breitaufgeschlagene Flügel, vor denen sich die Figuren mit bewegter Lockenpracht um die feinen Gesichter plastisch abheben. In Kittel gekleidet, halten die Engel in zierlichen Händen Schilde mit herausgearbeitetem Kreuz, der Dornenkrone, Geißelsäule, Schwamm und Lanze: den Leidenswerkzeugen Christi, die zu seinem Kreuzestod führten. Ein Kreuz bekrönt auch wie ein Diadem jeden Engelkopf. Denn ursprünglich war die Kapelle der Verehrung der Leiden Christi geweiht. Der Koblenzer Meister hat seinen Auftrag zu einer symbolischen Darstellung mit sichtbarer lebensvoller Hingabe erfüllt und den kleinen Kultraum künstlerisch überhöht.

Die zweite, jüngere Nebenkapelle fiel mit schmucklosem Gratgewölbe schlichter aus. Auch die Barockzeit hat Spuren hinterlassen: Hinter dem Chor entstand eine Sakristei; die Fenster der Seitenschiffe wurden verbreitert und bunt verglast, außerdem rundete man die mächtigen, viereckigen Pfeiler dem neuen

Anna Selbdritt, Holzskulptur des 15. Jahrhunderts

Schönheitsideal entsprechend ab. Das Jahr 1879 brachte die Verlängerung des Hauses und einen neuen Turm. 1976 gab die jüngste Renovierung den Pfeilern dann ihre ursprüngliche, viereckige Form zurück, so daß der Eindruck einer romanischen Pfeilerbasilika überwiegt, wenngleich die Reinheit des Stils wie bei St. Cyriakus in Niedermendig wegen der beschriebenen Veränderungen und durch den neugeplätteten, kleinteiligen Fußboden verlorenging.

St. Gangolf wirkt prachtvoll. Triumphbogen, Arkadenbögen und die breiten Gurte, die die schmal nachgezeichneten Kreuzgratgewölbe voneinander trennen, sind in roter Farbe mit weißen Fugen abgesetzt. So werden Raumgliederung im Wechsel von Mauer und ihren Öffnungen und Struktur der Gewölbe, die auf profilierten Konsolen ruhen, dekorativ akzentuiert. Fein abgestimmt dazu sind die Pfeiler in zartem Hellgrau mit weißen Fugen bemalt. Neuvergoldete Heiligenfiguren aus nachromanischer Zeit besetzen die Wände des Hauptschiffes. Die älteste ist eine Anna Selbdritt aus dem 15. Jahrhundert. Der ländliche Meister präsentierte sie in reichem Gewand wie eine Übermutter mit dem nackten Jesuskind auf dem einen und der kaum größeren Maria, das Kind anbetend, auf dem anderen Knie. Von Heinrich Alken (1753–1823) sind die edle Pietà, der hl. Nikolaus, der drei nackte Bekehrte in einer Bütte tauft, und die heilige Agathe, die auf einem Teller ihre bei der Folterung abgerissenen Brüste präsentiert. Das besondere Ausstattungsstück der Kirche ist eine spätgotische Kanzel, vermutlich von 1465 und aus der Koblenzer Werkstatt des Hermann Sander. Auf achteckigem Fuß steht der zierliche Kanzelstuhl, aus fünf Seiten eines Achtecks errichtet. Jedes Feld ist kunstvoll von doppeltem Rundstab auf gedrehtem Sockel gerahmt, zwei Felder zeigen bildliche Darstellungen. In dem einen steht Christus halbplastisch selbst in einer Kanzel und predigt, während er mit der linken Hand die Weltkugel hält und mit der rechten segnet. Das andere Feld zeigt ein verschlungenes Spruchband in Relief mit der Aufschrift: »EINER IST EUER LEHRER, CHRISTUS. MATH. 23/10.«

Vor dem Hochaltaraufsatz mit vier schmalen korinthischen Säulen und kunstvoller, eleganter Bekrönung (1787 von Philipp Lenz aus Polch) steht eine Marienfigur mit Christus auf dem Arm, beide mit echten Kleidern, wie ein Gnadenbild angetan. »Dekan Ehses (seit 1935 in Mertloch) fand die gütige Frau mit dem frohen Antlitz im Geröll des Kirchenspeichers« (Schug). Das frohe Antlitz verriet die Herkunft aus Köln, dessen Madonnen für ihr liebliches Lächeln bekannt sind. Die Arbeit wird dem 15./16. Jahrhundert zugerechnet. Ausdrucksvolle Holzplastiken der Heiligen Gangolf und Sebastian von Philipp Lenz stehen rechts und links vom Altar. In den Seitenschiffen der Kirche befinden sich auch zwei sogenannte Heilige Gräber vom 14. und 15. Jahrhundert, Tuffreliefs, die den toten Christus im Grab liegend zeigen. Diese Darstellungen aus Stein dienten das ganze Jahr über der Andacht der Auferstehung.

Gewagter Vorstoß

Grabplatten von Mertlocher Priestern und die des Ritters Johan Schnetz von Grenzau, gestorben 1586, lehnen heute außerhalb der Kirche an einer Wand. Versteckt hinter einem Bäumchen tritt der fast lebensgroße Ritter kahlköpfig und mit gespaltenem Kinnbart aus dem Steinrelief hervor: »DER EDLE UND EHRSAME JOHAN SCHNETZ VON

GRENSAW. DER SEEL GOTT GNADT« steht um ihn herum geschrieben. In Mertloch ist die Erinnerung an ihn noch wach. Kein Wunder, denn seine große, zwei Jahre vor seinem Tod errichtete Armenstiftung existiert bis heute. 30 Hektar verpachtetes Land in Mertloch, Einig, Gering und Kollig bringen jährlich etwa 12 000 Mark, die Bürgermeister Pies »zu Weihnachten den Ärmsten der Armen« weitergibt. Als erste Exekutoren der vormals noch Höfe einschließenden Stiftung hatte Schnetz den Herrn von Eltz oder den Trierer Bischof bestimmt. Seit 1666 übernahmen der Ortspfarrer und Schöffen die Verwaltung, bis in napoleonischer Zeit die Stiftung säkularisiert wurde. Pfarrer Fergen führte dagegen 17 Jahre lang einen Prozeß, nachdem das Rheinland durch Napoleons Sturz auf dem Wiener Kongreß 1815 zu Preußen gekommen war. Doch entschied das Ministerium der geistlichen Unterrichts- und Medizinalangelegenheiten in Berlin 1864 ebenso wie Napoleon zuungunsten der Kirche. Manche Bewohner von Mertloch sahen in der Wohltat des beneidenswert reichen Ritters einen Sühneakt. Er soll, so die Gruselsage, seinen Bruder umgebracht oder eine arme Frau beim Holzsammeln im Wald erschossen haben.

Ein Grabstein bei der Kirche aus den zwanziger Jahren führt Pfarrer seit dem 19. Jahrhundert auf und auch den Frühmesser Philipp Zender (1860–1878). Frühmessen waren für die Landbevölkerung eingeführt worden, die das Tageslicht zur Arbeit nutzen mußte. Seit dem Spätmittelalter zählten Frühmessen zunehmend zu frommen Stiftungen, und die, die Zender verrichtete, war 1680 fundiert worden. Zender war seit 1824 Pfarrer in Meckel unweit der luxemburgischen Grenze gewesen. Zusammen mit zwölf anderen Kollegen hatte er sich in Echternach, so Andreas Heinz, getroffen und ein Papier mit vier Forderungen veröffentlicht: 1. die Kirchensprache soll deutsch sein, 2. die Gemeinde soll den Pfarrer wählen, 3. die Pfarrer sollen den Bischof wählen, 4. das Zölibat soll abgeschafft werden. Der gewagte Vorstoß bekam Zender natürlich schlecht. Bischof von Hommer reagierte mit Entsetzen und schickte ihn

Ritter Johan Schnetz von Grenzau, Grabplatte von 1586, Ausschnitt

fort nach Kehrig. Der ihm freundlicher gesonnene Nachfolger gab ihm die Pfarrstelle in Mayschoß, doch nach dessen Tod durfte er nur noch Frühmesser unter einem Pfarrer sein. Das war in Mertloch und in der Filialkirche St. Willibrord im nahen Kollig. Er verrichtete dort seinen Dienst, bis er kränklich und altersschwach 1878 im Alter von 80 Jahren starb, für Kollig ein schwerer Verlust, da es nun Jahrzehnte dauerte, bis dort wieder Messen gelesen wurden.

St. Willibrord in Kollig ist eine kleine dreiachsige Dorfkirche von 1729 mit noch romanischem Westturm. Ungewöhnlich ist ihr Gestühl aus Eichenholz, eine phantasievolle Arbeit der Volkskunst von 1731. Es zeigt die Wangen der Bänke in Gestalt grotesker menschlicher oder affenähnlicher Profile und knüpft damit an die gotischen Drolerien der Chorgestühle an. Diese drolligen, lustigen Darstellungen von Fabelwesen hatten damals die furchterregenden romanischen Dämonen vertrieben. In St. Willibrord ist auf dem unteren Teil der Wangen, auf die einzelnen Bänke verteilt, zu lesen: »IHS. MARIA, JOSEPH, ORA PRO NOBIS, ANTONIUS HURSCH ANNO DOMINI 1731« (Jesus, Maria, Joseph, bete für uns, Antonius Hursch im Jahr des Herrn 1731). Ob Hursch Stifter oder Schnitzer war, ist ungeklärt.

Monreal: Kreuzerhöhung

Der Färber aus Lyon

Die Kornfelder auf der weiten Conder Höhe südlich von Mayen gehören zu Monreal. Eine dreiviertel Stunde fuhren die Kleinbauern mit dem Pferde- oder Ochsenkarren hierher, Jahrhunderte lang, bis sie in den dreißiger Jahren vor dem Zweiten Weltkrieg in ihr Ackerland aussiedelten. Am nahen Horizont liegen die grünscheckigen Bergrücken des Elzbachtales. In ihrer Mitte, unauffällig, erkennt man den Bergfried der Monrealer Löwenburg. Er verliert sich dann wieder bei der kilometerlangen Talfahrt. Ist schließlich der Elzbach überquert, überrascht den Blick eine imposante Kulisse. Rechter Hand überragt am steilen Hang die trutzige Burgruine der Grafen von Virneburg den Ort. Fachwerkhäuser mit Schieferdächern schachteln sich entlang den Flußufern, zeichnen ihre Biegungen nach, bis die Kirche mit spitzem hohem Turm Monreals Endpunkt markiert. Enge Grenzen setzten der Burgberg und sein ebenso schroffes Gegenüber, der Niererberg. Die sechs mittelalterlichen Gassen, einst zusammen mit der Löwenburg und der Philippsburg, ihrem Vorposten, ummauert, bilden bis heute den Kern des »Tales«. Abgeleitet von der Ortslage definiert dieser alte rechtliche Begriff Siedlungen meist in Burgnähe als eine Art Marktflecken. 1642 erteilte das Trierer Domkapitel die Erlaubnis, an drei Tagen im Jahr Markt zu halten. Denn es gab viel Tuch zu verkaufen, leichtes und schweres, auch Samt.
64 Webstühle sind 1765 in Betrieb und bedeuten einen Höhepunkt in der Monrealer Tuchindustrie, die jedoch nie den Umfang der Produktion aus der Westeifel erreichte. Bei etwa 500 Einwohnern war hier nahezu jede Familie gefordert. Das Rohmaterial, Flachs für Leinen, Hanf für Schnüre und Garn, Brennesseln für Tuch wurde auf der Conder Höhe, im Polcher Holz Richtung Kaisersesch und auf anderen Flecken hinter den Bergen angepflanzt. Dazu kam die Kardendiestel, deren hakenstacheligen Köpfe zum Aufrauhen mancher Wollstoffe dienten. Schafzucht für Wolle stand im Vordergrund. Wollweber und Wollspinner stellten die Hauptberufsgruppen. Ihr Patron, der Heilige Severus, der nach der Legende selber Wollweber war, findet sich denn auch mit seinem Attribut, dem Weberschiffchen, als Barockfigur in der Kirche.
Besonders mühselig war die Gewinnung von Leinen. Von der Samenkapsel befreit, wurden die holzigen Flachsstengel getrocknet, geröstet, mit Schwingstöcken geschlagen, um die elastischen Fasern herauszulösen. Die wurden dann geglättet, gebündelt und gehechelt, gewaschen, gebleicht, schließlich gesponnen und gewebt. Die Reste gaben Viehstreu und Füllung im Fachwerk. Die gefärbten, nassen Tücher trockneten über Holzgestellen, die unmittelbar unter der Löwenburg am Berghang bis zur Schattengrenze aufgebaut waren, die der gegenüberliegende Niererberg vorgab. Der Elzbach und seine heute eingetrockneten Weiher gaben das nötige Wasser.
Die wertvollen Rezepte für ihre »französische Färbung« hatte den Monrealern ein Hugenotte, Färber aus Lyon, zum Dank für Aufnahme preisgegeben. Er war mit seiner vielköpfigen Familie wie unzählige andere Protestanten auf der Flucht vor den Verfolgungen durch Ludwig XIV., kam aus Luxemburg und

Alt-Monreal, Ende des 19. Jahrhunderts

wollte nach Neuwied, als er sich in Monreal den rechten Oberschenkel brach. Niemand durfte Hugenotten Essen und Quartier geben. Das war strenge Weisung des Pfarrers wegen der vielen Verwüstungen, die Franzosen auch in Monreal immer wieder angestiftet hatten. Aber wer mochte hier nicht helfen? Ermutigt durch den unerschrockenen Burgvogt, jagten die Monrealer den Pfarrer kurzerhand aus dem Dorf und übten Christenpflicht. Die Hugenottenfamilie blieb dann für immer und bereicherte die Tuchindustrie mit ihren Lyoner Farben.

Wie umfangreich die Schafzucht für Wolle war, zeigt die Einrichtung einer Messe um vier Uhr morgens in den Sommermonaten an Sonn- und Feiertagen für Hirten und Schäfer. Sie fand in der St. Georgskapelle am Ortseingang statt, der ältesten Kultstelle Monreals. Noch bis in das vorige Jahrhundert hinein wurden die Frühmessen gelesen. Dann nahm die Epoche der Tuchindustrie um 1830 ein schnelles Ende. Ursachen waren die französische Besetzung 1794, die Hungerjahre durch Mißernten 1816 und 1817, veränderte Zollbestimmungen und nicht zuletzt neue Konkurrenz aus Großstädten und dem Ausland mit verfeinerten Techniken. 1885 gab es in Monreal nur noch vier Webstühle. Mit Verarmung verwandelte sich das Dorf in den »Jassestall« (Ziegenstall). Denn die genügsame Ziege wurde nun Monreals Lebensgrundlage.

Die Bahn bringt Leben

Schon 1892 kam jedoch durch den drei Jahre dauernden Bahnbau auf der Strecke Mayen – Kaisersesch mit einem Tunnel unter der Löwen- und Phillipsburg eine Wiederbelebung und Öffnung des Ortes zur Außenwelt. Für die vielen Arbeiter von auswärts, auch aus Polen und Oberitalien, wurden Gasthäuser, Weinstuben, Läden eingerichet, der Grund für das heutige Touristengeschäft bereitet. Trotz der »Polizeiglocke« der Kirche, die die Preußen inzwischen um zehn

Uhr abends eingeführt hatten, um Wirtshäuser und Straßen zu leeren, war das Feierabendleben ausgeprägt. Die Dorfchronik notiert für die Zeit des Bahnbaus »religiös moralischen Rückgang«, und mancher Bürger meinte, hier habe der Teufel seine Hand im Spiel.

Am liebsten stehen Touristen heute auf der mittleren der drei mittelalterlichen Steinbrükken über den flachen, schmalen Elzbach, Burgen, Kirche und Ort im Rundumblick studierend. Dicht an dicht mit Überhängen zum Wasser und verzierten Eckbalken stehen zwei- und dreigeschossige Fachwerkhäuser an den Ufern, Zeugen der reichen Zeit der Tuchindustrie. Das älteste an der Brücke mit vier Giebeln stammt aus dem 16. Jahrhundert. In dem Haus von 1701 verlebte eine Gräfin von Wied bis 1900 die Sommermonate. Heute gehören 15 schmucke Fachwerkhäuser Kölner und Bonner Wochenendpendlern, die sie vor 25 Jahren restaurieren ließen und Denkmalpflege im gesamten Ort auslösten.

Die vier Löwen aus Mayener Basaltlava auf der Brücke bezeugen hier unten seit 1831 die einstige Macht der Grafen von Virneburg. Ursprünglich standen sie am Eingang ihrer Residenz, der nach ihnen benannten Löwenburg. Als die Franzosen 1689 einfielen, Burg und 46 Häuser zerstörten und die Löwen den Abhang hinabstürzten, der seither Löwenstück heißt, waren die Virneburger schon länger als hundert Jahre ausgestorben und die Grafschaft Sitz eines kurtrierischen Amtes. Die Löwen verschwanden vom Abhang. Diebe hatten sie nach Mayen geschafft und wieder zurückbringen müssen. Nun kamen sie auf den Monrealer Markt, bis sie 1831 ihren Platz auf der Brücke fanden. Sie sind im Rheinland als sehr naturnahe Arbeit des 16. Jahrhunderts berühmt. Auf einem achteckigen Sockel sitzen sie nach allen vier Himmelsrichtungen, ruhig, nicht starr, denn die Häupter mit langgewellter Mähne sind leicht zur Seite gewendet. Auch die gestreckten Tatzen und elegant aufgelegte Schwanzquasten sind spätgotische Merkmale.

Gegenüber den Löwen steht seit ein paar Jahren der heilige Nepomuk aus Basaltlava, Kopie einer Kopie von 1803 von Karl Müller. Die Vorgänger wurden sämtlich mehrfach von Franzosen in den Elzbach geworfen und zerbrachen. Kriege, Feuersbrünste und Unwetter wie Hochwasser haben Monreals Häuser immer wieder dezimiert und beschädigt. Zur Zeit der Schneeschmelze ist Eisstau an der Brücke gefürchtet. Der vorgebaute zwölf Meter lange Eisbrecher hilft nicht mehr, wenn Eismassen in hoher Geschwindigkeit anbranden.

Als 1778 Hochwasser die mittlere Brücke schon überspült und etliche Häuser weggeschwemmt hatte, ging der Priester mit der Gemeinde nur vor die Kirchentür, um mit dem Allerheiligsten die anbrausenden Fluten zu besänftigen. Denn die katholische Pfarrkirche zum Heilig Kreuz liegt direkt am Elzbach an seiner letzten Biegung im Ort neben dem letzten Fachwerkhaus. Sie ist aus demselben Stein wie die Burgen, Bruchstein aus dem Burgberg, der von Gelb zu Orange bis Dunkelbraun die Farbe wechselt. Heller Putz zeichnet grob die Fugen nach. Ihre Stattlichkeit bezieht die einschiffige Kirche mit Chor aus einer recht imposanten Länge von 32 Metern, den monumentalisierenden, umlaufenden Strebepfeilern, steil ansteigenden Schieferdächern und dem dreigeschossigen Westturm mit achtseitig gebrochenem Helm. In Maßarbeit ist sie eingepaßt zwischen Elzbach und Burgberg, von dem sie nur eine Gasse trennt. So konnten die Virneburger Grafen über einen Brückensteg direkt vom Berghang in das erste Turmgeschoß gelangen, das ihnen als Herrschaftsloge diente. Vier Konsolen aus Basaltlava am Turm und ein vermauerter Eingang deuten diesen Zugang noch an.

Späte Gotik

Die Kreuzerhöhungs-Kirche ist ein rein spätgotischer Bau aus den Jahren 1450 bis 1460, einer Zeit, die bis zum Beginn des Dreißigjährigen Krieges 1618 für die Eifel Ruhe und zunehmenden Wohlstand bedeutete, zumal sie von den Bauernkriegen verschont blieb. Wegen Bevölkerungszunahme vor allem aus

Bahnbau in Monreal, Ende des 19. Jahrhunderts

Ansicht der Kreuzerhöhungskirche von Süden

den anwachsenden Städten wurden Dorfkirchen erweitert, oder man baute an die Stelle der zu klein gewordenen alten eine neue. Auch die Kreuzerhöhungs-Kirche steht auf einem Vorgängerbau, den vermutlich Virneburger Grafen gegen Ende des 13. Jahrhunderts gegründet hatten. Als einschiffe Anlage mit Chor und Westturm verkörpert ihr Neubau noch den Typ der einfachen, uralten Saalkirche der Dörfer. Ihm wurden dann spätgotische Merkmale anverwandelt: Proportionen, die die Höhe betonen; stärkere Lichtdurchflutung durch größere, nun spitzbogige Fenster; ein mit fünf Seiten des Achtecks geschlossener Chor - die Zeit runder Apsiden ist vorüber - und der hervortretende bildhauerische Einsatz von Steinmetzen. Sie verzieren Fenster mit Maßwerk, profilieren fein alle Gliederungselemente, von den Kreuzrippen-, Stern-und Netzgewölben bis zu den Diensten (runde stützende Wandvorlagen, in die Gewölberippen verlaufen) und bereichern Kapitelle und Konsolen durch naturalistisch gestaltetes Laubwerk und Köpfe. Der Raum erscheint dadurch höher, lichter, aufgelokkert, rhythmisch strukturiert und akzentuiert. Gleichalte Stadtkirchen, die nun, nach Beendigung des Zeitalters der Kathedralen, als Zeichen erwachten bürgerlichen Selbstbewußtseins gebaut werden, sind meist dreischiffige hohe Hallenkirchen mit vielfältig abgewandelten schlanken Pfeilern, reichem Portalschmuck und einem feinen Gespinst von Netzgewölbe. Sie repräsentieren eine andere Welt. Große Ressourcen, namhafte Architekten und Künstler werden meist eingesetzt für ein virtuoses künstlerisches Erscheinungsbild mit religiös-symbolischer Überhöhung. Die spätgotische Dorfkirche behauptet dagegen entsprechend den bescheidenen Mitteln ihren eigenen architektonischen Ausdruck, der sich Typisches vom großen Vorbild einverleibt oder reduziert überträgt. In der Erfüllung ihrer Aufgabe, Lebensmittelpunkt, Sakralraum für die Gemeinde zu sein, steht die Dorfkirche jedoch keiner Stadtkirche und nicht einmal einer Kathedrale nach. Zum äußeren Zeichen dafür überragt ihr Turm alle Häuser.

Beim Umgehen der Kreuzerhöhungs-Kirche entdeckt man an einem Strebepfeiler des Chores einen gotischen Baldachin aus Tuff, in dem vermutlich ein Kruzifix gestanden hat. Die Strebepfeiler, die von außen die Gewölbe stützen, sind von dreieckigen Giebeln, zum Teil mit Dreipaßmaßwerk bekrönt. Über dem schlichten spitzbogigen Hauptportal im quadratischen Turm befindet sich das einzige dreiteilige spitzbogige Fenster der Kirche. Sein Fischblasenmaßwerk ist erneuert. In spitzbogiger Blendnische zeigen die Klangarkaden gepaarte Rundbogenöffnungen, eine Reminiszenz an romanische Tradition. Vielleicht stammt der Turm vom Vorgängerbau, denn er steht nicht mittig zum Langhaus, sondern in der Flucht seiner nördlichen Mauer. Daher ragt südlich neben ihm das Langhaus bizarr asymmetrisch mit der Dachschräge heraus. Innen liegt hier die frühere Taufkapelle mit Bogenöffnung zur Turmhalle. Der Eintretende muß die spitzbogig weit geöffnete Turmhalle mit dem schönen achtpassigen Gewölbeschlußstein durchschreiten und dann nach rechts treten, um in gerader Linie den Chor vor sich zu haben. Leider nimmt die 1785 vorgebaute Empore, das sogenannte Mannshaus, viel von der Gesamtwirkung des großen lichten Raumes. Die Kreuzrippengewölbe der drei nicht ganz gleichen Joche betonen hellgrau mit weißen Fugen und aufwendigen Schlußsteinen die Höhe des Raumes, die dann im Chor, sichtbar hinter dem weiten spitzbogigen Triumphbogen, noch einmal optisch gesteigert wird, obwohl der Chor etwas niedriger und schmaler als das Langhaus ist: ein reiches, rotes Netzgewölbe, gebildet aus gleichmäßigen Rauten, überzieht sein Vorjoch, und die Rippen des in fünf Seiten eines Achtecks gebrochenen Abschlusses spalten sich auf. Als Ziel des Kultes sollte der kunstvolle Chor zum Höhepunkt des Raumes werden. Dunkelbraun gemalte Krabben flankieren die in Hohlkehle profilierten Rippen, die an den Wänden in Konsolen mit Wappen oder grünem Laubwerk enden.

Wappen besetzen auch Schlußsteine in reicher Zahl. Nach dem Sombreffschen - Querbalken mit drei Amseln - wird die Einwölbung des Chores auf spätestens 1459 datiert, das Sterbejahr Roberts VI. von Virneburg, der mit Margaretha von Sombreff verheiratet war. Die Hauptschlußsteine in Vier- und Achtpaßform zeigen den Kopf des Salvators (im Osten), das neugemalte Wappen der Virneburger (sieben Rauten) und das Lamm Gottes.

Bei der Renovierung der Kirche 1976 wurden in einen leeren Gewölbeschlußstein des Langhauses die Wappen von Metz und Grening aufgemalt, als Reverenz an den Gemeindepfarrer Pater Imhoff, der hier seit 1964 im Amt ist und aus Lothringen stammt. Das zweite Wappen zeigt vermutlich den Adler der Grafen von Aare.

Der Chor war im Osten ursprünglich von drei hohen Fenstern durchbrochen, wovon das eine, 1466 gestiftet, als Meisterwerk rheinischer Glasmalerei gilt. Seit 1830 schmückt es St. Menas in Koblenz-Kapellen. Neugotische Fenster von 1907 ersetzen die alten nur noch auf zwei Dritteln Länge, die beiden südlichen bewahren die Originallänge. Die Nordwand des Chores ist fensterlos und mit einem spitzen Blendbogen ausgestattet, der vermutlich vom Vorgängerbau herrührt.

Vertreibung der Dämonen

Auch in der Ausgestaltung des Langhauses fallen typische Asymmetrien auf, die durch Fenster die Südseite betonen. Denn die Nordwand hat nur ein einziges, während in die Südwand zwei längere, zweigeteilte mit erneuertem Maßwerk eingelassen sind und ein kurzes im Ostjoch (wegen der angebauten Heiligkreuzkapelle). Asymmetrische Auflokkerungen des Raumes zeigen sich am graugefaßten Stützwerk der Gewölbe. An der Nordwand verlaufen die gebündelten Wanddienste in Konsolen mit Maskenmotiven, einem Mann mit Vollbart und einem mit Lippenbart, gegenüber auf der Südseite verfolgen sie ohne diese Zierde die Wand hinunter bis zum Sockel. Ungleichmäßig verteilt ist auch der schöne Kapitellschmuck, der wie aus Metall plastisch und naturgetreu herausgearbeitet ist, Eichenblätter aus Stein, grün bemalt. Abgeleitet aus den stilisierten korinthischen Kapitellen, knospen, sprießen sie an den Diensten, zeigen ihre feinen Rippen und stellen Wachstum dar. Gotik bringt Annäherung an natürliche Vorbilder. Sie vertreibt die Dämonen, die vor allem in romanischen Domen Kapitelle besetzen, um durch ihre Erscheinung Böses zu bannen. Ihre Nachfolger, Köpfe und Masken, haben nun alle

Konsole mit Maskenmotiv im Nordschiff

Magie abgestreift, sie sind nur noch drollig und unterhaltsam oder präsentieren Stifterportraits.
Der Reichtum spätgotischer Steinmetzkunst zeigt sich konzentriert noch einmal in der Heiligkreuzkapelle, die man durch einen breiten Spitzbogen nahe dem Chor in der Südwand betritt. Breite Kämpfer mit gewölbten Laubblättern schmücken den Zugang. Das Kapellchen hat kaum die Länge eines Joches vom Langhaus und ist in zwei winzige rechteckige, kreuzgewölbte Joche gegliedert, deren Ostabschluß ein Chörchen von fünf Seiten eines Achtecks bildet. Auf den roten Gewölberippen in Eselrückenprofil drängen sich die fünf Schlußsteine. Die Dienste sind reich geschmückt mit Laubkapitellen, einem freundlichen Lockenkopf und den Wappen der Virneburger (sieben Rauten) und von Horn (drei Hörner), die die Kapelle erbauen ließen. Es waren Graf Phillip II. (Sohn Robert VI.) und seine erste Frau, Johanna von Horn. Auf ihren Wunsch hin hatte Phillip 1480 nach ihrem Tod auch die gleich große Liebfrauenkapelle spiegelbildlich an der Nordwand der Kirche errichten lassen. 1750 riß ein Unwetter sie hinweg.
Als Johanna von Horn noch lebte, stiftete sie für den neuerbauten Chor auch ein farbiggefaßtes Sakramentshäuschen aus rotem Sandstein, einen hochstrebenden, filigranen gotischen Turm. D. FRID. WEINCKEN hat ihn signiert. Aus der Wand dreieckig hervorspringend überhöhen drei sich verjüngende Baldachine den rechtwinkligen Schrein zur Aufnahme der Monstranz. Den Abschluß dieser Kleinarchitektur, die kunstvollste gotische Schmuckformen detailliert vereint, bildet eine mit Krabben besetzte Kreuzblume. Die beiden Heiligenfiguren, Johannes der Evangelist und Johannes der Täufer in der zweiten Etage, nehmen auf den Vornamen der Stifterin Bezug. In der Zeit des ausklingenden Mittelalters steigerten sich mit Aufkommen der Fronleichnamsprozession und der Monstranzen die Formen der Verehrung der Allerheiligsten. Um das auch in der Kirche sichtbar werden zu lassen, war sein Verwahrungsort nun nicht mehr die Nische, sondern das vor die Wand tretende, reich gestaltete Sakramentshäuschen im Chor. Das hiesige, besonders üppige Exemplar ist denn auch das bedeutendste Ausstattungsstück der Kirche. Von dem einstmals reichen Bestand verschwanden viele Kultgeräte bei einem Diebstahl am 23. 11. 1718, und die spätgotischen Wandmalereien sind bis auf schwache Reste vergangen.

Mehr als zehn Altäre

Außer einer ausdrucksvollen spätgotischen Holzskulptur des hl. Sebastian und gleichalten, unproportionierten Apostelfiguren, die heute an einem modernen Altartisch angebracht sind, stehen barocke, polychrom bemalte Holzfiguren der Heiligen Severus, Laurentius, Sylvester und Magdalena auf Konsolen im Langhaus und Chor. Der neugotische Altar von F. Ernst aus Koblenz kam 1876 in die Kirche und ist heute der einzige. Am Ende des 15. Jahrhunderts standen außer dem Heilig-Kreuz-Hauptaltar mehr als zehn Nebenaltäre an den Wänden. Diese Altäre waren fromme Stiftungen der Grafenfamilie zum Wohl ihres Seelenheils, mit denen sie aber auch ihre soziale Stellung öffentlich demonstrierte. An jedem Altar war ein Priester angestellt. Die Dienste der Geistlichen wurden durch Unterhaltsstiftungen gewährleistet. Die Virneburger hatten in Monreal ein Stift gründen wollen, schließlich erreichten sie dieses Ziel aber nicht.
An Nebenaltären wurden Messen in privaten Anliegen gefeiert. Das Aufkommen dieser Privatmessen lag im Verlangen der Gläubigen begründet, für das persönliche Wohl im Jenseits Sorge zu tragen. Denn das Leben der mittelalterlichen Menschen war stark geprägt von Sündenangst. Man fürchtete Gottes Strafen, wie sie auf Darstellungen des Weltgerichts in den Kirchen mahnend und drastisch vorgeführt wurden (s. Niedermendig). Als wirksamstes Gnadenmittel aber galt die heilige Messe und ihr gehäufter Gebrauch als Sicherung des Seelenheils. Der Höhepunkt der Vervielfältigung von Meßfeiern war im späten Mittelalter, am Vorabend der Reformation, erreicht. Die Kirchen hatten sich, wie

in Monreal, mit gestifteten Nebenaltären gefüllt. Für das Ulmer Münster nennt zum Beispiel Felix Fabri 51 Altäre, an denen je zwei Priester angestellt waren. Jeder von ihnen hielt etwa vier Messen in der Woche. Luther verwarf in seiner Lehre diese Praxis. Das Konzil von Trient (1545-1563), die Antwort der katholischen Kirche auf die Reformation, betonte das Wesen der Eucharistie als Darstellung, Wiedergegenwärtigsetzung (Repraesentatio) des unwiederholbaren Kreuzopfers Christi. Es bekräftigte mit der Verdienstlichkeit der guten Werke den Brauch der Privatmessen, gab aber andererseits dem sonntäglichen Gemeindegottesdienst den Vorrang. Die katholische Kirche brauchte viel Geduld, etwa 200 Jahre, um die Lösung aus der Kultgemeinschaft und Hinwendung zum privaten Frömmigkeitsakt, die sie als Fehlentwicklung ansah, zu korrigieren. Auf dem Lande, in der Eifel, änderte sich vorerst an der liebgewonnenen Praxis der Privatmessen wenig. Bis auf Schleiden, das zeitweilig evangelisch wurde, behielt sie das römisch-katholische Bekenntnis, die Kirchen blieben vom Bildersturm bewahrt. So nennt das Visitationsprotokoll 1680 in Monreal noch zehn Altäre. Erst nach der französischen Besetzung der Rheinlande (1794-1814), die das Kirchengut weitgehend säkularisierte - hierzu gehörte auch gestiftetes Vermögen zum Unterhalt eines Altaristen -, schrumpfte ihre Vielzahl. Mit dem zunehmenden Dienst mehrerer Priester an einer Kirche kam damals der Anbau von Sakristeien auf. Die der Kreuzerhöhungs-Kirche liegt an der Südostecke des Chores. 1976 wurde sie erweitert und außen mit alten Grabplatten bedeckt. Vermutlich sind die beiden korbbogigen Nischen im Chor Priestersitze gewesen. Sie finden sich auch im Chor der St. Georgskapelle, dessen Gestaltung dem der Pfarrkirche gleicht, der aber kein Netzgewölbe hat. Die ausdrucksvollen Konsolfiguren, ein vollbärtiger Lockenkopf und eine Frau unter der Haube, die

Hl. Severus mit Weberschiffchen, Holzfigur von 1750

ihren Ehestand anzeigt, sind Portraits des gebefreudigen Stifterpaares, Graf Robert VI. und seiner Frau Margaretha von Sombreff. Ihre Wappen erscheinen in den Schlußsteinen. St. Georg ist bereits 1210 erwähnt. Der Neubau des spätgotischen Chores an das romanische Langhaus erfolgte gleichzeitig mit dem Bau der »Kreuzerhöhung«. 1887 wurde das alte Schiff durch ein neugotisches ersetzt. Diese älteste christliche Kultstelle Monreals ist heute Friedhofskapelle.

Welling: St. Paulinus

Der wertvolle Chor

Zwischen Hügelkuppen im fruchtbaren Maifeld liegt abgesenkt im Tal unweit der Nette Welling, das 1247 in einer Urkunde genannt wird. Die Abtei Maria Laach hatte hier Land an einen Konvent bei Andernach verkauft. Landwirte und Schieferbrecher gaben dem alten Dorf zwischen Mayen und Ochtendung Gestalt und Aussehen. Es zieht sich hin entlang einer baumlosen Hauptstraße. Die Höfe und Wohnhäuser sind aus dem heimischen dunklen Schieferbruchstein und lassen Durchblicke auf die Kornfelder frei. »Vor allem haben wir hier Ruhe«, erzählt der Leiter der neunzig Jahre alten Schule, Alexander Geiermann. »Morgens sehe ich hier die Rehe äsen.« Sechzig Schüler kommen täglich, knapp die Hälfte davon aus dem Nachbarort Trimbs, der seit 1976 Ortsteil von Welling ist. Von den 300 Haushalten in Welling leben heute nur noch elf von der Landwirtschaft, die meisten Bewohner arbeiten auswärts und pendeln.

Mächtig trumpft die neogotische Kirche von 1884 mit Querhaus und achteckigem Turm auf. Doch in der guten Stube der meisten älteren Bewohner findet sich die Ansicht der alten katholischen Pfarrkirche St. Paulinus, ein kleines romantisches Bild, das in Öl gemalt oder als schwarz-weißes Foto auf dieselbe Vorlage zurückgeht. Das zierliche spätgotische Gebäude mit romanischem Westturm trägt einen spitzzulaufenden Helm mit vier Ecktürmchen und ist mit dem dazugehörigen breiten Pfarrhaus mit Walmdach von einer niedrigen Mauer umgeben. Der Weg zu ihr durch Wiesen mit verstreuten Bäumen läuft dann weiter in Richtung Trimbs. Das Original, vermutlich ein Ölgemälde aus der Mitte des vorigen Jahrhunderts, befindet sich heute im Besitz der Erben von Hauptschullehrer Hennen, der 1891 im Auftrag des Kreisschulinspektors die Schulchronik von Welling zu schreiben begann. Denn die preußische Regierung hatte das 1875 zur allgemeinen Pflicht gemacht. In der Chronik heißt es: »Bis zum Jahre 1883 hatte Welling nur eine kleine, dumpfe Kirche. Die Überreste derselben erblicken wir heute noch in der Nähe des Pfarrhauses ...«

Was hatte sich ereignet? Die alte Kirche war ein zweischiffiger Bau aus dem 13. Jahrhundert, 61 Fuß lang und 24 Fuß breit, deren Chor um die Mitte des 14. und 15. Jahrhunderts noch einmal umgestaltet wurde. 1657 bezeichnet ein Visitationsprotokoll die Anlage noch als gut, 1772 wird sie renoviert. 1805 kommt als Filiale die Pfarrei Trimbs zur Wellinger Pfarrkirche, und nun wird sie zu klein. 1837 hält man einen Neubau für notwendig, 1869 gilt er bereits als höchst dringlich, denn inzwischen ist St. Paulinus sehr baufällig geworden. 1882, zwei Jahre vor der Weihe der neuen Kirche, wird die alte bis auf ihren Turm und Chor niedergelegt. Damit blieb das Wertvollste erhalten, denn der Chor zählt kunsthistorisch zu den reizvollsten Bauten des Kreises.

Heute, reichlich hundert Jahre später, ist die Anlage auf dem steilen Hügel umschlossen von hohen Bäumen. Ahorn, Linden, Eichen, Tannen, Lebensbäume, Büsche und eine hohe Pappel verbergen sie noch dem Blick, wenn man die Anhöhe, den Alten Kirchweg, hochgekommen ist und neben dem Pfarrhaus steht. Das wurde 1787 gebaut, ist heute zugeplättet und in Privatbesitz. Die gleichalte

Die Reste von St. Paulinus: Chor und verfallender Turm

Scheune erinnert noch an das Zubrot, das sich Pfarrer von damals verdienten. Auf dem Gelände des ehemaligen Kuh- und Schweinestalls steht jetzt eine große Garage. Als erstes nimmt man Basaltlavagrabkreuze wahr, die in lockerer Folge den Grashügel besetzen. Viele sind noch ohne Inschrift aus der Zeit von vor 1550, tragen nur eingeritzte Kreuze, einen Sechsstern, oder, um Namen oder Beruf kundzutun, eine Schere oder Wecke (Schneider, Bäcker). Sie sind alle vor dem mächtigen quadratischen romanischen Turm aus unverputztem Schieferbruchstein plaziert. Ohne Helm, ruinös und von wildem Wein umwuchert, wirkt er wie die Kulisse zu einer alten Sage. Er ist ungegliedert, zeigt nur im Glokkengeschoß heute leere, rundbogige Schallarkaden mit Durchblick in den Himmel. Der untere Teil ist von schießschartenähnlichen Schlitzen durchbrochen. Um weiteren Verfall zu verhindern, soll der Turm demnächst abgedeckt werden. Zwischen ihm und dem Chor, im ehemaligen Langhaus, wachsen heute Gras und eine Linde. Ihre ausladenden Äste berühren das lockere Gestein des derben Turmes und den feingliedrigen Chor, der verputzt ist. Roh liegen an seinen Seiten die Abbruchstellen der einstigen Kirchenmauern offen. 1904 wurden zuletzt Turm und Chor gesichert, das heißt, der Triumphbogen wurde verschlossen und mit einer Eingangstür versehen.

Verbannter Bischof

Dort, wo sich die weiten Bögen des Triumphbogens in Hohlkehle spitzig treffen, sitzt ein lachender Kopf mit Bart und abstehenden Ohren. Auch der Laubfries mit naturalistisch herausgearbeiteten Eicheln und Trauben verrät bereits kunstvolle, spätgotische Formen. Der ursprünglich spätromanische Chor von der Mitte des 13. Jahrhunderts wurde jeweils hundert Jahre später noch zweimal umgestaltet. Er besteht aus einem schmalen Vorjoch und schließt in fünf Seiten eines Achtecks. Seine Maße sind 4,60 Meter in der Länge und 5,50 Meter in der Breite. Den Übergang vom steilen Schieferdach zur Mauer bildet ein romanisches Kranzgesims mit Rundbogenfries. Zu Beginn des Chores und an den Eckseiten monumentalisieren den Bau später angefügte, einmal abgetreppte Strebepfeiler. Vier zweigeteilte Maßwerkfenster - das nördliche kürzer - zeigen jeweils Variationen von Fischblasenmotiven. Einmal erscheint noch der hochgotische Vierpaß. Das alte Glas ist in Rautenmustern gegliedert, die in zwei Fenstern einen gelben und einen blauen Kern umschließen. In dem einen davon wird, von verschlungenen Kreisformen gerahmt, das Wappen des Erzbischofs Jakob von Sierk (1439–56) präsentiert: im Schnittpunkt eines roten Kreuzes ein gelbes Wappen mit weißem Schrägstrich. Dasselbe Symbol kehrt im Schlußstein des Vorjochs und an der Altarmensa wieder. Von Sierk gilt neben einem der Grafen von Virneburg - sieben Rauten zieren den anderen Gewölbeschlußstein - als Erbauer des Chores.

Das Glanzstück der Fenster, das kleine, aus der Mitte des 14. Jahrhunderts, wurde seinerzeit in die neue Kirche versetzt. Es zeigt vor dem Rautenmuster den Patron der Kirche, den heiligen Paulinus, in feiner Graumalerei. In weiten, fließenden Gewändern, die eckig auf dem Boden aufbauschen, steht er als zarte Gestalt im Zentrum und hält seinen langen Bischofsstab und ein Buch, selbstbewußt ist die Haltung des Kopfes mit der schweren Mitra. Er ist einer der frühen, der sechste Bischof von Trier gewesen. Weil er sich auf der Synode von Arles im Jahr 353 den Forderungen Kaiser Konstantins II. widersetzte und für die Wesensgleichheit Christi mit Gott dem Vater eintrat, wurde er in die Verbannung nach Phrygien geschickt, wo er 358 starb. Im sogenannten Arianischen Streit nahm Kaiser Konstantin II. die Seite des Presbyters Arius von Alexandria ein, der nur Wesensähnlichkeit von Christus mit Gott lehrte, eine Aussage, die bereits das Konzil von Nikaia 325 verdammt hatte. Die Gebeine des standhaften Paulinus wurden am Ende des vierten Jahrhunderts zurück nach Trier gebracht und dort an der Seite anderer Märtyrer bestattet.

Im Innern des hellbeige getönten Chores fallen die vielfältigen und zierlichen Schmuck-

St. Paulinus, Ölgemälde von Karl Wachtler, Kopie (1990) nach einem Original des vorigen Jahrhunderts

formen vor allem am Stützwerk des spätgotischen Gewölbes auf. Sogar die schmalen Schildbögen tragen noch Verzierungen. Im Gegensatz dazu sind die Gewölberippen noch einfach gekehlt und bilden im Vorjoch kein Netz- oder Stern-, sondern in älterer Weise ein sechsstrahliges Rippengewölbe. Es ist rosafarben gefaßt mit weißen Fugen und gelben Rücken. Zwischen den beiden Schlußsteinen mit den Wappen der Erbauer besetzt das Lamm Gottes die Gurtrippe. Die Kapitelle der schlanken Ecksäulchen entfalten fein herausmodellierte aufknospende Stengel und stilisierte Blätter. Es kommen aber auch noch, anders als in Monreal, figürliche Motive zur Geltung. Da sind zwei graue, groteske, schafähnliche Tiere, die noch einmal das Wappen der Virneburger präsentieren, oder ein kleiner Kopf schaut über dem Wappen des Bischofs von Sierk heraus. Ein anderes Kapitell zeigt zwei Ritter in Harnisch mit einer langhaarigen Figur in ihrer Mitte, die einen lautenähnlichen Gegenstand hält. Wieder ein anderes Kapitell ist mit einer kleinen Maske geschmückt. Die farbigen Fassungen sind auf hellblau, ocker und gelb abgestimmt. Der Steinmetzmeister ließ hier noch einmal leise Erinnerungen an romanische Bilder anklingen. Doch haben seine Figuren Dämonie oder Bedrohung abgestreift. Als Wappenhalter und unterhaltsame Verzierung fügen sie sich abwechslungsreich in das knospende Dekor.

Vision an der Wand

Zu den Kostbarkeiten im stehengebliebenen Chor gehört an der Nordwand ein Wandbild mit der Darstellung der „Messe des Heiligen Gregor“, das Paul Clemen in die Zeit nach der Mitte des 15. Jahrhunderts datiert. Es war

1904 restauriert worden und ist heute nur noch in schwachen Umrissen und Farben vorhanden. Das Motiv der „Messe Papst Gregors des Großen“ war im Andachtsbild auch in Deutschland sehr beliebt, denn es gab die Legende wieder, Gregor habe während der Messe in einer römischen Kirche über dem Altar die Erscheinung Christi als Schmerzensmann mit den Arma Christi gehabt. Auch wird von Ablässen berichtet, die der Heilige für Gebete vor einem Bild des leidenden Heilands erteilt haben soll. Nach Künstle geht die Bildtradition der „Gregormesse“ im Abendland vermutlich auf eine Mosaikikone in der Kirche S. Croce in Rom zurück, wo auch die Passionsinstrumente, die Arma Christi, aufbewahrt und verehrt worden sein sollen. Die Entstehung der Legende soll durch Zweifel einer Bäckerin an der Bedeutung der geweihten Hostie ausgelöst worden sein. Gregor habe daraufhin die Hostie in Fleisch verwandelt (Legenda aurea).

Das Wandbild in Welling ist rotbraun gerahmt. Gregor kniet im Vordergrund vor dem Altar, die Arme betend hochgehoben. Ihm gegenüber und etwas kleiner kniet ein Geistlicher und streckt die Arme wie verzückt in die Höhe. Hinter dem Papst hält ein Teilnehmer der Messe seine Tiara. Eine weitere Gestalt gibt sich durch einen flachen Hut als Kardinal zu erkennen, während von noch anderen Anwesenden nurmehr die Köpfe wahrnehmbar sind. Unmittelbar hinter dem Kelch auf dem Altar zeigt sich die Vision: eine kleine Christusgestalt hat einen Arm um das Kreuz gelegt, mit dem rechten weist sie auf die Seitenwunde. Rechts und links wird die Szene von Leiter und Schwammstab, von Martersäule und Lanze gerahmt. Rechts sind weitere Arma Christi aufgeführt wie Hammer, Zange, Dornenkrone, drei Nägel, Hahn, Mond und die drei Kreuze auf Golgatha.

Das bedeutendste Ausstattungsstück im Chor ist der frühgotische Altartisch mit vier Spitzbogenblenden. Der Taufstein aus Basaltlava stammt aus dem 17. Jahrhundert und ist am Fuß mit Diamantquadern verziert. Er steht vor einer Sakramentnische mit Gitter links neben dem Altar.

Die apokalyptischen Reiter

Die Gemeinde Welling findet sich hier auf dem Hügel im Chor jedes Jahr zu einer Maiandacht ein, zum Hochamt der Kirmes am Paulinustag Ende August oder zu besonderen Anlässen, wenn zum Beispiel der Turnverein zum 90. Bestehen eine Messe bestellt. Die Pflege der Anlage, den Blumen- und Altartischschmuck besorgt das Ehepaar Dähler ehrenamtlich, seit es vor drei Jahrzehnten das alte Pfarrhaus kaufte. Der Chor dient auch als Kriegergedächtniskapelle. In die beiden korbbogig geschlossenen Nischen in der nördlichen Wand, die vermutlich wie in Monreal Priestersitze waren, sind 1948 Gedenktafeln für die Gefallenen der beiden Weltkriege eingelassen.

In dieser vom Grauen des Krieges geprägten Zeit kam auch der neue Hochaltar in den Chor, den Anton Woger, Leiter der Steinmetzfachschule von Mayen, entwarf und den der junge Paul Milles in Tuff aus Weibern ausführte. Bekrönt von der Heiligen Dreieinigkeit steht im Mittelteil das mit der Sonne bekleidete apokalyptische Weib auf der Mondsichel, an die sich ein siebenköpfiger Drache bedrohlich krallt, um ihr Kind zu verschlingen. Sie hält es wie den Christusknaben auf dem Arm und stößt mit ihm eine lange Lanze in das Ungeheuer. Das andere Lanzenende zeigt ein Kreuz, Hinweis auf die Deutung des apokalyptischen Weibes als Gottesmutter mit ihrem Kind Christus. Die Altarflügel rechts und links geben die vier apokalyptischen Reiter wieder, die Pest, Krieg, Hunger und Tod symbolisieren. Markant und expressiv aus dem Stein herausgeschlagen, stellen sie auch in der Farbfassung dar, was Johannes in der Apokalypse (6,1) so bildhaft offenbarte.

Apokalyptischer Reiter auf „fahlem Pferd": der Tod; Ausschnitt aus dem Tuffaltar, den Paul Milles 1948/49 nach Anton Wogers Entwurf ausführte

Fraukirch: St. Maria

Lockvogel Genovefa

Kaum eine Kirche in der Eifel vereint so viele Attraktionen wie die Maria geweihte Fraukirch bei Thür im Maifeld, und das seit mehr als 1000 Jahren. Ihre Sonderstellung zeigt schon die einsame Lage mitten in Getreidefeldern und Mohnwiesen am auslaufenden Hang des Schmalberges. Sie war nie Pfarrkirche, sondern Eigenkirche des Trierer Bischofs. Aus allen Himmelsrichtungen zielen Pilgerwege auf sie. Die kommen aus den umliegenden 14 Dörfern, der großen Pellenz, wie der Sitz der Pfalzgrafen vor knapp 1000 Jahren hier heißt. 1765 stellte die Abtei Maria Laach ein ansehnliches, barockes Verwaltungsgebäude neben die Fraukirch und einen Hof mit Flügeln dazu. In seinen Mauerlöchern brüten Turmfalken und manchmal Steinkäuze. Alte, hohe Bäume und Holunder umstehen das Gebäudeensemble, das von weitem wie eine grüne Insel im Korn erscheint.

Wenn am ersten Sonntag im August Kirmes ist, herrscht hier nach der Messe unter den 200 Jahre alten Kastanien Belagerungszustand. Hunderte von Autos parken dann auf dem frischen Stoppelacker, Erntezeit hat begonnen. Mehr als 1500 Besucher kommen am Sonntag und Montag, man feiert zwei Tage lang, drängt sich um die angefahrene Schießhalle und die Bierzelte. Und abends, »wenn es dünkelt«, wird unter den Kastanien getanzt. Bis zum Morgengrauen spielen die beiden »Gipsy-Boys« oder „Hot Swings“ aus Nickenich und Kruft den »California-Blues« oder Mambo, Jahr um Jahr. Nebenan in der Scheune stehen gleichzeitig »die jungen Leute« dicht bei dicht und von greller Disco-Musik beschallt. Vor dreihundert Jahren drohte Kurfürst Hugo von Trier noch an, den Spielleuten die Instrumente wegnehmen zu lassen, wenn sie schon während des Gottesdienstes am Vor- und Nachmittag musizierten: »Alle Krämerei, alles Spielen, Tanzen, Springen und Jauchzen« war strengstens verboten am Kirmessonntag, dem Tag der Andacht und Verehrung der Gottesmutter. Äbte aus Laach mußten jahrhundertelang die Wächter sein und Geld- und Leibesstrafen verteilen.

Die ungewöhnliche Anziehungskraft der Fraukirch hat vielfältige Gründe. Sie ist eine der ältesten christlichen Kultstellen in der Eifel, ursprünglich eine neun mal sechs Meter messende Saalkirche mit Rechteckchor aus dem 8. Jahrhundert, wie Grabungen 1951 ergaben. Diese karolingische Anlage erhielt in romanischer Zeit zwei Seitenschiffe. Um die Mitte des 13. Jahrhunderts erfolgte ihr Abriß, und unter Verwendung von Fundamenten wurde dann ein frühgotischer, dreischiffiger Neubau mit Chor erstellt. Von diesem Bau legte man 1718 den Westturm und 1829 die Seitenschiffe nieder, so daß die Fraukirch heute nur noch den Rumpf der frühgotischen Kirche mit Langhaus und Chor präsentiert, an den 1626 noch eine Sakristei angebaut wurde. Dazu ersetzt ein barocker Dachreiter den Turm.

Im ausgehenden Mittelalter erhielt die »Vrouwenkirchgin«, wie die erste Urkunde von 1279 die Fraukirch noch nennt, Bedeutung in juristischen Angelegenheiten. Auf ihrem Altar wurden Dokumente zur Festlegung von Rechten ausgestellt, und 1319 besiegelt hier sogar Erzbischof Balduin von Trier einen Streit zwischen dem Kölner Erzbischof Heinrich II. und der Stadt Köln. Die Fraukirch

Die Fraukirch, St. Maria, mit dem Verwaltungsgebäude der Abtei Maria Laach von 1765

wurde in dieser Zeit rechtlicher Mittelpunkt der vierzehn Pellenzdörfer. Neben ihr tagte das alte Märkerding der Pellenzer Hundert- und Markgenossenschaft.
Zu allen Zeiten war die Kirche aber immer auch Marienwallfahrtsort. Prozessionen sind seit 1325 erwähnt, vor allem aus den Pellenzdörfern, die mehrmals im Jahr kommen. Heinrich Sauerborn zählte 1856 insgesamt 63 Prozessionen über das Jahr verteilt. Auch für Gruppen aus Mayen, Boppard, Leutesdorf und Koblenz war sie Kultziel. Heute sind acht Wallfahrten übriggeblieben. Die Pilger übernachten nun nicht mehr auf Stroh in der Scheune, aber ihre Mahlzeit, das Schinkenbutterbrot unter den Kastanien oder im Haus des Abtes, ist seit hundert Jahren die gleiche geblieben.
Denn 1874 kaufte Familie Sesterhenn Land, Hof und Haus des Abtes von Laach und dazu die Kirche, betrieb Landwirtschaft, verrichtete Küsterdienste und versorgte die Pilger. Das war möglich geworden, nachdem 1804 der Laacher Besitz säkularisiert und an Privatleute veräußert worden war. Schließlich wurde den Sesterhenns der Unterhalt der Kirche zu teuer, und sie verschenkten die Fraukirch 1906 an die Gemeinde Thür. Ihr Enkel Robert und seine Frau Margarete Sesterhenn geben der intimen Anlage seit vielen Jahrzehnten eine kultivierte Atmosphäre. Sie schmücken die Kirche mit Blumen und den Altartisch mit gestärktem weißen Leinen, bewirten Pilger und Gäste und richten die große Kirmes aus. Inzwischen sind ihr Sohn Josef und seine Frau Christel dabei, diese Tradition zu übernehmen. Neben der hauptberuflichen Ferkelzucht und Felderbewirtschaftung bedeutet das viel Einsatz, zumal im Sommer, wenn in der beliebten Fraukirch Trauungen stattfinden und die Hochzeitsgesellschaft die Nacht durchtanzt.

Margarete und Robert Sesterhenn

Kirchherr und Legende

Die besondere Attraktion der Fraukirch ist ihre Gründungslegende, die in alle Welt verbreitete Sage von der demütigen Pfalzgräfin Genovefa von Brabant, die zu Unrecht von Ritter Golo des Ehebruchs mit einem Koch bezichtigt wird, aus Angst und Rache, weil sie Golos Liebe nicht erwiderte, als Pfalzgraf Siegfried auf einem Kreuzzug war. Genovefa kann ihrem Todesurteil entgehen, sich im Wald verbergen, ihr Kind vom Pfalzgrafen gebären und, im Vertrauen auf Maria, dank einer Hirschkuh in der Wildnis überleben, bis sie und Sohn Schmerzensreich eines Tages von ihrem Mann auf der Jagd entdeckt werden. Zum Dank dafür, daß sie noch Rechtfertigung und Versöhnung erlebte, soll, so Genovefas Bitte, über ihrem Grab eine Kirche errichtet werden.

»Heilige Genovefa, zu Dir kommen wir, Deine Hilfe erflehen wir«, beten die Pilger auf dem Weg zur Fraukirch bis heute. Denn im Volksglauben wurde die dramatische und anrührende Legende Wahrheit und Genovefa wie eine Heilige verehrt. Die kanonisierte Heilige Genovefa von Paris, die im Jahr 451 die Seinestadt vor dem Hunneneinfall bewahrt haben soll und Patronin der nahen Kirche in Obermendig ist, hat der Pfalzgräfin Genovefa von Brabant vielleicht ihren Namen geliehen. Sie ist nämlich eine literarische Schöpfung des Kirchherrn von Fraukirch vom Ende des 14. Jahrhunderts, Heldin einer Geschichte, in die (nach Kentenich) lateinische und französische Vorlagen eingehen. Im Zeitstil des 14. Jahrhunderts versetzte er die Legende von Pfalzgraf Siegfried und seiner Frau Genovefa in das 7./8. Jahrhundert, die Zeit der Kirchengründung und des Sieges Karl Martells bei Poitiers über die Araber und den Islam. Die Deckplatte des Hochgrabes eines ritterlichen Ehepaares in der Kirche (Mitte 14. Jahrhundert) fügte sich seinerzeit anschaulich, wenn auch zeitlich verfehlt in die ergreifende Geschichte, die der Kirchherr dann auch gezielt verbreitete. Sie sollte der Fraukirch zugkräftige Beachtung verschaffen. Denn inzwischen waren die Pfarrgemeinden der Dörfer ringsum ausgebaut und mit Kirchen versehen, und die Fraukirch hatte an Einfluß verloren.

Die Rechnung ging auf, und, was der Kirchherr nicht ahnen konnte, seine Genovefa ging schließlich in die Literatur ein. Bis ins frühe 17. Jahrhundert noch örtlich an die Fraukirch gebunden, greift 1638 der belgische Jesuit René Cerisier die Legende auf, deren Rückübersetzung aus dem Französischen in das Deutsche Volksbuch gelangt. Es folgen 1750 Pater Martin Cochems volkstümliche Fassung, 1810 Christoph von Schmids »Genovefa. Eine der schönsten und anrührendsten Geschichten des Alterthums« und dramatische Bearbeitungen des Stoffes von Ludwig Tieck, Friedrich Hebbel und eine Oper von Robert Schumann.

Eine Spur von wahrem Kern scheint die Legende zu haben. 1951 stieß man bei Grabungen in der Fraukirch im Chor der früheren Saalkirche auf drei karolingische Gräber. Eins davon wurde wohl im 13. Jahrhundert

umgebettet und unter den Hochaltar verbracht. Dieser Umstand läßt Josef Röder in seinem Grabungsbericht vermuten, hier habe es sich um die Gebeine einer verehrungswürdigen Person gehandelt. Ob und wie der Kirchherr sich damals auf dieses Grab berufen konnte, wird wohl sein Geheimnis bleiben. Bekannt ist dagegen ziemlich genau, wie er seine Genovefa aus der Taufe hob.
Wer im Maifeld die Mayener Gegend durchstreift, wird ihrem Namen immer wieder begegnen. Denn die Romantik bescherte Genovefa eine blühende Renaissance, sah sie zum Beispiel als Herrin des Mayener Schlosses, das in Genovefa-Burg umgenannt wurde. Und die Pilger, die auch nachts in die Kirche kamen, meinten in ihrem Grab, einer Öffnung hinter dem Altar, ihr Spinnrad zu hören. Der volksfromme Genovefa-Kult hatte im vorigen Jahrhundert, als die Fraukirch in Privatbesitz war, uneingeschränkte Formen angenommen.

Ausschnitt aus dem Hochaltar von 1664: der Pfalzgraf verabschiedet sich von Genovefa, neben ihr Golo

Frühe Gotik

Der frühgotische Bau der Kirche aus verputztem Bruchstein gibt auch nach außen unverhohlen und ungeschönt die Beraubung seiner Seitenschiffe preis. Die vier Arkaden des sonst unveränderten Langhauses mit vier Jochen sind auf beiden Seiten vermauert. Über den ersten drei Arkaden, jedoch nicht mittig, führen jeweils drei spätromanische fünfteilige Fächerfenster Licht ins Innere. Der Chor blieb unangetastet und besteht aus einem kreuzgewölbten Lang- und einem in fünf Seiten des Achtecks schließenden Joch und ist außen von einmal abgetreppten Strebepfeilern umstellt. Seine spitzbogigen Fenster ohne Maßwerk sind bis auf je zwei am Langjoch vermauert. Das steile Dach und der Dachreiter sind schiefergedeckt.
Bei kirchlichen Festlichkeiten ist der schlichte rechteckige Eingang im Westen geöffnet, zu Besuchen betritt man die Fraukirch durch eine kleine Tür an der Südseite des Chores. Das weißgekalkte hohe Langhaus, dessen viertes Joch von einer Empore abgeteilt ist, war nie gewölbt und trägt eine flache barocke

Südwand des Hauptschiffes mit Fächerfenstern und vermauerten Arkaden; heute Außenwand

Stuckdecke. Es ist vergleichsweise einfach gestaltet. Die Arkadenbögen sind in einem feinen Hellbeige mit weißen Fugen bemalt. Sie ruhen auf – gleichfarbigen - abgeschrägten Vierkantpfeilern ohne jede plastische Verzierung. Ein weiter spitzbogiger Triumphbogen eröffnet den Chor. Er erzeugt mit seinen schlanken, feinausgearbeiteten und geschmückten Gewölbegliedern im Farbklang Weiß - Hellbeige - Zartgrün eine elegant geprägte, in die Höhe führende Raumwirkung. Die Gewölbe bestehen aus Rundstabrippen. Rundstäbe zeigen sich auch noch an den Schildbögen, während die gebündelten Dienste, teils rund, teils eckig, durch Hohlkehle verbunden und ihre Vorlagen und Kapitelle von Blattwerk in Kelchform verziert sind. Diese Übergangsformen von Spätromanik zu Frühgotik finden sich auch in der ehemaligen Stiftskirche von Münstermaifeld, so daß Paul Clemen im Chor der Fraukirch ein Werk der dortigen Bauhütte sieht. Der Blattschmuck an den Kapitellen zeigt jeweils leichte Abwandlungen und erinnert an Jugendstilornamente: Die goldgefaßten, länglichen Kelchblätter tragen eine, zwei oder drei Blüten, und die fünffingrigen, zartgrünen Blätter stehen einmal enger, einmal weiter zusammen.

Wie in Monreal tritt im östlichen Chor ein steinernes buntbemaltes, gotisches Sakramentshäuschen aus der Wand. Betende Stifterfiguren zeigen sich im Kielbogen der Maßwerkbekrönung. Der in die Mauer eingefügte Schrein ruht auf zwei aufsteigenden Säulen und ist von je zwei Diensten mit Maskenkonsolen gerahmt. Zwischen den Diensten sind Figuren unter Baldachinen eingearbeitet: rechts oben ein Bischof, links die Heiligen Petrus und Paulus. Kreuzblumen und Eichenlaubkapitelle zieren die figurenreiche, kostbare Kleinarchitektur.

Die Bilder in Bauernbarock

Blickfang in der Kirche ist der auf der romanischen Mensa mit Kassettengliederung stehende, mächtige Hochaltaraufsatz. Dieses Werk eines ländlichen Meisters in Bauernbarock hätte kaum bunter und praller an Inhalt und Form ausfallen können. Er wurde 1664 vollendet und ist teils voll-, teils halbplastisch aus dem vergleichsweise weichen Tuff der Brüche des nahen Weibern gearbeitet. Die Farb- und Goldfassung wurde zuletzt 1974 erneuert.

Über der Predella mit der Darstellung von Mariä Verkündigung rahmen zwei vergoldete, dicke, gewundene und von Laubwerk umschlungene Säulen das zentrale, Genovefa von Brabant gewidmete Bild. Darüber und verjüngt fassen kleinere Säulenpaare die Krönung Mariens ein. Den Abschluß des Hochaltars bildet die hohe Figur des heiligen Johannes des Täufers. Neben den Säulenpaaren stehen im oberen Teil rechts und links die Heiligen Katharina und Barbara, im unteren Maria mit dem Kind und Anna Selbdritt. Die überbordende Pracht steigern unzählige geflügelte Engelköpfe im Rahmenwerk. Genovefa, so die Legende, ertrug ihr Leid demütig im Vertrauen auf Maria, die sie um Fürbitte anflehte und die ihr Schicksal zum Guten wendete. So erklärt sich auch die Präsentation ihrer Geschichte im Hauptteil des Altares einer Marienwallfahrtskirche:

Nahe dem Laubwald, in dem Genovefa sich in einem hohlen Baum schützte, steht die Burg des Pfalzgrafen. Vor ihr läßt der Meister die Mannen Siegfrieds vor dem Feldzug gegen die Mauren bereits aufsitzen, während er sich von Genovefa verabschiedet und sie dem Ritter Golo für die Zeit seiner Abwesenheit anempfiehlt. Doch der legt anschmiegsam seinen Arm um sie. Dieselben Reiter stehen dann wieder - doch abgewendet - Parade, wenn Golo an vier Ochsen gebunden den Vollzug der Strafe für seine Verleumdung erwartet: jeden Moment bei lebendigem Leib zerrissen zu werden. Versöhnt, Hand in Hand, steht das Pfalzgrafenpaar dabei. Die Auffindung der Genovefa und ihres Sohnes, der Bischof, der die Kirche gründen wird, nehmen die Bildmitte ein. Hier legt auch Maria ihre Hand schützend auf Genovefa. Anschaulich bis drastisch werden die locker aneinandergereihten Stationen der Legende dargestellt, eine Legende, in der das Gute siegt. Der Altar zählt zu den Höhepunk-

ten der ländlichen Steinmetzkunst in der Eifel.
Seit dem vorigen Jahrhundert will man wissen, daß Golo an einer Straßenkreuzung am Pilgerweg von Niedermendig nach Fraukirch hingerichtet wurde, dort, wo seit 1472 ein religiöses Wegemal aus Basaltlava steht. Es erhielt den Namen »Golokreuz«. Als spätmittelalterliches, meisterliches Nischenmal, in dem bei Prozessionen das Sakrament abgestellt wurde, war es in Deutschland bekannt. Denn in seinen Schaft ist das Gebet »Gegrüßet sei'st Du, Maria« auf Deutsch, in der Sprache der Gegend eingemeißelt, während Inschriften dieser Zeit meist noch Latein verwenden. Heute steht das Golokreuz zu seinem Schutz im hinteren Kirchenschiff der Fraukirch mit seiner bloßgelegten Verankerung für die Erde, einem großen Mühlstein. Diebe hatten 1977 den Kopfteil entwendet, und man fürchtete weiteren Raub. So gelangte das Golokreuz schließlich an den Ort, zu dem die Pilger zogen, nachdem sie bei ihm zum Gebet Station gemacht hatten.
An den Pilgerwegen zur Fraukirch und um sie herum finden sich besonders viele alte Votivkreuze mit dem Gekreuzigten aus Basaltlava, volkstümliche Zeugnisse von Passionsfrömmigkeit, die ihre Stifter zu Lebzeiten errichten ließen, um ihre Gesinnung Gott und den Menschen kundzutun. Am vielbesuchten Ort der Fraukirch konnten ihre Botschaft und ihr eingeschriebener Name besondere Wirkung und Achtung erzielen. Einige Kreuze wurden aber erst in den sechziger Jahren unseres Jahrhunderts zur Kirche gebracht, damit sie beim Bimsabbau auf den Feldern um die Kirche nicht verlorengingen. Wie viele Meter die abgetragene Bimsschicht,

Hochaltar von 1664

soweit das Auge reicht, mißt, kann man eindrucksvoll an der letzten von ehemals sieben Kreuzweg-Stationen (sechs gingen verloren) auf dem Gelände südlich der Kirche ablesen. Zehn Stufen führen heute hinauf zu der stehengebliebenen Kapelle von 1605 mit der Kopie eines Sandstein-Kreuzigungsreliefs. Sie überragt die Gegend wie hochgehoben. Der Mutterboden wurde damals verwahrt und wieder ausgelegt. So wächst und gedeiht das Korn wie eh und je um die Fraukirch herum.

Meckel: St. Bartholomäus

Der Wolf als Eidam

Als Perle unter den Dörfern im Gutland um Bitburg gilt Meckel. Besonders viele große Höfe der Gegend liegen an einer breiten Hauptstraße, die kurvenreich das Auf und Ab des sanften Grasbachtales nachzeichnet. Meckels Ruf ist immer noch mit beneidetem Wohlstand verbunden. Die hiesigen Bauern zeigten sich auch schon verhältnismäßig früh »modern«, aufgeschlossen und ersetzten um 1900 die hölzerne Sitzbank im »Saal« durch ein Sofa und benutzten Porzellan anstelle von Steingut. Die »dicken« Meckeler Bauern, das waren die »Manschettenbauern«, die mit Schlips, Steh-Kragen und Manschetten angetan von ihrem Knecht anschirren ließen und dann durchs Dorf kutschierten. Heute lacht man hier mit wehmütiger Genugtuung über die Zeiten mit den vielen Knechten und Mägden, heute muß hier jeder Landwirt selbst auch grobe Arbeit anpacken.

Doch als Anfang der achtziger Jahre des vorigen Jahrhunderts Bischof Korum nach Meckel zu Besuch kam, war das noch anders. Gerade aus dem Elsaß an den neuen Amtssitz in Trier versetzt, kannte der Bischof sich im Gutland noch nicht aus und ließ sich von Beratern, vermutlich Weihbischof Schrod, über Land und Leute informieren. Dann kam es bei der Begrüßung zu einem Fauxpas, der die Visite sehr frostig verlaufen ließ: »Ich freue mich, daß ich hier bei den Meckeler Manschettenbauern sein darf...« Das traf. Um die Kränkung dann wiedergutzumachen, schickte Korum aus seiner Privatschatulle 2000 Mark für den Bau der neuen Kirche nach Meckel. Das Geld kam aber zurück an ihn mit der Bemerkung, die Meckeler Manschettenbauern könnten ihre Kirche schon selbst bezahlen.

Der Name Gutland für die guten, fruchtbaren, von der Nims durchzogenen Weizenböden, die »dreißigjährigen« Klee hervorbringen, ist luxemburgisch und stammt noch aus der Zeit der Zugehörigkeit zur Grafschaft und dem späteren Herzogtum Luxemburg seit dem 10. Jahrhundert. Der von den Franken her gebräuchliche Begriff in der Gegend ist Bitgau, in Mundart Bekow, und Bekows Bauern, heißt es, waren stolz auf ihre Höfe. Am stolzesten aber waren die Meckeler. Besonders im Vergleich mit dem angrenzenden ärmeren, unwirtschaftlichen Nordwesten des Landkreises Bitburg-Prüm, der schneereichen rauhen Hochfläche, Islek, genannt, was wohl Eisland bedeutet, hob und hebt sich das Gutland ab, in dem heute die größten Höfe von Rheinland-Pfalz liegen.

Der ungeteilte Hof

Abgesehen von Einschränkungen durch Pest und Krieg mit dem Höhepunkt im 17. Jahrhundert reicht die Tradition der Landwirtschaft großen Stils hier zurück bis in die Römerzeit. Das Gutland war die Kornkammer der Kaiserstadt Trier. »Römische Münzen hatten wir alle«, erinnert sich ein betagter Bauerssohn zurück an die Zeit zu Anfang unseres Jahrhunderts. Eine Villa Rustica, eine große steinerne römische Hofanlage, stand im Süden von Meckel. Das Dorf war aber nie sehr groß. Heute zählt es ungefähr 130 Haushalte, von denen etwa die Hälfte noch von Landwirtschaft lebt. 1473 werden 15 Feuerstätten gezählt, das ist ungefähr die Zeit des Baus der spätgotischen Kirche. 1531 sind es

St. Bartholomäus von Nordwesten

18, aber 1656 steht ein radikaler Rückgang durch Pest und die Folgen des Dreißigjährigen Krieges verzeichnet: vier Feuerstätten. Die Angaben von 1792 schlagen dann wieder zur alten Höhe aus. Da standen auf der »Brucher Seite« acht Stockhäuser (das sind bis zum Einmarsch der Franzosen 1793 von Generation zu Generation vererbte Stammhäuser mit ihren Höfen) und auf der »Echternacher Seite« neun. Natürliche Trennlinie war der kleine Grasbach mitten im Dorf, der oberhalb der Brücke Nußbach heißt, in Trokkenzeiten wächst in ihm Gras. Er teilte die Ländereien der Grundherren, das waren vorwiegend die Herrschaft Bruch-Scharfbillig und die Abtei Echternach. An sie entrichteten die leibeigenen Bauern, vom Grundherrn »mein eigen man« genannt, Abgaben, für jedes Haus mit Feuerstelle an Fastnacht zum Beispiel auch ein Huhn, das »Rauchhuhn«.

Der Hauptgrund für die Bewahrung großer Höfe und Wohlstand durch die Zeiten im heutigen Landkreis Bitburg-Prüm, der die von den Preußen 1815 festgelegten Landkreise von Bitburg und von Prüm vereint, ist das Anerbenrecht. Es wurde hier seit der Luxemburgischen Zeit bis zur Besetzung des Landes durch die Franzosen 1793/94 praktiziert und besagt, daß der Hof ungeteilt an das älteste Kind vererbt wird. So wurde Aufsplitterung vermieden. Die alten Eltern, die sich zur Ruhe setzen wollten, mußten ihren auserkorenen Erben dem Grundherrn zur Einwilligung vorschlagen. Hier in der Westeifel war das sehr oft eine Tochter. Durch Einheiraten eines Schwiegersohns konnte der Name des Hofes immer wieder wechseln.

Die meisten Geschwister des Erben blieben im Gutland unverheiratet am Hof. Er war ihr Stolz, ihr Lebensinhalt, ihn galt es zu erhalten, ihm gaben sie ihre ganze Kraft. Ohne Lohn arbeiteten sie, Kleidung, Essen und Wohnen hatten sie frei, erzählt heute Matthias Zender, 1907 in Niederweis geboren. Taschengeld gab es für ein Bier, wenn Feierlichkeiten in Trier den Alltag unterbrachen. Bienenzucht und Jagd waren ihre Liebhabereien, auch fesselte das religiöse Leben im Dorf. Aber an erster Stelle stand die Arbeit, denn der verstorbene Vater schaute gewiß aus dem Himmel zu, was aus dem Hof wird. Bei einem engen Familienleben und ausgeprägtem Sinn für Verwandtschaft hatte es ein Einheiratender schwer. Zender gibt in seinen Volksmärchen einen Schwank der Gegend wieder, der die Einstellung zum Eidam drastisch spiegelt: »Nun hatten die Dahner (Dahnen liegt nördlich von Neuerburg und gilt als das Schild der Eifel) aber auch einmal einen Wolf gefangen. Das war ja ein schreckliches, abscheuliches Tier. Die Wölfe holten ja alles. Sie waren von allen gefürchtet. Nun wußte man nicht, was man mit dem machen sollte. Sie rieten alles hin und her. Einer sagte: ›Wir wollen ihn lebendig schinden‹. Das war zu wenig. Verbrennen? War auch nichts. Lebendig begraben? Auch nichts. Totschlagen? Nein. Aber, sagte einer, wir wollen ihn bei einem Bauern verheiraten. Dann ist er gestraft genug. Damit waren alle einverstanden. Das muß ja doch ein böses Ding sein, bei einem Bauern als Eidam.«

Maria Theresia vergoldet die Zeit

Auch als mit den Franzosen dann die Realteilung (gleichmäßige Aufteilung des Bodens an alle Erbberechtigten) eingeführt wurde, vermied man hier noch, so gut es ging, im Einverständnis aller Beteiligten die Zerstückelung des Hofes. Die politische Geschichte des Landes um Bitburg und Prüm war unruhig wie in keinem anderen Landstrich der Eifel. Nach der Zugehörigkeit zum Herzogtum Luxemburg folgte mit diesem gemeinsam der Anschluß an das Herzogtum Burgund (1143–1482). Durch Heirat von Maria von Burgund mit Kaiser Maximilian wurde das Gebiet dann österreichisch, bis es 1506 im Zuge der Religionskriege an die spanischen Niederlande fiel (bis 1634). Gegen Ende des 17. Jahrhunderts, bis 1698, in der Zeit der Réunion Ludwig XIV., war es dann französischer Besitz. Nach dem spanischen Erbfolgekrieg (1701–1714) begann bis zur französischen Besetzung 1793/94 die österreichische Zeit mit der Regentin Maria Theresia, die »Dei gelle Joeren«, die goldenen Jahre, beschert.

Denn Abgaben und Frondienste werden erleichtert, die Leibeigenschaft gemildert, kleine Handwerksbetriebe gegründet und der gewinnbringende Anbau der Kartoffel eingeführt. Ausdruck dieser Blütezeit sind die stattlichen Bauernhäuser und Höfe, die bis heute die hellen freundlichen Dörfer prägen. Sie sind allesamt aus Stein und lösen die seit der Frankenzeit beliebten Fachwerkhäuser ab. Denn Maria Theresia hatte brandverhütende Bestimmungen herausgegeben und Kurtrier feuerpolizeiliche Verordnungen. Der Stil der voluminösen zweistöckigen Häuser mit den klar gegliederten, barocker Strenge verpflichteten Fassaden ist von Klosterarchitektur der Umgebung, besonders vom Bau der Abtei Echternach, beeinflußt, die 1727 von zwei österreichischen Architekten ausgeführt wurde. Viele der sie begleitenden Steinmetze siedelten sich nach Fertigstellung der Abtei in den Dörfern an und setzten hier ihre Arbeit an Fenstergewänden, Türen und Hofeinfahrten der Neubauten fort, so daß man vom Abteistil der Bauernhäuser spricht. Ihr Material war der heimische Buntsandstein, den sie mit ihren hierzulande unbekannten Techniken bearbeiteten und der den weiß verputzten Fassaden ihren dekorativen Charakter gibt. Im Laufe der Zeit wandelten sich die Zierformen des Barock und Rokoko, die besonders an den Türen, oft mit Treppenanlage, zum Tragen kamen, zum rechten Winkel des Klassiszismus. Im 18. Jahrhundert überwiegt das sogenannte Trierer Haus, das, langgestreckt, Wohnhaus, Stall und Scheune unter einem Dach vereint und die Eingänge auf die Hofseite verlegt. In Luxemburg wird es Maria-Theresia-Haus genannt. Mit zunehmender Landwirtschaft im 19. Jahrhundert erfährt das zu klein gewordene Trierer Haus oft einen rechtwinkligen Anbau und wandelt sich so zum Winkelhof. Daneben existieren noch Streuhöfe, deren Ställe und Scheunen sich um das Wohnhaus lagern. Denkmalpfleger haben sich hier sehr für den Erhalt dieses gefährdeten Kulturgutes eingesetzt.

Hofanlage vom 19. Jahrhundert

Kirchentür und Rundbogenportal der Turmhalle, die als Durchgang diente

Kirche wie in Kues

Die wachsende Bevölkerung ließ dann auch in Meckel die alte St.-Bartholomäus-Kirche zu klein werden. Sie war erstmals um 800 erwähnt, als ein gewisser Harduwinus sein im Bitgau gelegenes Gut zu Meckel mitsamt der dortigen Kirche, Feldern, Wäldern, Weiden und Wiesen der Abtei Echternach vermachte. 1491 wechselte sie in den Besitz des Klosters Helenenberg. Um 1500 erfolgte der spätgotische Neubau, der nun, 400 Jahre später, der Gemeinde nicht mehr ausreichte. So wurde 1899 die neogotische, hochgetürmte St.-Bartholomäus-Kirche aus beigefarbenem Sandstein in der Dorfmitte geweiht. Seit dieser Zeit dient die alte Kirche als Friedhofskapelle. Sie liegt nahebei, aber schon auf der waldigen Anhöhe, so daß ihre charaktervolle, kompakte Silhouette von weitem her, wenn man von Wolsfeld kommt, optisch fast neben die neue Pfarrkirche rückt. Ihr Westturm mit seinen dekorativ bemalten Eckquadern - gelb mit roten Fugen - ist Blickfang, wenn man unten am Friedhofstor steht und die Anhöhe hinaufschaut. Denn seine offene, kreuzgewölbte Halle mit rundbogigen Portalen, im Süden von einem Kreuz bekrönt, ist Durchgang zum Eingang in die Kirche. Zwei seiner Geschosse wurden 1896 abgetragen und die drei verbliebenen, ungegliedert und niedrig, mit einem Zeltdach verschlossen.

Der Turm ist nach Norden etwas aus der Achse der Anlage gerutscht und stammt noch von einem Vorgängerbau wie auch Mauerreste an der nördlichen Schiffwand, die sich als Ausbuchtungen markieren. Hier finden sich auch vermauerte Bruchteile eines alten romanischen Portals. Das nahezu quadratische Schiff mißt nur 11,50 mal 13 Meter im Lichten, der verhältnismäßig große einspringende Chor 9,90 mal 7,35 Meter. Als rechtekkiger Raum folgt er noch romanischer Formensprache. Die drei Bauteile sind, vom Chor ansteigend, mit einem Gefühl für Rhythmus und Massenverteilung zu einer organischen Bauplastik verschmolzen. Unregelmäßigkeiten, abgerundete rechte Winkel im Gefüge erinnern noch an die formenden Hände der Erbauer. Zwei kurze, kräftige Strebepfeiler mit Schrägen und Giebeln aus Sandstein, ganz farbig gefaßt - gelb mit roten Fugen - gliedern die Schiffsfassade wie auch ein einteiliges langes und ein zweiteiliges kurzes Maßwerkfenster an jeder Seite. Sie geben dem Bau außen Feinheit. Der Chor ist fensterlos, seine freien Ecken werden von Strebepfeilern gestützt.

Diese Kirche repräsentiert einen spätgotischen Typ, der an der Mosel und in der Eifel besonders beliebt war, die zweischiffige Einstützenkirche: sie hat einen quadratischen Grundriß, und ihre vier meist Stern- oder Netzgewölbe ruhen auf einem einzigen Mittelpfeiler, der den Raum in zwei Schiffe gliedert. Vorbild für diese kleinen, an Zentralbauten erinnernden Sakralräume war die Hospitalkapelle von Kues an der Mosel, St.-Nikolaus. Sie ist integriert in das St.-Nikolaus-Hospital, das der hochgebildete Humanist,

Kardinal Nikolaus von Cues, 1447 für dreiunddreißig bedürftige alte Männer stiftete und das heute noch diesem Zweck dient. Der Gebäudekomplex, der einer kleinen Klosteranlage gleicht, wurde 1458 fertig, die Kapelle 1465 geweiht. Die hier vorgenommene ungewöhnliche Zweiteilung eines quadratischen Raumes hat ihren Ursprung in Böhmen, Österreich und Ostbayern im späten 14. und frühen 15. Jahrhundert. Die verfeinerten Gewölbeformen gehen auf den niederbayrischen Baumeister Hans Stettheimer zurück, der 1432 in Landshut starb und sich an den Bauleistungen der Parler orientierte. Es waren oft die Kardinäle und Bischöfe, die von ihren weiten Visitationsreisen, auf denen sie viel sahen, Anregungen mit nach Hause brachten und der Baukunst wertvolle Anstöße gaben. So nahm Nikolaus von Cues maßgebenden Einfluß auf die Errichtung der Hospitalkapelle (P. Schotes). Ihr hohes Ansehen auch als Schiedsgerichtsstätte für Kurfürsten und das weitverzweigte mächtige Adelsgeschlecht der Manderscheider, das neben Trier, dem Erzbischof und Rektor des Hospitals seine Besetzung bestimmte, sorgten dann für die Verbreitung von Einstützenkirchen in der Eifel. Sie wurden auch an Saar und Mosel gebaut, von insgesamt 37 in diesem Gebiet sind noch 17 erhalten.

Betritt man durch die niedrige Tür das Kirchenschiff und steht dann einen Moment auf den alten Steinquadern, wird der Blick wie automatisch auf den achteckigen Pfeiler mit vierseitigem Sockel gelenkt, in seine Höhe geführt und mit ausstrahlenden Gewölberippen (Hohlkehle) im Bogenschwung zu den großen Schlußsteinen geleitet. Von diesem Sammelpunkt aus spannen sich die Rippen weiter zu einem vorspringenden Wanddienst, Dreiviertelsäulen, in die sie ungebrochen einfließen, denn die Konsolen sind nur aufgemalt. Es sind diese kräftig ausgebildeten Formen, vor allem aber ihre zur weißen Wand kontrastierende Farbfassung in Violett-Rot mit weißen Fugen, die den Blick in die Höhe zwingen und dem intimen kleinen Raum etwas Monumentales verleihen. Die beiden westlichen Joche sind, anders als in Kues, einfach kreuzgewölbt, die östlichen zeigen, mit Rücksicht auf den Triumphbogen, aufgespaltenes Kreuzgewölbe, das Dreiecks- und Rautenformen bildet. Die Schlußsteine in Achtpaßform zeigen einen springenden Hund, Hammer und Zange, Blumen, den Kopf des Erlösers und das Lamm Gottes mit roter Fahne, das in der Gegend Prümer Lamm heißt, denn es ist auch Wappentier der Abtei Prüm.

Die Gewölbezwickel sind mit wogenden grünen Akanthusranken bemalt, aus denen Füllhörner und Früchte knospen. Diese Malerei des 17. Jahrhunderts wurde erst bei einer Renovierung 1972 bis 75 wiederentdeckt. Im Chor, der sich spitzbogig öffnet und als

Schlußstein mit dem »Prümer Lamm«

Rechteck nicht dem feingliedrigen Vorbild der Hospitalkapelle mit Fünf-Achtel-Schluß folgt, kam ein reiches Figurenprogramm zu Tage. In den Zwickeln seines Kreuzrippengewölbes gruppieren sich um den Schlußstein mit Rosette die vier Evangelisten, große Erscheinungen, die im Denkergestus, den Kopf auf den Arm gestützt, sich dem aufgeschlagenen Evangelium widmen. Lukas malt ein Madonnenbild, nach der Legende war er Maler. Körpernah sind ihnen ihre Symbole zugestellt und schauen zu: der Löwe bei Markus, der Engel bei Matthäus, der Stier bei Lukas und der Adler bei Johannes. Zwischen den Einmündungen der Gewölberippen in die Wanddienste fanden sechs weibliche Heilige an der Decke Platz, umfangen von zierlichem Akanthusrankenwerk: Cäcilia, Barbara, Katharina, Margareta, Luzia und Helena. Die Farben, kaltes Grün, Gelb und Braun, harmonieren mit dem Violett-Rot der Gewölbestrukturen.

Die reiche Ausmalung des Chores mit ihrer Ermahnung, sich an diese Vorbilder, die Heiligen, zu halten und sich ihrem Schutz anzuvertrauen, ist auch ein Beweis für Wohlstand im Dorf. Wer sie stiftete, ist unbekannt. Im ausgehenden Mittelalter profitierte St. Bartholomäus mehrfach von Schenkungen ihres Pfarrers. Er war im übrigen zur Instandhaltung des Chores verpflichtet, der Grundherr trug Sorge für das Schiff und die Gemeinde kam für den Turm und Friedhof auf. Unbekannt sind auch die Stifter der zierlichen kleinen Holzkanzel, der Chorschranke und des Holzaltares mit gewundenen Säulen, die die Muschelnische mit dem Patron der Kirche rahmen. Mit Schwert und abgezogener eigener Haut über dem Arm erinnert der hl. Bartholomäus an sein Martyrium. Die Arbeiten stammen aus dem 18. Jahrhundert. Von der ursprünglichen Ausstattung ist nichts mehr vorhanden, ebenso ist der Beichtstuhl verschwunden, der 1658 vom Visitator aus Trier angemahnt wurde, da er die Seelsorge durch Ordenspriester durchaus unbefriedigend befand. 1676 wurde dann in Meckel die in Alsdorf ansässige Christenlehr-Bruderschaft eingeführt, die zur Aufgabe hatte, die Gläubigen am Sonntagnachmittag in der Kirche im Katechismus und in der Bibel zu unterweisen. Um die Kirche herum, am ansteigenden Hang, liegt der Friedhof. Seine strenge Satzung schreibt heute Grabmäler nur aus dem heimischen Sandstein mit Buchsbaumeinfassungen vor. Bis zum Zweiten Weltkrieg stand an seinem Eingang eine vierhundert Jahre alte Linde, Sammelplatz des Dorfes. Es wird in Meckel erzählt, sie sei von der einzigen überlebenden Bewohnerin in Pestzeiten an der Stelle gepflanzt worden, an der sie ihren toten Mann auf dem ansteigenden Weg zum Friedhof ermattet niedergelegt hatte. Als im letzten Krieg im Dezember 1944 Soldaten in der Kirche einquartiert waren, wärmten sie sich durch ein Feuer im hohlen Baum, so starb er ab.

Die Höhe hinter der Kirche ist die waldige Meckler Höhe. Hier hinauf trieb der legendäre Schaf- und Schweinehirt, der »Schiefer« Adam Jung, Schafe und Schweine zur Weide, wenn Eicheln und Bucheckern reif waren. Als er 1945 starb, war er 83 Jahre alt und hatte 69 Jahre lang gehütet. »Wenn er durch das Dorf ging und auf seinem Horn blies«, erzählt Bürgermeister Eugen Kirscht, »öffneten die Bauern die Stalltüren, und die Sauen flitzten ihm zu. Die wußten das ganz genau, und ab ging die Post.«

Wolsfeldt: St. Hubertus

Brenneisen gegen Tollwut

Im Spätsommer leuchten die kräftigen Farben der Dahlien und Tagetes in den Bauerngärten der Hubertusstraße von Wolsfeld, dem alten Zentrum des Dorfes mit prächtigen Bauernhöfen aus dem 18. und 19. Jahrhundert. Obstbäume werden geschüttelt, es ist die Zeit, Branntwein zu destillieren. Wolsfeld oder Wolffualt oder Wolvisfeld, wie es in Urkunden 791 und 1227 genannt wird, ist mit 700 Einwohnern heute doppelt so groß wie das vier Kilometer entfernte Meckel. Vorne rechts an der Straße steht ein gemauertes Kapellchen aus dem 19. Jahrhundert mit dem Altar für die Fronleichnamsprozession und einem Wegekreuz von 1619. Es zeigt am Schaft die Darstellung des hl. Hubertus. Der war Bischof und hatte seinen Amtssitz von Maastricht nach Lüttich verlegt, wo er 727 starb. Er ist Patron der Jäger und bei Tollwut, einer der am meisten gefürchteten tödlichen Krankheiten vergangener Jahrhunderte. Denn das Sterben in Raserei oder Lähmung kam dem mittelalterlichen Menschen wie Gotteslästerung vor. Erst Ende des vorigen Jahrhunderts, 1885, brachte Pasteurs Impfstoff Erleichterung. Vorher suchte man beim hl. Hubertus durch verschiedene Praktiken Hilfe, wallfahrte zu seinen Kultzentren. Ein solches ist die ihm geweihte alte Hubertuskirche in Wolsfeld gewesen.

Sie liegt am Ende der Hubertusstraße in einer S-Kurve, gleich hinter der »Burg«, dem Sitz des Wolsfelder Adels seit dem 17. Jahrhundert. Mit ihrem spätgotischen Knickhelm, der noch einmal so hoch wie der Turm ist, und einem nur nach Norden extrem heruntergezogenen Dach zeigt sie eine unverwechselbare Gestalt. Die erhielt sie um 1500, nachdem ihr eines Schiff für die Pilgerscharen zu eng und ein zweites nach der neuesten Mode angefügt worden war. Eine 200 Jahre alte Linde berührt den Turm auf der Südseite, überdeckt ausladend noch die Hubertusstraße und gleicht die asymmetrische Ansicht auflockernd aus. Hinter der Kirche breitet sich das fruchtbare Tal der Nims aus, das der bewaldete längliche Höhenzug, der Wolsfelder Berg, begrenzt. Auch hier oben steht ein Kreuz mit dem Bild des hl. Hubertus. Als seinerzeit im Dorf eine Kirche gebaut werden sollte, so die Legende, habe man nicht gewußt, wohin. Nun sei der hl. Hubertus auf der Jagd gewesen und habe von der Höhe aus, an der Stelle des Kreuzes, einen Pfeil ins Tal abgeschossen. Dort, wo er niederkam, sei dann die Hubertuskirche errichtet worden.

Da der Heilige nach der Legende Prinz aus Aquitanien war, fühlte sich der Adel ihm besonders verbunden. Adelsgeschlechtern, auswärtigen und im Dorf ansässigen wie denen von Wolsfeld, gehörten die meisten Güter des Umlandes. Sie trugen wesentlich zur Herausbildung der Verehrungsstätte bei. St. Hubertus wurde erst mit der französischen Neuordnung 1805 Pfarrkirche, vorher war sie Filiale von Alsdorf, die sich im Jahreswechsel mit Dockendorf ablöste, Wolsfeld seelsorgerisch zu betreuen. Heute wird hier in den Sommermonaten einmal in der Woche eine Abendmesse gehalten und gelegentlich ein Paar getraut. Denn seit 1926 ist die neue St. Hubertuskirche Pfarrkirche des Dorfes.

Bischof mit Frau und Kind

Wie M. Zender in seiner Abhandlung über den hl. Hubertus 1975 darlegte, entstammte dieser keinem Fürstengeschlecht, doch einem der mächtigsten Häuser an Maas und Mosel, war verheiratet und hatte einen Sohn. Seine Gebeine wurden 825 in das Kloster Andain überführt, mitten in den Wäldern der Ardennen gelegen. Bereits als Heiliger verehrt, bildete sich hier dann um das Jahr 1000 in der waldigen Umgebung das Jägerpatronat heraus. Aus früher Zeit stammen auch schon Berichte über Wunderheilungen, die Befreiung von Tollwut, an seinem Grab. Seitdem wird Hubertus in der dortigen Gegend als Patron bei Tollwut verehrt. Im Kloster Andain, bald umbenannt in Saint Hubert, wurden an Tollwut Erkrankte und Verdächtige bereits im 11. und 12. Jahrhundert mit Einschnitten in die Stirn behandelt, in die man ein Fädchen aus der Stola des Heiligen legte.

Hubertuskreuz von 1619

Sie war ihm nach der Legende von einem Engel aus Rom mitgebracht worden. Pflege mit bestimmter Diät schloß sich an. Dieses Verfahren hielt sich dort bis ins 19. Jahrhundert. Bis in diese Zeit konnte auch der Pfarrer von Wolsfeld Gemeindemitgliedern für 40 Tage »Ausstand« erteilen, damit sie sich in Saint Hubert einschneiden ließen. Denn das war nur dort möglich.
Die populäre Legende, nach der Hubertus an einem Sonntag einen Hirschen jagt, in dessen Geweih er ein Kruzifix erblickt, anbetend vor ihm niederkniet, Buße gelobt, Abschied vom weltlichen Leben nimmt und Bischof wird, kam erst um 1400 auf. sie diente vor allem spätmittelalterlicher Frömmigkeit mit ihrem Verlangen nach Absage an die Weltlichkeit eines Bischofs, der in früherer Zeit jedoch durchaus eine Familie haben konnte. Das Motiv der Jagd mit dem kreuztragenden Hirsch wurde aus der alten oströmischen Legende des hl. Eustachius in die Lebensgeschichte des Hubertus eingeschrieben. Der Ursprung liegt jedoch in Indien, wo die Sage des Fürstensohnes Buddha spielt, der durch die Erscheinung einer weißen Gazelle bekehrt und zu seiner göttlichen Mission berufen wurde.

Der glühende Schlüssel

Mit rascher Verbreitung der Hubertus-Hirsch-Legende wachsen Hubertusverehrung und Kultstätten um die Mitte des 15. Jahrhunderts auch im Rheinland stark an, Kapellen werden gebaut. Wolsfeld wird Kultziel für Pilger von weither, die Hilfe vor der unheilbaren Krankheit suchen. Üblich wurde nun hier wie anderswo bis ins 19. Jahrhundert die Praxis, am Hubertustag, dem 3. November, vor der Kirche Hunde und Haustiere, manchmal auch Menschen, an der Stirnwurzel mit einem glühenden »Hubertusschlüssel« zu brennen. Das war ein kleines Brenneisen in der Form eines Hornes, des Jagd-Symbols des Heiligen. Nach diesem Brennritus, der antike Vorbilder hat, glaubte man, vor dem »mal de St. Hubert«, der Tollwut, geschützt zu sein. Die Prozedur war mit bestimmten

Die Wallfahrtskirche St. Hubertus, Ansicht von Osten

Wetzrillen am Südpfeiler

Gebeten in die kirchliche Liturgie einbezogen, mag später aber, mit zunehmendem Widerstand der Kirche gegen abergläubische Handlungen, Sache des Dorfschmiedes geworden sein. Auch wurden Brot, Salz und Wasser gesegnet und dem Vieh ins Futter gemischt, um die Plage abzuwehren. Seit 1656 trug die Hubertusbruderschaft in Wolsfeld dafür Sorge (de Lorenzi). Vermutlich gehören in diesen Zusammenhang auch die tief ausgehöhlten Wetzrillen an einem Südpfeiler von St. Hubertus. Pulver von Steinen einer Kirche im Viehfutter galt im Mittelalter als heilkräftig.

Die Wallfahrtskirche

St. Hubertus war ursprünglich eine romanische Chorturmkirche (s. Ferschweiler), mit dem Chor im Ostturm, dessen Erdgeschoß sich einem dreijochigen einschiffigen Langhaus öffnete. Um 1500 erfährt die Anlage Verbreiterung durch ein zweites schmaleres Schiff mit quadratischem Chor neben dem alten gleich großen, und die Decken werden eingewölbt. In Variation zur beliebten spätgotischen Einstützenkirche (s. Meckel) werden die Gewölbe hier von zwei Mittelstützen getragen. Gleichzeitig wird der Turm um zwei Geschosse aufgestockt, erhält rundbogige Schallarkaden mit gotischen Säulchen und einen langgestreckten, achtseitig gebrochenen Knickhelm. Im 18. Jahrhundert kamen eine Vorhalle im Westen und eine quadratische Sakristei im Nordosten dazu, wobei das Dach vom Nebenchor in einer Schräge durchlaufend auch über die Sakristei gezogen wurde. Eine niedrige Friedhofsmauer und Grabplatten der Adelsfamilien, die ihren Herrschaftssitz gleich schräg gegenüber hatten und 1917 in Wolsfeld ausstarben, umgeben die Kirche. Kräftige, dreimal abgetreppte Strebepfeiler, hellbeige und mit weißen Fugen bemalt, geben dem Schiff eine monumentale Außenstruktur. In einen Südpfeiler ist eine Sonnenuhr geritzt. Die hohen, rundbogigen Fenster stammen von Renovierungen des 18. Jahrhunderts. Spitzbogenfenster sind nur in der Ostwand des Chorturms und des Nebenchores erhalten. Am südlichen Seitenschiff befindet sich eine kleine Tür mit der Jahreszahl 1612, es ist die »Grafentür«, Sondereingang der Adelsfamilien, die im Chor Platz nahmen. Die Gemeinde betrat die Kirche durch das Westportal der Vorhalle.

Das Innere der Kirche wirkt durch die Holzempore, die unter dem dritten flachen Westjoch ohne Gewölbe (seit 1612) gebaut ist, fast quadratisch. Ihre Maße sind 8,60 mal 12,15 Meter, die Chöre bilden Quadrate aus jeweils 3,50 Meter Seitengänge. Zwei mächtige runde Mittelpfeiler und Wanddienste als Dreiviertelsäulen tragen die vier Kreuzgewölbe und teilen den Raum in ein breites Hauptschiff, das auf den alten Chor im Turm mit rundem Triumphbogen zuläuft, und ein schmaleres, das zum spitzbogig geöffneten Nebenchor ausgerichtet ist. Es sind neben den Raummaßen vor allem die Gewölbe und ihre Stützformen, die den ungleich geteilten Raum harmonisch zusammenfassen. In Hellrot mit

Das Hirschwunder des hl. Hubertus, Ausschnitt aus dem 1620 in Sandstein gearbeiteten Hochaltar

Die beiden Mittelstützen und Empore im zweigeteilten Schiff

weißen Fugen von den weißen Decken deutlich hervorgehoben, laufen kräftige Birnstab-Rippen (mit birnenförmigem Querschnitt), vom Mittelpfeiler ausstrahlend in die Schlußsteine und von dort wieder weiter in die Wanddienste - der Blick folgt ihnen unmerklich. Die Gewölbezwickel füllen bäuerliche große Blumenmotive, wohl aus dem 16. Jahrhundert, und entlang den Rippen läuft ein schwarzes Zickzackmuster.
Der alte Triumphbogen ist von gemalten Wappen des Wolsfelder Adels besetzt, die Mitte nehmen die drei schwarzen Balken der Herren von Pallandt ein. Der Chor dahinter zeigt flaches Kreuzgratgewölbe. Spitzbogig öffnet er sich im Norden zum Nebenchor, der wieder reiches, fein ausgearbeitetes Rippengewölbe wie im Schiff aufweist. Hier findet sich im Boden die Grabplatte des 1965 verstorbenen Wolsfelder Pastors M. E. Detzler, ein Privileg, das heute einem Priester nur noch zusteht, wenn er an Bau oder Restaurierung einer Kirche beteiligt war. Die Beseitigung der Kriegsschäden von St. Hubertus zogen sich unter Detzler bis 1962 hin.

Hubertus und der Hirsch

Der dreiteilige Hochaltar aus Sandstein, Prunkstück der Kirche, nimmt an der Stirnwand des Schiffes den Platz zwischen beiden Chören ein. Er stammt vermutlich aus der Werkstatt des namhaften Trierers Hans Ruprecht Hoffmann, die nach dem Tod des Meisters 1616 von zwei Söhnen noch weitergeführt wurde. Beschlagmuster und Kopfmedaillons im Profil (Maria und Christus) in den rahmenden, eckigen Pilastern erinnern noch an die Spätrenaissance, während schwungvolle Voluten und Hubertus selbst, vollplastisch modelliert und üppig gewandet, den Altar lebensvoll barock bekrönen. Mit der Mitra auf dem leicht geneigten Kopf, das Jagdhorn in der Hand - sein Bischofsstab fehlt - blickt er zur Seite, das schöne Hirschtier zu seinen Füßen. Auch die Seitenteile zeigen vollplastische Figuren. Links steht in einer Nische der hl. Sebastian und hält drei Pfeile an sein Herz. Er ist in Kettenhemd und kurzem Rock als römischer Soldat gekleidet. Rechts weist der hl. Rochus auf seine Pestbeule hin, denn er hatte sich, so seine Lebensgeschichte, bei der Pflege von Pestkranken angesteckt. Beide Seiten-Heiligen waren Schutzpatrone gegen die Pest und vereinigen sich hier mit dem gleichfalls wegen seiner Heilkraft verehrten Hubertus.
Im Mittelteil des Altares ist als farbig gemaltes Relief das Hirschwunder des Hubertus dargestellt. Unter dem stolz aufgerichteten Tier, das das Kruzifix im Geweih trägt, kniet demütig anbetend die große Gestalt des Heiligen, während sein schnaubender Schimmel von einem Begleiter am rechten Bildrand gehalten wird. Mensch und Tier scheinen wie gebannt. Zwei Hunde des Hubertus wiederholen seine aufschauende Haltung, einer sucht jedoch Blickkontakt zum Betrachter. Auch an die Legende der geschenkten Stola,

deren Fäden später der Heilung von Tollwut dienen sollten, erinnert das Relief: Aus einer Wolke über den Bäumen des Waldes neigt sich ein Engel heraus und breitet für Hubertus das lange Tuch aus. Vorlage für die Arbeit soll nach Wackenroder ein Stich des Amsterdamers A. Collaert sein, der ein Gemälde des Florentiners Strada übertragen hatte. Das Entstehungsjahr des Wolsfelder Altares, 1620, steht mitten im Bild an einer Schleife am Baum zu lesen. Naiver Charme hat sich beim Übertragen des Vorbildes in die Arbeit des Eifelaltares gemischt. Und im Hintergrund meint man das fruchtbare Nimstal mit den vertrauten Häusern zu erkennen.

Höfisch elegant wirken dagegen die 1961 wieder freigelegten Wandbilder zur Hubertuslegende über dem Triumphbogen des alten Chores. Sie zeigen den Heiligen als helle, schlanke Gestalt auf einem Schimmel, wie er gerade in sein Horn bläst. Leider sind die weiteren Szenen der Malerei, die vielleicht noch aus der Entstehungszeit der Kirche stammen, so stark vergangen, daß nur noch verschwimmende Farbschleier zu sehen sind.

Nur noch außen ist in der Ostwand des Chorturmes eine Totenleuchte aus dem 16. Jahrhundert erhalten. Sie hat die Gestalt einer Nische, deren Wand eine Vierpaßöffnung durchbricht, und ist außen von Stabwerk gerahmt und vergittert. Volkstümlich wird sie als Seelenloch bezeichnet. Denn sie diente der Verbindung von Kirchenraum, der Wohnung Christi, mit den Verstorbenen, den Armen Seelen auf dem Friedhof. Man stellte innen vor die Öffnung eine Kerze, die nach draußen leuchtete, oder das Allerheiligste. Seit einiger Zeit ist das Seelenloch innen vermauert, doch der mittelalterliche Totenkult war schon im 18. und 19. Jahrhundert langsam vergangen.

Wenn heute im vierten Turmgeschoß über der Totenleuchte Glockengeläute ertönt, sind es die Klänge der alten Hubertusglocke, die Wilhelm aus Roth 1509 gegossen hat, wie die Inschrift aussagt: »DES HEILIGEN FRUNT (GAUS) SANT HUPRICH CLOCK HEISSEN ICH BOIS WEDDER VERDRIFEN ICH, WILHELM VON ROID GAUS MICH, IM IAR MCCCCCIX (IAR)«. Nach mittelalterlichem Glauben waren Dämonen für Unwetter verantwortlich. Glockenklang vertrieb sie.

Stockem: St. Hubertus

Dreiheiligenmangel

Mitten im Gutland, hochgehoben auf einem Bergkegel, liegen die Bauernhöfe des kleinen Dorfes Stockem, Jahrhunderte lang acht an der Zahl. Zwar finden sich jetzt mehr als doppelt soviele Häuser an der Haupt- und Wettlinger-Straße, aber mit hundert Einwohnern ist der frühere Umfang nicht wesentlich überschritten, da zu einem Hof etwa zehn Personen gehörten. So wurde die spätgotische Kirche mit ihrem sechs mal sieben Quadratmeter messenden Schiff der Gemeinde nie zu klein und konnte die Zeiten unverändert überdauern. Denn auch im Zweiten Weltkrieg, der im hiesigen Gebiet Lücken schlug, blieb sie verschont.

Wie eine Trutzburg thront die Kirche auf der höchsten Erhebung im Dorf, umgeben vom Friedhof, den im Westen das ehemalige Pfarrhaus begrenzt. Ringsum schließen sich in lockerer Folge die Höfe an mit großen, von Obstbäumen durchsetzten Wiesen. Hier weiden Kühe, scharrt Federvieh. Dann reicht der Blick weit über das absinkende Land zu fernen Feldern, im Norden mischt sich Wald ein bis zum Horizont. Hier ist Jagdgebiet mit besonderer Beziehung zur Kirche, denn sie ist dem Patron der Jagd, dem hl. Hubertus, geweiht (s. Wolsfeld).

Nicht nur die Lage mit Weitsicht erinnert an eine Burg. Auch die massigen Mauern des quadratischen Turms von St. Hubertus mit schießschartenähnlichen Luftschlitzen hätten zu einer wehrhaften Anlage streitsüchtiger Grafen gut gepaßt, wären nicht das flache Pyramidendach und das Glockengeschoß mit Schallarkaden im dritten Stock. Der Turm ist ein Ostturm mit dem Chor in seiner Halle (Chorturm s. Ferschweiler) und soll aus dem 13. Jahrhundert stammen (Wackenroder). Nach einer Urkunde existierte bereits im Jahre 1132 eine Kirche in Stockem, die die »edle Matrone Fredesunde« dem Kloster Prüm vermachte. Ihr Sohn Fridelo war dort Mönch. Was mit der Kirche dann geschah, weiß niemand mehr. Um 1500 wurde dem schweren Ostturm ein verhältnismäßig kleines, quadratisches, nur wenig breiteres Schiff in Gestalt einer Einstützenkirche nach dem Vorbild der Hospitalkapelle von Kues (s. Meckel) angegliedert. Einstützenkirche und Chorturm, beide besonders beliebte Bauformen der Gegend, sind hier, wie in Kronenburg, kombiniert zu einem Typ, der im Trierischen häufig anzutreffen war und im Grundriß noch an die frühen einfachen Saalkirchen mit eingezogenem Rechteckchor erinnert. Oft, wie in Niederweiß, steht nur noch der Chorturm, während das zu klein gewordene Schiff dort 1846 einem neuerrichteten großen wich, das auf Wunsch der Gemeinde solche Ausmaße bekam, daß bei einer Beerdigung jeder Dorfbewohner einen Sitzplatz finden konnte.

Das Erscheinungsbild der weiß verputzten Hubertus-Kirche dominiert der Turm. Geduckt und kompakt schließt sich der quadratische Baukörper des Schiffes an. Seine Wände werden außen mittig von kurzen, kräftigen, einmal abgetreppten Strebepfeilern aus Haustein gestützt, um den Gewölbedruck aufzufangen. Sie sind rot und mit weißen Fugen bemalt und betonen die Breite, nicht die Höhe des Schiffes. Die beiden Fenster in jeder Längswand sind in den Westjochen nur schlitzähnlich, in den Ostjochen unverhältnismäßig lang und abgerundet, vergrößert, wie

St. Hubertus, Südansicht

im 18. Jahrhundert üblich. In den Chor fällt Licht durch ein kleines breites Fenster im Süden, seine Ostwand gibt nur einen Spalt frei.
Im Inneren der Kirche, die man durch eine Tür im Westen betritt, vergißt man die urtümliche Derbheit der Außenformen. Hier entfaltet der spätgotische, quadratische Einstützenraum mit seiner umschließenden, dekorativen Struktur seinen harmonischen Charakter. Ein sechseckiger Mittelpfeiler und stark hervortretende Wanddienste, Dreiviertelsäulen, tragen die vier Gewölbe. Im Westen breiten sich vierteilige Rippensterne aus, im Osten, zum Triumphbogen hin sind die Sterne aufgesplittert. Ihre Struktur, die der von Kues sehr ähnelt, präsentiert vielfache Brechungen kurzer Bogenschwünge, die ungezählte Schlußsteine markieren: Wappen, Blumen, ein Greifvogel, Esel und im Dreipaß ein Christuskopf sind naiv und anschaulich von einem ländlichen Steinmetzmeister gestaltet worden. So dicht drängen sich die Rippenformen, daß die Decke in kleinen Vielecken aufgeht. Die Zahl 1977 in einem Schlußstein gibt die letzte Renovierung und Ausmalung der Kirche an. Grundton der Farben ist ein warmes Rot, an Pfeiler und Säulen von gemalten weißen Fugen durchbrochen, entlang den Gewölberippen wird es von einer schmalen schwarzen Kontur gerahmt. Sparsam verwendetes Blaugrün und Gelb setzen an Sockeln, Konsolen und in den Schlußsteinen den belebenden Akzent. Rechts und links neben dem leicht spitzbogigen Triumphbogen laufen die Gewölberippen in Konsolen aus, die linke zeigt einen dem Boden zugewandten Kopf. Zu beiden Seiten des Chores ist anstelle von Altären die Wand zu Nischen vertieft für Heiligenfiguren (Josef und Maria, 19. Jahrhundert). Rechts davon befindet sich ein gemauerter Altartisch, und vor ihm liegt im Boden die Grabplatte des Stockemer Pastors Joh. Binsfeld,

Kleines Fenster in der Südwand des Schiffes

der, so die Inschrift, der Kirche 1663 einen vergoldeten Becher »donavit«, geschenkt hat. Um den Chor vom Schiff als Kultziel abzusetzen, ist der Triumphbogen hellgrau und mit weißen Fugen bemalt. Das Kreuzgewölbe ruht hier auf frühgotischen Ecksäulchen mit Kapitellen in Kelchform, aus denen derbe Knospen herausragen. Im Norden und Süden fallen breite, flachrundbogige Nischen auf, die vielleicht als Priestersitze dienten. Die nördliche Nische ist mit einer Maßwerkbekrönung verziert. Vermutlich war hier ein Sakramentshäuschen angebracht. Engelfiguren und vergoldete Rokoko-Verzierungen, in die sich im mittleren Teil des Tabernakelaufbaus die Leidenswerkzeuge Christi mischen, schmücken den großen Holzaltar. Er nimmt die volle Ostwand des Chores von 3,50 Meter Breite ein. Denn seine Flügel verlängern sich zu großen Türen. Die Arbeit stammt aus dem 18. Jahrhundert. Christus am Kreuz, um das sich eine grüne Schlange ringelt, als Zeichen der Überwindung des Bösen, bekrönt den Altar. Seine Seitenteile werden von jeweils zwei vollplastischen Heiligenfiguren überhöht: Hubertus, Quirinus, Firminus und Ferreolus.

Der römische Tribun

Hubertus steht hier als Schutzheiliger der Kirche. Er wird als Patron der Jäger und Helfer gegen Tollwut (s. Wolsfeld) verehrt. Die ihn begleitenden Altarpatrone Quirinus, Firminus und Ferreolus bilden in der volkstümlichen Heiligenverehrung seit dem 17. Jahrhundert im Gebiet des alten Herzogtums Luxemburg und des Westtrierer Raumes eine feste Dreiergruppe, die Drei Heiligen. Die Krankheiten, um derentwillen sie hilfeflehend angerufen wurden, vor allem Hautgeschwüre, hießen im Volksmund Dreiheiligenmangel. Die Blüte ihres Kultes mit ihnen geweihten Kirchen, Kapellen und Altären liegt im 18. und 19. Jahrhundert. Auch in Stockem wurde ihnen zu Ehren Wasser geweiht. Das Dreiheiligenwasser trugen die Gläubigen in Krügen nach Hause, um es dann ins Viehfutter zu schütten. Die herausragende Gestalt unter ihnen ist der hl. Quirinus von Neuss, nach der Legende ein römischer Tribun, dessen Reliquie in Neuss zum Kultzentrum wurde. Schlagartig, mit dem Ende der Belagerung der Stadt Neuss durch Karl den Kühnen 1475, erfährt der Heilige dann eine aufblühende Verehrung mit Ausstrahlung ins Rheinland, nach Lothringen, in die Niederlande und die Schweiz. Denn man führte die glückliche Wende im Kampf um die Stadt auf die Kraft seiner zum Belagerungstor gebrachten Reliquie zurück. Quirinus wird, je nach Gegend, einmal um Hilfe gegen Körperkrankheiten angerufen oder als Pferdepatron verehrt. Außerdem gehört er zur Vierergruppe der Heiligen Vier Marschälle (Quirinus, Antonius, Cornelius, Hubertus). In ihnen sahen die Gläubigen an Gottes Thron stehende, hochgeachtete Hofbeamte, die die Anliegen der Menschen rasch dem Herrn vorbringen könnten.

St. Hubertus war bis zur Neuordnung durch die Franzosen Pfarrkirche, kam dann schließlich 1821 als Filiale zu Bettingen, wozu es heute mit drei weiteren Gemeinden immer noch gehört. Von dort ging und geht die Fronleichnamsprozession aus. Das Vorbeten von Gruppen beim Kultgang zu den Altären wurde früher durch Anzeigen mit Prozessionsstäben koordiniert. Zwei solche Stäbe hängen in St. Hubertus noch rechts und links neben dem Chor. Pfarrer Monshausen hat seit einigen Jahren in Stockem am Kirmessonntag Anfang Mai eine Prozession wieder eingeführt, bei der das Allerheiligste mitgeführt wird.

Spuk und Habgier

In Stockem mit dem Wald in der Umgebung entstanden allerlei Spukgeschichten, die man noch vor sechzig Jahren zu erzählen wußte. Ein Hund mit glühenden Augen versperrt im dunklen Wald plötzlich den Weg oder läuft nachts in ein fremdes Haus. Türen springen auf. »Zu Stockem in Tinnes im Hause rappelt es auf der Treppe, wie wenn jemand mit Ketten da runtergeschleift komme. Da haben einmal drei, vier Karten gespielt, sie hatten Revolver bei sich. Um zwölf Uhr rappelt es, sie stürmen raus, es war nichts da. Wie sie wieder in die Stube sind, rappelt es wieder« (Zender, Sagen).

Ein Nachfahre im Tinneshaus kann heute jedenfalls diese Gruselgeschichte aufklären. Der Schwiegervater seines Schwiegervaters lebte alt und krank allein in seinem großen Bauernhaus, das die Nachbarn gegen ihr kleines schäbiges tauschen wollten. Da der alte

Maßwerkbekrönung über der Sakramentsnische

Mann darauf nicht einging, wollten sie ihn hinausgraulen und inszenierten nachts Gespenstertreiben, rasselten, in Laken gehüllt, auf der Treppe mit Ketten. Wenn die Polizei kam, geschah nichts, war sie weg, begann »der Schabernack« von neuem. Erst nachdem ein Mann aus Enzen das grausame Spiel durchschaut und den Nachbarn massiv gedroht hatte, war diese Gespenstergeschichte aus.

Roth a.d. Our: St. Peter

Stein, dir sag' ich es allein

Das kleine Dorf Roth ist Grenzstation zu Luxemburg nahe Vianden. Es liegt zwischen bewaldeten Ausläufern der Hochfläche Islek im Tal der Our, dort, wo der Tegelbach in den Fluß mündet. Vereinzelte Häuser an der abfallenden Templerstraße parallel zum Bach kündigen den Ort an, der dann die Our ein Stück weit begleitet. Die Kirche findet sich nicht im Dorf. St. Peter behauptet auf dem Bergsporn am Ende der steil aufwärts führenden Johanniterstraße ihre herausgehobene Stellung als Ordenskirche der Tempelherren und Johanniter. Das Verwaltungsgebäude der Ordensritter, die Komturei, von den Rother Bewohnern liebevoll Schloß genannt, steht gleich daneben. Es wurde 1733 neuerrichtet und noch einmal 1958 infolge Zerstörung durch den Zweiten Weltkrieg, während das spätmittelalterliche Torhaus unversehrt blieb. Heute ist das Schloß Hotel.

Wie früh die Tempelherren hier ihren Sitz nahmen und die Pfarrdienste versahen, weiß man nicht genau. Sie werden erst 1248 in einem Streit um die Kompetenzen der Rother Kirche greifbar. Man vermutet, daß die imposante, 23 Meter lange Kirche, eine ursprünglich romanische Basilika aus dem 12. Jahrhundert mit Teilen eines noch früheren Baues, die Grafen von Vianden gegründet haben. Denn das zwei Kilometer entfernte Vianden wurde bis 1249 seelsorgerisch von der Pfarrei Roth betreut. Von da an drängte der Orden der Trinitarier auf Pfarrechte einer eigenen Kirche im Ort der Grafenburg. Nach heftigen Streitereien einigten sich Großmeister Fulco von den Templern und der Graf von Vianden 1256 darauf, daß Vianden von Roth abgetrennt wurde und beide Orte eine eigene Pfarrkirche unterhielten. Doch ließ Roth nicht eher locker, bis ihm der Verlust der Einnahmequelle des »zehnten« Teils des Jahreseinkommens der Familien angerechnet wurde, und erwirkte eine Verfügung des Trierer Erzbischofs Heinrich II., die Vianden zu jährlich sechzig »solidos« Ausgleichszahlung verpflichtete.

Die Tempelherren gehörten zu einem geistlichen Ritterorden, der sich zur Zeit der Kreuzzüge in Palästina 1119 aus acht französischen Rittern zusammenschloß, der Mönchtum und Rittertum miteinander verband und im Kampf gegen die »Ungläubigen«, die Moslems, das Heilige Grab und die Pilger beschützte. Er nannte sich nach dem Sitz seines Großmeisters auf dem ehemaligen Platz des salomonischen Tempels in Jerusalem. Da der Orden dem Ideal der Ritter sehr nahe kam, breitete er sich rasch über große Teile Europas aus, reichlich beschenkt mit Gütern von Königen und Grafen. Um die Mitte des 13. Jahrhunderts liegt die Blütezeit des Ordens, dessen Mitglieder Ritter, Priester und dienende Brüder waren. Nach dem Rückzug aus Palästina 1291 vor den Muslimen wurden die reichen, beneideten Tempelherren zunehmend mißliebig. Man warf ihnen Habgier und Ausschweifungen vor, »bibere templariter«, saufen wie ein Templer, wurde eine Redensart. Philipp der Schöne von Frankreich beschuldigte sie der Abtrünnigkeit im Glauben und der Unzucht, ordnete Verhaftungen und Tod durch Verbrennung an, während das Konzil von Vienne sich weigerte, über sie ein Urteil zu fällen. Schließlich hob Papst Klemens V. den Templerorden 1312 durch eine Bulle auf.

St. Peter, Nordansicht

In Frankreich zog die Krone die vielen Templer-Güter ein, in Deutschland fielen sie an die angesehenen Johanniter und den Deutschritterorden. So traten die Johanniter, die seinerzeit den ersten geistlichen Ritterorden in Jerusalem gegründet hatten, zu Anfang des 14. Jahrhunderts ihr Erbteil in Roth auf dem Berg an, wo sie fast ein halbes Jahrtausend, bis zur Besetzung des Rheinlandes durch die Franzosen, blieben. Ihre Komture mußten dem Trierer Erzbischof einen Ordensherren als Pfarrer vorschlagen, der eine herausragende Stellung einnahm und viel unterwegs war. Denn die Rother Kirche war Seelsorgezentrum für die umliegenden Dörfer. 1664 gehörten ihr acht weitere Gemeinden an, 1737 waren es noch sechs. Kein Wunder, daß bei der Auflistung des Lohnes für den Kaplan 1688 auch zwei Paar Schuhe genannt werden, da er bis nach Rodershausen zu Fuß gehen mußte. Schließlich enden die Wege der Johanniter im Dienst der Rother Gemeinde durch die Säkularisationspolitik der französischen Besetzer. Auflösung und Verkauf der Komturei an ihren letzten Verwalter erfolgte 1797. Er übergab der Gemeinde die Kirche, die nun Filiale von Vianden wurde, bis dieser Ort nach dem Wiener Kongreß 1815 Luxemburg zugeteilt wurde. Seitdem, bis heute, ist St. Peter Tochterkirche von Körperich, aber mit dem Privileg der allsonntäglichen Messe.

Heute erinnern noch Straßenschilder an die beiden Ritterorden. Die Templer aber, nicht die Johanniter, haben in Roth und im Rheinland in Sagen überlebt. Sie benehmen sich eher wie Raubritter und nicht wie Mönche. »Die waren raffiniert und haben den Pferden die Hufe verkehrt herum aufgenagelt. Dann wußte man nie, wo sie waren«, erzählt Karl Klotz am Ourtal. Ein anderer weiß, die Templer hätten die Schuhe verkehrt herum angezogen. In den dreißiger Jahren wurden die Templersagen im Ort noch ausführlich vorgetragen: »... Man hat auch immer erzählt, die Tempelherren habe man nicht bekommen, sie hätten ihren Pferden die Eisen verkehrt aufgeschlagen. Dann waren die Leute der Meinung, wenn sie drinnen waren, sie seien draußen. Und wenn sie draußen waren, sie seien drinnen. Und nun begegnet ein Mann dem Zug der Tempelherren, wie sie hineinreiten wollten. Die haben ihn da festgehalten, und er hat schwören müssen, daß er keinem Menschen etwas davon sage, wenn er am Leben bleiben wolle. Das tat er. Aber da ging der Mann sonntags nach der Messe bei der Kirche zu einem Stein, da sagte er: ›Ich habe geschworen, ich darf keinem Menschen etwas sagen, aber Stein, ich sag' es Dir allein, die Tempelherren sind rein.‹ Da haben sie ihn festgenommen und ihm den Prozeß gemacht. Das war auch ein Kniff gewesen« (Zender, Sagen).

Echternacher Stützenwechsel

Der Friesenapostel, der hl. Willibrord (657–739), der in den nördlichen Breiten mit seinen Predigten keinen durchschlagenden Erfolg hatte und schließlich im nahen Echternach ein Kloster zur Ausbildung von Missionaren gründete, hat in der hiesigen Umgebung, will man Volkserzählungen glauben, nahezu jede Kirche errichtet, und zwar auf einem römischen Tempel, und davor eine Linde gepflanzt. St. Peter in Roth auf dem Bergsporn mit der herrlichen Sicht auf Täler und Höhen macht da keine Ausnahme. Eine 400 Jahre alte, schon gespaltene Linde wächst vorne rechts am Eingang des ummauerten Friedhofs, in dessen Zentrum die Kirche steht. Immerhin fließt in ihre Baugeschichte der Name des Friesenapostels ein. Denn St. Peter von Roth, die dreischiffige romanische Basilika aus der zweiten Hälfte des 12. Jahrhunderts, übernimmt aus der Willibrord geweihten Echternacher Abteikirche (1031) den Stützenwechsel an den Hauptschiffwänden: Nicht nur quadratische Pfeiler (Pfeilerbasilika) tragen die von Arkaden durchbrochenen Wände, sondern im Wechsel mit ihnen auch Säulen.

Die in Lehmfarbe rauh verputzte Kirche mit rötlichen Sandsteinquadern an den Kanten hebt sich durch Größe, sehr kunstvolle Bauformen und reiche Ausstattung von den meist kleineren, schlichten Dorfkirchen ab. Das Besondere an ihrer basilikalen Architektur ist das Auseinanderweichen ihrer Wände nach Westen zu (um 1,75 m), so daß der Grundriß wie bei einer Gruppe lothringischer Bauten trapezoide Form zeigt. Man trifft bei St. Peter allerdings nicht mehr romanische Reinheit an, sondern kann an ihr den Sog von Modeströmungen studieren, die Ursprünglichkeit gering erachteten. In frühgotischer Zeit wurde die Harmonie des Ostabschlusses mit drei Apsiden gestört, indem die südliche von einer quadratischen Kapelle ersetzt wurde. Ende des 15. Jahrhunderts, in der Spätgotik, erfolgte die vollständige Einwölbung der flachgedeckten Basilika (drei Jochen im Hauptschiff entsprechen sechs in den Seitenschiffen), wobei die Obergadenfenster, Hauptlichtquelle des Langhauses, im Dachstuhl verschwanden. Auch brach man in die Hauptapsis Spitzbogenfenster ein. Der außen noch erhaltene romanische Charakter der gestaffelten drei Raumkörper mit den niedrigeren Seitenschiffen verschwand dann im Barock, als die Anlage von einem einheitlichen Satteldach abgedeckt wurde. Zudem erhielten die Seitenschiffwände große Rundbogenfenster. Inzwischen war auch der nördliche Chorturm abgetragen, der mit dem südlichen zusammen dem Ostabschluß symmetrische Gewichtigkeit gegeben hatte. Am zweigeschossigen Südturm mit spätgotischem Knickhelm betont ein umlaufendes Gesims die Glockenstube, die nach allen vier Seiten gekuppelte Schallarkaden mit romanischen Säulchen freigibt.

Dachschäden durch Beschuß im Zweiten Weltkrieg zogen 1955 den Bau dreier plumper Strebepfeiler an der Südwand nach sich, um Gewölbeeinbruch zu verhindern. Beim Umschreiten der Kirche fällt die Apsis am nördlichen Nebenchor durch ihre ungewöhnliche und reiche Dekoration auf, die nach Kubach-Verbeeks Standardwerk einmalig im

Rhein-Maas-Gebiet und dem 11. Jahrhundert zugehörig ist: ihre Mauer ist über dem Sokkelgesims in fünf dicht übereinandergelagerte Geschosse gegliedert, in deren Quader kleine Blendbogennischen vertieft sind. Das populäre »Rother Männchen«, eine archaische männliche Sandsteinfigur mit rundem Kopf und hochgehaltenen Ärmchen, ist im Zwickel zwischen dieser und der Hauptapsis vermauert.

Auf dem Gelände vor der Nordwand der Kirche steht ein alter Brunnen. Die Treppenanlage daneben führt in die Erde zum Heizungsschacht und nicht zur Burg von Vianden, wie eine Legende es wissen will. Desgleichen endet eine Öffnung hinter dem Hauptaltar, nach drei Metern stumpf in der Erde. In der Nordwand der Kirche kamen 1919 Reste eines romanischen Portals zum Vorschein, das von dem westlichen Fenster angeschnitten wird. Zu sehen ist im gerahmten Türbogenfeld (Tympanon) als Sandsteinrelief der segnende Christus mit Kreuznimbus, auf dem Regenbogen sitzend, dem Zeichen göttlicher Herrlichkeit und des Friedens. Rechts neben ihm kniet fürbittend Johannes der Täufer, die zur Deesis-(Gebet-)Gruppe dazugehörende Mariengestalt zur Linken ist nicht mehr erhalten. Verbreitert und ihrer formenden Basilika-Einschnitte beraubt, wird die Westfassade von einem Barockportal dominiert, das das Wappen der Johanniter trägt und in ein teilweise freigelegtes romanische Säulenportal eingefügt wurde. In der Giebelspitze sitzt noch ein kleines romanisches, gekuppeltes Rundbogenfenster. Zwischen ihm und dem Portal sind drei von Säulchen getragene Arkaden herausgearbeitet, deren Bögen aneinandergereihte Kugeln bilden. Die Kapitelle zeigen auch hier pickende Vögel. Die äußeren Arkaden sind vermauert, die mittlere ersetzt ein barockes Rundfenster.

Im Inneren der schummrig dunklen Kirche beherrscht die kunstvolle Arkadenarchitektur den großen Raum. Reich gestaltete Pfeiler und Säulen wechseln als Stütze der spätromanisch bereits spitzbogig durchbrochenen Arkadenwand. Die von einer Säule ausgehenden Spitzbogenöffnungen sind paarweise durch runde Überfangbögen zusammengefaßt, die sich von Pfeiler zu Pfeiler wölben und die ehemals hohe Wand geschoßartig gliedern. Am Westende treffen die Säulen schließlich nicht, wie im System vorgesehen, auf Wandpfeiler, sondern wieder auf Dreiviertelsäulen. Die Pfeiler zeigen durch ausgesparte Ecken Kreuzform, ruhen auf profilierten Sockeln und haben stark ausgeprägte

Nordapsis mit ungewöhnlicher Blendbogennischenverzierung

Kapitell mit stilisiertem Blattwerk

Kämpfer (Deckplatten). Die Säulen stehen auf niedrigen Basen mit Eckblattverzierung. Es ist vor allem ihr Kapitellschmuck, der auf jedem Exemplar das aufsteigende Blattwerk unterschiedlich einrollt und stilisiert, der im Raum einen festlichen Akzent setzt. Dieselben Ornamentformen kehren in lothringischen Kirchen und im Trierer Dom wieder, so daß die Rother Kirche der Trier-lothringischen Bauschule zugerechnet wird. Die Farbfassung stellt die Vielfalt der Schmuck- und Stützformen heraus, die Pfeiler sind beigebraun, die Säulen grau bemalt.
Das Kreuzrippengewölbe zeigt traditionelles Rot mit weißen Fugen, der Grat ist gelb abgesetzt. Die Rippen laufen im Hauptschiff in gerundeten Konsolen aus. Dort verewigten sich die Johanniter mit drei Kreuzen, eine andere Konsole ist mit einer Zwerggroteske verziert. In den Seitenschiffen ruhen die Gewölbe abwechselnd auf Wandpfeilern oder laufen in Rundkonsolen aus. Ein versierter Steinmetzmeister hat kunstvolle Schlußsteine gestaltet, erhalten sind: das Lamm Gottes und eine eindrucksvolle Kreuzigung mit den Assistenzfiguren Maria und Johannes im südlichen und eine wirbelnde Maßwerkrosette im nördlichen Seitenschiff.

Zähnefletschen am Beichtstuhl

Der Raum des Hauptschiffes dringt nach Osten durch den weiten runden Triumphbogen in den Hauptchor mit Apsis tief ein. Die Öffnung zum südlichen Nebenchor ist geschlossen, nach Norden hin führt sie rundbogig zum Nebenchor (heute Sakristei), der, turmbekrönt, im 11. Jahrhundert zu einer Chorturmkirche (s. Wolsfeld) gehörte, die dann in die Basilika einbezogen wurde. Hier wie auch im Haupt- und südlichen Nebenchor ist das ursprüngliche Kreuzgratgewölbe erhalten, während die Hauptapsis spätgotisch eingewölbt ist. Die Ausgestaltung des Hauptchores ist von spätbarocker Prägung. Vor

Ausschnitt aus der Altarbekleidung des Hochaltares mit dem Abendmahl, 18. Jahrhundert

hoher Holzvertäfelung, verziert mit Muschelgirlanden, steht ein ausladender, prunkvoller Hochaltar aus Holz mit Tabernakelaufsatz. Sein Zentrum bildet das Gehäuse für das Allerheiligste, aus dessen gewölbten Türen die Krönung Marias herausgearbeitet ist. Bekrönt wird die mit Engeln und Voluten reich verzierte Arbeit von hohen Heiligenfiguren, dem Evangelisten Johannes und den Aposteln Petrus und Paulus. Der Altarunterbau (Antependium) zeigt auf der Bekleidung breit und plastisch die Szene des Abendmahles. In bewegter Körpersprache vermittelt der ländliche Meister die innere Erregung der Jünger, die alle in goldenen Gewändern am Tisch mit Jesus sitzen. Der kleinere hölzerne Kreuzaltar mit Tabernakelaufsatz und Kruzifixbekrönung, vielleicht aus derselben Werkstatt, steht am Ende des nördlichen Seitenschiffes vor dem vermauerten Nebenchor. Die Assistenzfiguren, Maria und Johannes, und Engelfiguren wurden 1981 gestohlen. Deshalb ist das Kircheninnere von April bis Oktober bei Tageslicht nur noch durch ein Gitter zu besichtigen. Interessierte können sich die Kirche von Realschullehrer Erwin Schneider, Mühlenweg 24, zeigen lassen.

Der südliche Nebenchor ist mit spätgotischer Rankenmalerei geschmückt und geht in den quadratischen Anbau über. Sein kreuzförmiges Gewölbe besteht aus Rippen, die sich im Querschnitt birnenförmig verdicken (Birnstabrippen). Sie ruhen auf Ecksäulchen mit Kelchkapitellen. Hier steht ein Marienaltar mit gewundenen Säulen, der ebenso wie die Kanzel mit den geschnitzten Portraits der vier Evangelisten in Medaillons dem frühen 18. Jahrhundert zugerechnet wird. Aus der Barockzeit stammen auch zwei Beichtstühle aus Eichenholz. Der eine, um 1700 gearbeitet, zeigt in seiner Front rechts und links spiegelbildliche Dekorationen, zum Beispiel die Tiara des Papstes mit den gekreuzten Schlüsseln des Petrus und als Abschluß stilisierter Säulen an den oberen Ecken den Kopf eines Menschen mit heraustretenden Augen und breitem, zähnefletschenden Mund. Solche drohenden Fratzen wehrten seit der Antike Böses ab.

Marienaltar, 18. Jahrhundert; Aufnahme von 1925

Gondelsheim: St. Fides, Spes, Caritas

Der Funker im Turm

Wie im Bilderbuch, überschaubar und mitten in Wiesen mit Kühen, drängen sich Häuser und Höfe des kleinen Gondelsheim zusammen, kommt man von Süden und überquert die Bahn. Hinter ihnen beginnt Wald auf der Anhöhe. Schon im Jahr 893 verzeichnet die Abtei Prüm hier Güter. Die sehr stattliche Kirche, schiefergedeckt, weiß verputzt und mit roten Sandsteinquadern an den Kanten schmuck verziert, beherrscht die Ansicht des Ortes. Sie ist eine ungleich zweischiffige, spätgotische Hallenanlage mit zwei Chören und hervorgegangen aus der zu klein gewordenen älteren Kirche von 1461, die erweitert, erhöht und neugewölbt wurde. Der Umbau erfolgte 1523–31 zur Zeit des Prümer Abtes Wilhelm von Manderscheid, der nach der Legende hier ein Kloster hatte errichten wollen, und geriet mit drei hohen Mittelsäulen und feinem Sterngewölbe so prächtig und schön, daß »eine stimmungsvolle Wirkung« erreicht wurde, »wie wir sie uns gern beim gotischen Bau unter Vergleich mit dem deutschen Wald vorstellen« (Wackenroder, 1927).

Es waren vor allem Pilger, die Finanzierung und spätere Erhaltung der bedeutenden Wallfahrtskirche besorgten. Denn zu dieser Zeit bis zur Neuordnung der Pfarreien durch die Franzosen 1803 war Gondelsheim nur Filiale von Fleringen und nicht Pfarrkirche. So stand dem Dorf weder eine große Kirche noch die reiche Ausstattung zu. Die Pilgerscharen kamen zu den Drei Jungfrauen Fides, Spes, Caritas (Glaube, Hoffnung, Liebe), denen das Gotteshaus geweiht ist und von denen nach der Legende aus Prüm Reliquien hierher übertragen worden sein sollen. Später, seit dem 18. Jahrhundert, wurde die Kirche außerdem Kultstätte des hl. Quirin von Neuss (s. Stockem), einem vom Volk verehrten »Viehheiligen«, dessen Schutz Bauern von weither für ihre Pferde in Gebeten erflehten. Er war Patron eines großen Altars.

Die offizielle Kirche duldete die volksfrommen Bräuche für das »unvernünftige Vieh« nur ungern. »Meine selige Mutter hat es um die Jahrhundertwende noch miterlebt«, erzählt der neunzig Jahre alte stattliche Gutsbesitzer Peter Meyer heute in Gondelsheim, »da kamen Wallfahrer mit ihren Pferden, ritten dreimal betend um die Kirche und wurden gesegnet. Während des feierlichen Hochamtes wurden die Pferde an drei Ringen an der Nordwand der Kirche festgebunden. Das war immer Pfingstmontag. Bis in die dreißiger Jahre fanden noch Sakramentsprozessionen statt. Schließlich waren die Pferde abgeschafft, von den Traktoren ersetzt.« Noch in den fünfziger Jahren führte die Prozession durch das Dorf, vorbei am Feuerwehrhaus, wo die Traktoren parkten und gesegnet wurden.

Damals war die Kirche mit dem Friedhof ringsum gerade wieder nach den schweren Zerstörungen im Zweiten Weltkrieg eingeweiht worden. »Am 9. Februar 1945 ging ich morgens noch einmal zur Hl. Messe, die ein Feldgeistlicher hielt«, erzählt Peter Meyer, »und der Gemeindepfarrer ging bei ihm noch einmal beichten. ›Jetzt schließen wir die Kirche‹, sagte er. Seitdem lag Gondelsheim unter Beschuß feindlicher Artillerie. Fünfhundertmal soll die Kirche von den Amerikanern getroffen worden sein.« Denn in ihrem Turm hatte ein Funker gesessen. Die Amerikaner hatten ihn schnell geortet und

St. Fides, Spes, Caritas nach der Bombardierung 1945

Gutsbesitzer Peter Meyer im Alter von 90 Jahren, 1993

von Schlausenbach aus auf ihn gezielt. Der Turm wurde bis übers Portal aufgerissen. Die kunstvollen Gewölbe, größte Zierde der Kirche, stürzten ein, und die kostbare Ausstattung des 18. Jahrhunderts wurde verwüstet. »Bis kurz unter die Gewölbe in vierzehn Meter Höhe reichte der Hochaltar der Hl. Drei Jungfrauen«, schwärmt heute noch Nikolaus Bales, einer der älteren Gondelsheimer, »und die Altäre des hl. Quirinus und Hubertus waren wundervoll, die Kanzel ein schönes Stück. Nur die achteckige Mittelsäule blieb stehen. Vor dem Turm lag ein großer Trümmerhaufen auf den Gräbern. Wir haben 47 mit dem Wiederaufbau angefangen und jeden großen Stein mit der Hand hinaufgedreht auf den Turm mit seinen mehr als einen Meter dicken Mauern.«
Während die wiederhergestellte Kirche im Inneren durch den Verlust des reichverzweigten, flachen Sterngewölbes, das wie ein feines Gespinst die Gewölbe überzog und mit unzähligen Schlußsteinen verziert war, seiner Pracht beraubt war - »Das neue Gewölbe kann dem alten nicht das Wasser reichen« (P. Meyer) - sind die Spuren des Krieges am Baukörper außen nahezu getilgt. Der viergeschossige und von Gesimsen gegliederte Westturm gehörte zur Vorgängerkirche mit drei Schiffen. Das Erbauungsjahr 1461 war in einen seiner oberen, nun zerstörten Eckquader eingeritzt. Die östliche seiner rundbogigen, von Pfosten geteilten Dreipaßöffnungen im Glockengeschoß verschwand im Dachgiebel des Schiffes, als die Anlage im 16. Jahrhundert aufgestockt wurde. Der hohe Helm, eine achtseitige schließende Schieferpyramide, war bereits 1599 das erste Mal abgebrannt: »In einem Sommer entfesselten die bösen Geister ein furchtbares Unwetter gegen die Prümer Salvatorkirche. Glockenklang verscheuchte sie. Daraufhin stürzten sie sich auf die Kapelle der Hl. Drei Jungfrauen in Gondelsheim und suchten sie von Grund aus zu zerstören. Allein das steinerne Gewölbe war so fest, daß sie nur einige Risse zustande brachten. Das Dach der Kirche und des Turmes aber brannte bis auf die Mauern ab ...«, berichtet ein Prümer Klosterchronist 1623.

Hohe Halle

Die Westfront des Turmes mit dem neuen Portal von 1950 und der Bekrönung einer angeschlagenen Figur des hl. Hubertus war bei der spätgotischen Umgestaltung durch zwei niedrige Anbauten von einem Joch auf beiden Seiten verbreitert worden. Sie geben die Breite (14,33 Meter) des zweijochigen Langhauses an, dessen hoher Raum sich in den unregelmäßig polygonalen beiden Chören fortsetzt. Der Hauptchor wiederholt mit 9,15 Meter Tiefe noch einmal die Länge des Schiffes. An den 6,15 Meter tiefen Nebenchor wurde 1540 eine Sakristei angebaut und an die südliche Langhauswand im Westen ein Treppenturm. Er ermöglichte nun von außen den bei der Aufstockung verlorengegangenen Zugang zum Turm. Hohe, kurz unter dem Dach ansetzende Strebepfeiler umlaufen den

imposanten Bau. Die dem Wetter ausgesetzte Nordwand zeigt nur eine kurze spitzbogige Fensteröffnung im Westen. Die vier dreiteiligen Maßwerkfenster des Hauptchores sind in den fünfziger Jahren neu verglast worden mit farbigen Darstellung der Heiligen Fides, Spes, Caritas und Quirinus. Im Nebenchor sitzen ein einteiliges und ein zweiteiliges, in der Südwand zwei zweiteilige Maßwerkfenster.
Man betritt die Kirche durch das Portal im Turm, der hier mit Tür und Fenster zum rechten Anbau die mächtige Stärke seiner Mauer preisgibt. Ein hoher Spitzbogen öffnet die kreuzgewölbte Halle in voller Breite zum ungleich zweischiffigen Langhaus. Licht, hoch und weit breitet sich der Raum aus. Er schließt sich mit den gleichhohen Chören zu einer großen Einheit zusammen, unterteilt nur durch drei in die Höhe strebende Pfeiler (einer rund, zwei achteckig), die ein breites und ein schmaleres Schiff anzeigen. Es ist die Zeit spätgotischer Hallenkirchen des Bürgertums in Deutschlands Städten, die das Nebeneinander von Schiffen auflöst zum Einheitsraum, durchzogen von schlanken Pfeilern und begrenzt nur von den Umfassungsmauern des Baues mit den großen, langen Fenstern. Die Gondelsheimer Kirche gibt diese neue räumliche Konzeption in ihrer Umgestaltung des 16. Jahrhunderts eindrucksvoll wieder, wobei die Asymmetrien durch den Vorgängerbau in Schiffen und Chören für überraschende Blickwinkel sorgen. An der Südwand, alter Mauersubstanz, erinnern stehengebliebene Dreiviertelsäulen noch an die niedrigeren Gewölbe des Baues von 1461. Eine zeigt als Kapitellschmuck den Kopf eines Mannes mit gezwirbeltem Schnurrbart.
Zum Haupteindruck des luftigen lichten Kircheninneren mit seinen hellbeigfarbenen Wänden und Fußbodenplatten trägt die originale Farbfassung bei, die Restauratoren vor kurzem entdeckten. So sind die neuen, einfachen Kreuzrippengewölbe und die Pfeiler quergestreift abwechselnd hellbeige, hellbraun, hellbeige, hellgrau bemalt, wobei eine schwarze Linie die Farben voneinander trennt und schwarze Punkte die Rippen an der Decke flankieren. Im Schuttgeröll der

St. Fides, Spes, Caritas, Südansicht von 1993

herabgestürzten Gewölbe fand man einige Konsolfiguren unversehrt. Wie lebendig schauen ihre bärtigen Gesichter, umrahmt von üppiger Haartracht, den Betrachter wieder an. In den Chören fallen flachbogige große Nischen auf, vermutlich alte Priestersitze, vor der einen stehen heute Stühle für die Priester. Im Nebenchor sitzen ferner eine spitzbogige kleine Sakramentsnische in der Mauer und darunter eine Piscina, eine Vertiefung mit Abfluß nach außen für Wasser bei liturgischen Handlungen. Die den Turm einfassenden offenen, kreuzgewölbten Anbauten im hinteren Langhaus bergen auf der einen Seite die Orgel, auf der anderen Gedenktafeln für die Gefallenen der beiden Weltkriege.
Von der alten Ausstattung sind nur noch zwei Holzfiguren vorhanden, die hl. Margareta und Christus mit der Weltkugel (16. und 17. Jahrhundert) und die farbig bemalte, drastische Reliefdarstellung der Martern der Drei

Jungfrauen, die das rohe Zuschlagen der römischen Söldner und die Flammen gefaßt erleiden (18. Jahrhundert). Der einst von hohen Altären verdunkelte Raum mit seiner kunstvollen Gewölbebegrenzung in der Höhe und vielen Votivgaben der Pilger an den Wänden wirkt heute vergleichsweise nüchtern, aber die älteren Bewohner bewahren ihre Erinnerungen an die Zeit vor dem Krieg.

Jungfrauen und Matronen

Die ehemalige Wallfahrtskirche St. Fides, Spes, Caritas steht auf Resten eines Gebäudes der Römer. Zu den von ihnen verehrten heimischen Göttern gehörten auch drei Muttergottheiten, Matronen. Zeugnisse des Matronenkultes sind zahlreiche Reliefdarstellungen der drei in Haubentracht auf Steinen und Inschrifttafeln mit Gelübde-Formeln der Anrufung (Rheinisches Landesmuseum, Bonn). Viele Wissenschaftler haben versucht zu erforschen, ob die Dreiergruppe Fides, Spes, Caritas ihre christlichen Nachfolger sind. M. Zender fand heraus, daß sich im westdeutschen Bereich der Kölner Raum durch Intensität der Verehrung der Hl. Drei Jungfrauen heraushebt und sich im gleichen Bezirk die Zahl der Denkmale für den Matronenkult häuft. Sicher habe auch die Dreizahl, die beim Volk schon in der Antike magische Bedeutung hatte, eine Rolle gespielt. Zender erklärt, daß ein direkter Zusammenhang beweiskräftig nicht festzustellen sei. »Wenn überhaupt, so dürfen wir in gewissem Sinn ›Kontinuität‹ annehmen, gegeben in möglicherweise vagen Vorstellungen und gestützt durch die noch sichtbaren Zeugnisse.«
Nach der seit dem 6. Jahrhundert im Westen bekannten Legende zogen Fides, Spes, Caritas mit ihrer Mutter Sophia von Mailand nach Rom, wo sie unter Kaiser Hadrian einen grausamen Martertod erlitten und von Gott das Versprechen erhielten, in Notfällen Menschen helfen zu können. Ihr Ursprung liegt in Ostrom, wo die Drei als Personifizierung der göttlichen Tugenden Glaube, Hoffnung, Liebe entstanden zu sein scheinen. Während die Mutter Sophia in Osteuropa im Kult die beherrschende Stellung einnimmt (Hagia Sophia, Istanbul), verschwindet sie im Westen, wie im Rheinland, ganz, und die Verehrung ihrer drei Töchter breitet sich seit dem 15. Jahrhundert rasch aus. Die alte Kirche in Swister Berg bei Weilerswist und Gondelsheim werden die Kultzentren, die weitere Verehrungsstätten im Rheinland auslösen. Im Volksglauben haben die Drei Jungfrauen »aller Mängel Gewalt.« Nach Gondelsheim strömten Pilger an bestimmten Tagen der Fastenzeit, am Festtag der Drei, dem 1. August, und auch zu Zeiten der Not. In der Marienkirche in Auw, das am felsigen Kylltall südlich von Bitburg liegt, wurden die Drei Jungfrauen auch verehrt, wie eine Figurengruppe des frühen 16. Jahrhunderts noch zeigt. Allerdings gab ihnen der Pfarrer um 1700 die fränkischen Namen Irmina, Adela, Clotildis. Sie sitzen in langen Röcken und etwas steif hintereinander auf einem Esel mit aufgestellten langen Ohren (Foto s. Seite 1). Mit ihnen verknüpft sich die Legende, daß ihr grausamer, gottloser Bruder, Dagobert I., sie aus dem Kloster bei Le Mans vertrieb und sie auf ihrer Flucht nach Deutschland verfolgte ... »Auf den schroffen Höhen bei Auw sahen die Jungfrauen plötzlich ihre Verfolger hinter sich. Sie waren in großer Not; eine Rettung schien unmöglich. In dieser Bedrängnis flehten sie zum Himmel um Hilfe. Vertrauensvoll bestiegen sie dann das Eselein, das ihre Habseligkeiten trug. Es setzte über den tief unten rauschenden Kyllfluß hinüber. Unverletzt kamen sie am Ufer an und waren so den Blicken ihrer Feinde entzogen und gerettet« (Jos. Schiffels, Trier 1905). Die mittlere, Adela, hatte sich aus Angst vor dem Sprung die Augen verbunden.

Zündstoff mit Dauerwirkung

Nachdem St. Fides, Spes, Caritas mit der Neuordnung 1803 wegen ihrer Größe Pfarrkirche geworden und das benachbarte Schwirzheim, das eine kleinere Kirche, aber doppelt so viele Einwohner hatte, ihre Filiale geworden war, brachen Rivalitäten um Pfarrei, Pfarrer, seine Bezahlung und seinen

Marterszene mit einer der Drei Jungfrauen, Ausschnitt aus einer Relieftafel vom 18. Jahrhundert

Wohnsitz an. Sie wuchsen sich zu einem Jahrhundert-Streit aus, den auch die vertragliche Vereinbarung von 1827 nicht hatte beenden können. Der Vertrag vereinte die Dörfer zu einer Pfarr- und Schulgemeinde, Gondelsheim stellte die Pfarrkirche, Schwirzheim die Schule. Der Pfarrer wohnte in Gondelsheim und war zu doppeltem Gottesdienst verpflichtet, so daß in jedem Dorf sonntags die Glokken läuteten. Dennoch berichtet der Chronist P. Oster auf vielen Seiten über anhaltende Querelen, oft ging es um ausbleibende Zahlungen der Schwirzheimer für Gondelsheims Kirche und Pfarrhaus. 1867 hatte Gondelsheim eine eigene Schule gebaut. Das gab neuen Zündstoff. Der Streit kulminierte schließlich 1914 im April mit dem Austritt vieler Schwirzheimer aus der Kirche. Auf ihrem Weg zum Amtsgericht Prüm trafen die Protestierenden auf den Pfarrer in Gondelsheim. Der läutete für sie die Totenglocken, für die Kirche waren sie verschwunden. Dann setzten sie ihren Weg zum Bahnhof außerhalb des Ortes fort und bestiegen den Zug nach Prüm. Als im August dann der Erste Weltkrieg ausbrach, besannen sich die Abtrünnigen, fuhren abermals nach Prüm und traten wieder in die Kirche ein. Denn ohne ihren Segen wollte niemand in den Krieg ziehen. »Gott sei Dank, daß inzwischen niemand gestorben war«, heißt es heute noch in Gondelsheim. Man ist hier sehr um gute Nachbarschaft bemüht und möchte auch keine Empfindlichkeiten mehr aufrühren. Pastor Göbel hält jedes Wochenende in beiden Kirchen die Heilige Messe, abwechselnd in der einen sonntags, in der anderen sonnabends, und dann umgekehrt.

Lambertsberg: St. Lambertus

Wallfahrt mit Vieh- und Krammarkt

Die Wallfahrtskirche St. Lambert steht am Ortsende auf dem Hochplateau gerade dort, wo die »Härrenfichten« zu einem Wald ansetzen, der die steilen Hänge hinab bis nach Waxweiler im Dürrbachtal reicht. Die »Härren« sind in Eifelplatt die Herren Pastoren. Bischof Matthias Eberhard von Trier nannte im vorigen Jahrhundert St. Lambert »eine der schönsten Landkirchen der Diözese«. Sicher hat zu dieser Auszeichnung der spätgotischen, zweischiffigen kleinen Hallenkirche vom Anfang des 16. Jahrhunderts die reizvolle Lage mit Aussicht über ferne blaue Berge beigetragen. Nach der Legende hatte der hl. Lambertus hier einst in einem Schuppen geschlafen, als die Greimelscheider an anderer Stelle gerade eine Kapelle bauten. Nachts seien dort die tagsüber aufgeschichteten Mauern immer wieder zusammengefallen, und die Steine habe man am Schlafplatz des Heiligen wiedergefunden. Darum wurde dann hier die Kirche errichtet (Klara Habscheid).

Sie gab dem Ort Lambertsberg den Namen. Denn im 14. Jahrhundert hießen seine Häuser noch Grimilscheit, 1427 dann Ober-und Unter Grymerscheyt. Nur die Gehöfte von Obergreimelscheid wurden Lambertsberg. Sie lagen auf der einen, nördlichen Straßenseite, während gegenüber, an der südlichen, die Häuser von Untergreimelscheid standen, das im Sprachgebrauch Greimelscheid ist. Erst 1969 wurden beide Orte zu Lambertsberg vereint.

Doch hatte die langgestreckte Straße mit der Doppelsiedlung in der Vergangenheit eine weitere trennende Funktion, die die politische Zersplitterung in Territorialstaaten hier markant bloßlegt. Lambertsberg gehörte zum Herzogtum Luxemburg, Greimelscheid aber zu Kurtrier, und hinter dem zweiten Lambertsberger Gasthof berührte die Straße noch einen Zipfel des Fürstentums Prüm. Wer im luxemburgischen Lambertsberg wohnte und über die Straße lief, stand bereits in Kurtrier, und umgekehrt. Der Kirchturm war Grenzpunkt. St. Lambert und das Haus des Frühmessers von 1759 daneben, gleichzeitig Schule, gehörten zu Luxemburg, das Pfarrhaus gegenüber bereits zu Kurtrier. Dann nahm die Hauptstraße den Grenzverlauf auf. In diesem Dreiländereck übten die drei Landesherren ihre Hoheitsrechte in Gemeinschaft (Condominium) aus. Natürlich gab es häufig Streitigkeiten. Als dann die Franzosen das Rheinland besetzten, wurde das Gebiet französisch, und nach der neuen Einteilung der Preußen 1815 ging es im Landkreis Prüm auf.

Dank der Wallfahrten zu St. Lambertus aber wurden die hier Ansässigen zu Nutznießern der Vielstaaterei. Denn der hl. Lambert, Grafensohn und Bischof von Tongern-Maastricht (etwa 670–705), Nachfolger von Hubertus (s. Wolsfeld), hatte nach der Verlegung seines Märtyrergrabes nach Lüttich (717/718) den Höhepunkt seiner vor allem vom Adel getragenen Verehrung vor dem Jahr 1000 bereits überschritten, erfuhr aber nun, zu Anfang des 16. Jahrhunderts, in der Lüttich nahen Diözese Trier ein spätes Nachleben seines Kultes in Kirchengründungen. Dabei wandelte er sich vom Standespatron des Adels zum Volksheiligen. Neben Berburg, das das Haupt des Heiligen zu besitzen glaubte (Zender), entwickelte sich Lam-

St. Lambert, Chor

bertsberg zum Kultzentrum mit bedeutender Wallfahrt. Pilger kamen von umliegenden und entfernten Dörfern zu seinem Festtag am 17. September mit anschließender achttägiger Feier (Oktav). Die Eifeler suchten beim hl. Lambert Hilfe bei Fallsucht und Krämpfen und Hühnerkrankheiten, auch bei Lahmheit, da diese Erkrankung im Namen des Schutzpatrons enthalten war, so der Volksglaube. Die Kirche besaß Reliquien, die zum Kuß gereicht und in feierlichen Prozessionen durch die Straßen getragen wurden.

Schwarzer Stoff fürs Hochzeitskleid

Die Pilger verstanden nun, das Gute mit dem Nützlichen zu verbinden. Sie führten Waren zum Tausch und Verkauf mit, und so entstand der große »Oktavmarkt«, ein Kram-, Vieh- und Gesindemarkt. Er zog täglich tausende Besucher, Bauern, Handwerker, Tagelöhner, Knechte, Mägde, Schausteller und Bettler an und wurde zum »großen Ereignis der Westeifel«. Denn Waren aus Belgien, Holland, Luxemburg, Kurtrier, dem Fürstentum Prüm wurden hierher gebracht. Am bedeutendsten war der Viehmarkt mit den großen Schafherden, aus denen jeweils hundert Tiere verkauft wurden. Ebenso wechselten Rinder, Pferde und Fohlen den Besitzer. Aber auch der Gesindemarkt war wichtig. Als erster Termin im Jahr vor Bitburg (Nikolaustag), Wettelhof (Luzientag) und Neuerburg (zweiter Weihnachtstag) setzten seine Preise Maßstäbe. Die Frauen kauften ihre Aussteuer und schwarzen Stoff fürs lange Hochzeitskleid - erst nach dem Zweiten Weltkrieg kam hier das weiße Brautkleid auf - und bunt verzierte Brauttücher, die sie über die Schultern legten. Kirchliche Bedarfsartikel wie Weihrauch, Kerzen, Öl für das Ewige Licht und »Steiff und Seiff« für die Altarwäsche gehörten zum Standardangebot. Spitzen und Spezereien, alles, was das Herz begehrte, bescherte der Markt, der sich auf den luxemburgischen Wiesen zur einen und kurtrierischen Wiesen zur anderen Seite der Straße ausgebreitet hatte. Heute erinnert die Straße »Am Markt« noch an sein Gelände. Der luxemburgische Markt wurde auch spanischer Markt genannt (das Herzogtum war durch Erbgang an Spanien gekommen und blieb wegen seines Katholizismus während der Religionskriege bei den spanischen Niederlanden bis 1634). Er gab für sein Vieh sechs Wochen Garantie, der kurtrierische sechs Monate.
Zahlungsmittel waren Münzen, Goldstücke, die Händler und Käufer in Lederbeuteln am Gürtel trugen. Diebe, Beutelschneider, vergriffen sich gerne an ihnen und schnitten sie ab. Wurden sie bemerkt und verfolgt, konnten sie im Steinkreis um die dicke »Freilinde« vor der Kirche eine Freistätte erreichen, die ihnen nach dem geltenden Recht für 24 Stunden Sicherheit vor Strafe gewährte. Hier bei der Linde vor St. Lambertus, inzwischen eine jüngere Nachfolgerin, steht auch das Marktkreuz von 1613, Symbol für den Marktfrieden, der die Rechte zum friedlichen Marktbesuch festlegte. Während der französischen Besetzung verlor das Ereignis der Westeifel schon an Gewicht, denn es durfte nur noch an zwei Tagen stattfinden, und die Preußen verkürzten den überregionalen Handel auf einen Tag. Er überlebte noch die Zeit nach dem Ersten Weltkrieg und wird heute vom Frauenkreis der Gemeinde als Krammarkt langsam wiederbelebt. Die Dorfältesten erzählen gerne noch von den vielen Schafherden, den Händlern und dem lebendigen Treiben in den beiden sonst stillen Dörfern. Man traf sich, man kannte sich, und manch eine Verlobung wurde auf dem »Heiratsmarkt« besiegelt. Gerhard Heltemes lacht noch über einen Aufschneider, der mit seinem Geldbeutel im Wirtshaus prahlerisch mehrmals auf den Tisch klopfte, bis er platzte und Hufnägel zum Vorschein kamen.

Das Hühneropfer

Mit Schwankungen, doch ohne Unterbrechung hat sich die Wallfahrt zu St. Lambert durch alle Zeiten gehalten. Gerade in den letzten Jahren erfährt sie wieder stärkeren Zulauf. Tausend Pilger kommen an zwei Tagen zum feierlichen Gottesdienst am

Prozession 1954 am Festtag des hl. Lambert, dessen Reliquienbüste durch Lambertsberg getragen wird

Sonntag der dritten Septemberwoche mit anschließender Prozession, bei der eine Reliquienbüste des hl. Lambert (um 1920) durch den Ort getragen wird. Am Montag findet das Pilgeramt statt, nach dem, wie schon am Vortag, die Reliquie zur Verehrung durch Berühren oder Kuß gereicht wird. Mit der 1988 von Lüttich übertragenen Reliquie im Zelebrationsaltar bewahrt St. Lambert insgesamt drei Überreste des Heiligen. Reiche Opfergaben der Pilger statteten die Kirche, die nur Tochterkirche von Waxweiler war, bis sie in unseren fünfziger Jahren mit Plütscheid vereint und Pfarrkirche wurde, mit Wohlstand aus. So konnte sie bevorzugt eigenständig handeln, besaß einen Friedhof und der Priester durfte die Sakramente spenden. Das wurde 1712 ausdrücklich vom Visitator bestätigt. Nach der französischen Neuordnung wurde St. Lambert dann eine ganz gewöhnliche Filialkirche, und kirchliche Handlungen wie Taufen mußten in Waxweiler stattfinden. Dabei soll es nicht nur einmal vorgekommen sein, daß die Taufgesellschaft nach der Kirche und anschließendem Wirtshausbesuch auf dem Heimweg auf der Dürrbachbrücke fröhlich zu tanzen begann, dann nach Lambertsberg hinauflief und dort erschrocken bemerkte, daß sie den Täufling an der Brücke vergessen hatte (G. Heltemes).

Ein großer Teil der Opfer der Pilger wurde in Naturalien gegeben. Dafür war an die Hochaltarrückwand eine Kiste mit Trichter für Getreide aufgebaut. Das »Hühneropfer«, lebendiges Federvieh, fand in einem vom Chor aus zugänglichem Raum neben der Sakristei seinen Platz. Leider ist der dem hl. Lambertus geweihte Hochaltar von 1626 in den fünfziger Jahren unseres Jahrhunderts an einen Liebhaber für seine Privatkapelle im Lünebacher Zoo verkauft worden. Dechant Hubert Colling würde ihn gerne wieder zurückholen. Er fand vor kurzem auf dem Dachboden der Kirche unter viel Staub die alte Monstranz wieder (18. Jahrhundert).

Die Kanzel im Freien

In den fünfziger Jahren war die Kirche, deren Dach Kriegsschäden hatte, baufällig geworden. Mit der Renovierung fügte man an den Chor zwei Anbauten an, um den Pilgern im Kircheninneren Platz geben zu können. Zur Blütezeit der Wallfahrt, im 16., 17. und 18. Jahrhundert (1735 hatte der Päpstliche Stuhl den christgläubigen Pilgern auf sieben Jahre ein Ablaßprivileg erteilt), fand das Pilgeramt im Freien, auf dem Platz vor der Kirche statt. Hierher hatte man auch die kostbare steinerne Kanzel geschafft, die Pfarrer Daniel Culnerus von Waxweiler in der Werkstatt des Trierer Bildhauers Hans Ruprecht Hoffmann 1618 hatte anfertigen lassen, um sie St. Lambert zu stiften. Sie steht auf einem vierkantigen Schaft mit Darstellungen der vier Evangelisten in Nischen und zeigt an ihrem Korb in fünf Feldern Reliefdarstellungen der Verkündigung, Geburt Christi, Beschneidung, Anbetung der Heiligen Drei Könige und die Heilige Familie bei der Arbeit. Den Stifter, »D.C.«, erkennt man auf dem Bild der Beschneidung als Priester im Ornat vor Christus kniend. Unter der Brüstung des Kanzelkorbes läuft ein lateinisches Schriftband. Der Text, Jesaja 58,1 mit einer christlichen Umdeutung, fordert den Prediger auf: »Laß Deine Stimme ertönen wie eine Posaune und weise das Volk auf seine Freveltaten hin, damit es für Christus lebe, indem es abläßt von frevlerischem Tun« (Übersetzung H. Colling).

Anbetung der hl. Drei Könige, Relief an der Steinkanzel von 1618

Die Kirche mit umliegendem Friedhof zeigt dem Ort ihre Ostseite mit dem schönen, polygonalen, spätgotischen Chor. Zweiteilige rotbemalte Maßwerkfenster mit weißen Fugen und tiefen Sandsteingewänden und drei einmal abgetreppte Strebepfeiler aus rotbemaltem Sandstein geben dem 8,30 Meter tiefen Kultraum außen monumentales Gepräge. Die kubischen schlichten Anbauten aus unseren fünfziger Jahren fassen ihn wie ein Querhaus ein. In dem einen verschwand die alte Sakristei, die neue fügte man an das nördliche Langhaus mit langer Dachschräge an. Leider ging damit die charakteristische spätgotische Gestaltung der Nordwand verloren, wie sie an der Südwand mit hohen Strebepfeilern und zweigeteilten Maßwerkfenstern noch erhalten ist. An ihr Westende baute man kurz nach Fertigstellung der alten Anlage einen neuen Eingang. Sein Dach ruht auf einer spätgotischen Säule und überdeckt zugleich die ebenfalls nachträglich an den Turm angefügte Vorhalle, heute Gefallenengedenkstätte. Hinter ihrer breiten Tür und dem breiten Fenster wurden offenbar die Reliquien des hl. Lambert für die vorbeiziehenden Pilger ausgestellt. Der viergeschossige, ungegliederte und leicht sich verjüngende Westturm steht nach Norden ein wenig aus der Achse gerückt. Sein Helmdach ist eine achtseitige Schieferpyramide. Unter rundbogigen Schallöffnungen sitzen schlitzähnliche Luftluken.

Man betritt die Kirche durch den nördlichen Anbau, in dem auf einem Seitenaltar mit Säulen (Rokoko, 18. Jahrhundert) die Reliquienbüste des hl. Lambert steht. Ein identischer Altar befindet sich auch im südlichen Anbau gegenüber. Das dreijochige, kreuzgewölbte Langhaus von 11,25 Meter Länge und 9,60 Meter Breite wird von zwei achteckigen Mittelpfeilern getragen. Der östliche zeigt Wetzrillen (s. Wolsfeld). Die nahezu quadratische Raumanlage gehört zur beliebten Gruppe der spätgotischen Stützenkirchen, deren klassische Gliederung mit nur einem Mittelpfeiler (s. Meckel) hier auf zwei abgewandelt ist. Die Stützformen der tief in die Decke eindringenden Gewölbe bewirken eine harmonische Raumumschließung. Ansatzlos strahlen die Rippen von den Pfeilern in die Höhe aus, sammeln sich in den Schlußsteinen (Prümer Lamm, Davidstern, Christuskopf, Blumen, Wildschwein, Christusmonogramm IHS), schwingen weiter zur Wand und gehen in rechteckige Wandvorlagen ein. Die Farbfassung, die die Strukturen betont, ist grau-beige mit weißen Fugen. Pfeiler und Wandvorlagen wie auch die Fenstereinfassungen sind durch violett-rote Querstreifen zwischen grau-beigetonigen hervorgehoben. Wegen der zwei vermauerten Nordwandfenster (Sakristei!) und einer Empore wirkt der Raum vergleichsweise dunkel, hellt sich aber zum weitgeöffneten, eingezogenen Chor mit drei großen Fenstern auf. Er ist um zwei Stufen erhöht und besteht aus einem kreuzrippengewölbten Joch, das in fünf Seiten des Achtecks schließt. Die Gewölbezwickel und Wände dekorierte der Bitburger Maler Quirin 1868 mit stilisierten Blumen und Mustern. Spitzbögen öffnen den Chor zu den Querbauten. Die kleine Turmhalle am hinteren Ende des Langhauses ist rippenlos kreuzgewölbt und birgt den achteckigen Taufstein (anno 1761).

St. Lambert von Süden

Großlangenfeld: St. Laurentius

Heilkräftige Johannesminne

St. Laurentius in Großlangenfeld ist eine typische kleine bescheidene Landkirche vom Anfang des 16. Jahrhunderts. Man findet sie am Feldrand hinter Gehöften »Im Langenfeld«. Gleich zwei Kapellenwege führen zu ihr. Seit Anbeginn bis heute ist sie Tochterkirche von Bleialf. Daher war in dem kleinen Dorf, dessen Hauptstraße sich einmal verzweigt, nur ein Frühmesser ansässig, der 1784 auch an der »Filialschule« die Kinder unterrichtete. Seine Bezahlung in Naturalien, meist Getreide, wurde in der Kirche in einer Opferkiste gesammelt. Heute wird alle vierzehn Tage in St. Laurentius die hl. Messe gehalten. Das Taufrecht und einen Friedhof besaß immer die Pfarrkirche in Bleialf. Aber wenn jemand in Großlangenfeld gestorben ist, erfährt es nach alter Sitte sogleich das ganze Dorf. Dann werden die »Pies gelaitet«, die Pausen geläutet. Denn auf den minutenlangen Schlag erst einer, dann zweier Glokken folgt jeweils eine Minute Pause. Stirbt ein Mann, läutet die Küsterin Maria Reusch in diesem Rhythmus dreimal eine Minute lang, stirbt eine Frau, nur zweimal, und gilt es, ein Kind zu beklagen, einmal. Die beiden Glokkenseile hängen von der Decke der Turmhalle, dem Eingang der Kirche, bis auf die Erde hinunter. Man geht zwischen ihnen hindurch in das Schiff. Der zweigeschossige Turm hat in seinen meterdicken Mauern nur eine einzige, schlitzähnliche Schalluke Richtung Süden.

In St. Laurentius findet man den uralten Typ der einfachen Saalkirche mit vorgelegtem Westturm, Schiff und Chor in spätgotisch abgewandelten Formen. An Turm und Schiff von drei Jochen (insgesamt 7,95 Meter lang, 5,52 Meter breit) einer älteren Anlage wurde Anfang des 16. Jahrhunderts ein gleichbreiter, 6,40 Meter tiefer Chor angebaut. Er schließt im Stil der Zeit (s. Monreal) in fünf Seiten eines Achtecks und zeigt heute nur noch im Süden Spitzbogenfenster. Mit ihm wurde dann auch das Schiff eingewölbt. Die beiden Bauphasen erkennt man noch an den unterschiedlichen Strebepfeilern. Am Langhaus sind sie einfach gearbeitet und erreichen nur die halbe Wandhöhe, während sie am Chor bereits kurz unter dem Dach ansetzen und von Sandsteingiebeln bekrönt sind. Spannung und Reiz erhält der langgestreckte Bau mit seinen niedrigen Mauern durch die Folge der Schieferdächer, ihr kühnes Auf und Ab vom hohen, spitzen, achtseitigen Knickhelm zum flachen Dach des Schiffes und zu den dann steil ansteigenden Flächen des überhöhten Chores. Die Sakristei, die Meister Niclas aus Prüm 1662 mit zwei Knechten in dreizehn Tagen an den Chor angebaut hatte, wurde in unseren sechziger Jahren wegen Baufälligkeit abgetragen und an der Nordwand des Langhauses neu errichtet. 1662 versetzte man auch einige Fenster, die eine rundbogige Form erhielten. Die dem Wetter zugekehrte Nordseite mit einem Fenster blieb unangetastet.

Fröhliche Auferstehung

In der kleinen tonnengewölbten Turm-und Eingangshalle sitzt ein besonders schöner gotischer Weihwasserstein aus blaßrotem Sandstein an der Wand. Die Arbeit des 15. Jahrhunderts ist in fünf Seiten eines Achtecks gebrochen und verjüngt sich in weichem

St. Laurentius, Ansicht von Südwesten

Küsterin Maria Reusch in der Turmhalle am Glockenseil

St. Laurentius, Teilansicht von Süden

Bogen zum Schaft hin. Seine Brüstung ist mit einem Maßwerkbogenfries verziert. In dem kleinen Raum steht auch an die Wand gelehnt eine Grabplatte, die die Witwe für ihren Mann, den angesehenen, »wohledlen« kurfürstlichen Steuerbeamten und »Scholtheis Andreas Scheurette« 1764 mit vielen Wappen hatte anfertigen lassen ... »Wolle Gott eine fröhliche Auferstehung verleihen.« Das Großlangenfelder Ehepaar fand seine privilegierte Grabstatt in der Kirche unter dem Altar.

Im Kirchenschiff zeigen Kreuzrippengewölbe und seine Stützformen schlichte Ausführung. Schlußsteine sind mit Drei- und Vierpaß verziert. Auch die Dreiviertelsäulen des stark gebusten Chorgewölbes (Blumenschlußstein) sind ohne Kapitellschmuck. Die sandsteinfarbene, monotone Bemalung der Gewölbe und ihrer Stützen erfolgte bei der jüngsten Renovierung und bringt nicht wie in den anderen gleichalten Kirchen Verfeinerung und Gliederung der Formen durch weiße Fugen und wechselnde Farben. Bei nächster Gelegenheit soll die Kirche jedoch wieder eine reichere spätgotische Farbdekoration erhalten.

Rost und Schippe

Im Chor, der um eine Stufe erhöht ist, steht der alte Hochaltar, den »Paulus Langenfeld und seine Hausfrau Barbara Bievern 1618« ebenso wie den Nebenaltar im darauffolgenden Jahr gestiftet hatten. Die zierliche, farbig gefaßte Holzarbeit im Stil der Spätrenaissance zeigt in Nischen zwischen Doppelsäulen und anbetenden Engeln im oberen Teil den hl. Matthias und außen, rechts und links neben ihm, die Heiligen Eucharius und Valerius, die erst kürzlich dorthin kamen. Im unteren Mittelteil steht der hl. Briktius. Außen begleiten ihn die kleinen Figuren des hl. Johannes, des Evangelisten mit seinem

Kelch-Attribut und des Patrons der Kirche, des hl. Laurentius. Er hält den Rost in der Hand, auf dem er nach der Legende im Jahr 258 in Rom bei lebendigem Leib verbrannt wurde. Kaiser Konstantin d. Gr. ließ eine Kapelle über seinem Grab errichten, die im sechsten Jahrhundert zu einer der sieben Hauptkirchen Roms erweitert wurde. Seine früh einsetzende Verehrung erreichte dann eine neue Blüte, nachdem Otto d. Gr. im Jahr 955 die Ungarn bei Augsburg auf dem Lechfeld am 10. August, seinem Festtag, besiegt hatte. Der hl. Laurentius wird als Schutzheiliger der Feuersbrunst, der Qualen des Fegefeuers, der Armen, Bibliothekare, Brandwunden und der Berufe, die mit Feuer umgehen, wie Bäcker, angerufen. Auch erflehte man seine Hilfe gegen Ausschlag, was nach M. Zender auf eine Fehldeutung seiner Brandwunden in bildlichen Darstellungen zurückgeht.

Hl. Laurentius, Ausschnitt des Hochaltares von 1618

Im südlichen Seitenschiff steht der 1619 gestiftete kleine Altar mit Giebelbekrönung, sehr wahrscheinlich aus derselben Werkstatt wie der Hochaltar. Er ist mit insgesamt zweiundzwanzig Engelköpfchen geschmückt, die sich vor allem an den Kapitellen und Schäften der zierlichen Säulen drängen. In der zentralen Nische steht heute nicht mehr die verwitterte Marienfigur, sondern der hl. Wendelinus, dessen Standort ursprünglich der Hochaltar war. Der Mönch, den eine Legende auch zum iroschottischen Königssohn machte, ist hier als Schäfer dargestellt. Er hält eine Schäferschippe, und sieben Schafe liegen ihm zu Füßen. Denn er soll einst in seinem Leben eine vom Gutshof weit entfernte Schafherde auf wunderbare Weise sicher in den Stall zurückgeführt haben. So wurde er Patron der Schäfer. Er ist ein typischer Bauernheiliger und wird für gute Ernte, gedeihliche Witterung, auch gegen Viehseuchen um Hilfe angerufen.

Hl. Wendelinus, Holzfigur, Anfang 17. Jahrhundert

Trunk mit tiefem Sinn

In Großlangenfeld hat sich am Festtag des hl. Johannes des Evangelisten am 27. Dezember der uralte Brauch des »sant Johannes minn und segen« bis heute erhalten. Nur gehen die Besucher der Hl. Messe nicht mehr um den Hochaltar herum, um einen Schluck gesegneten Wein, die Johannesminne, zu trinken, sondern der Pokal wird jedem einzelnen vor dem Altar gereicht. Danach segnet der Pfarrer den Wein in mitgebrachten Flaschen, die dann zu Hause beim Festessen geleert werden. Josef Reusch, Ehemann der Küsterin und Nachfahre der Familie Scheurette im Gutshaus von 1742, erinnert sich, wie froh er und die anderen Kinder immer waren, wenn sie dies eine Mal im Jahr vor den Erwachsenen, vor dem Trunk, die Kirche verlassen durften. Sie schlupften durch das Örzeltchen (Törchen) im Chor, eine winzige, heute vermauerte Tür. Das Langenfelder Fest, zu dem die Häuser mit Fahnen geschmückt waren, dauerte dann mit Frühschoppen, Festbraten, Tortenessen mit Verwandtschaftsbesuch von auswärts und Tanz bis in die Nacht hinein. Das Johannesminne-Trinken, aus heidnischer Zeit in christliches Brauchtum überführt, war bereits im 12. Jahrhundert an Rhein und Donau weitverbreitet und in Epen besungen. Als gemeinsamer Abschiedstrunk von Reisenden und Zurückbleibenden hatte es außerdem zu den höfischen Sitten gehört. Die Kirche verstärkte dann zum Ende des 12. Jahrhunderts den Kult am 27. Dezember, indem sie ihn mit einer alten Legende des Johannes verknüpfte. Denn der Neigung zu abergläubischem Mißbrauch und Völlerei sollte ein neuer tiefer Sinn entgegengehalten werden. Nach dieser Legende reichte der Götzendiener Aristodemos Johannes einen Kelch mit vergiftetem Wein und versprach ihm, das Christentum anzunehmen, wenn er den Becher geleert habe, ohne Schaden zu nehmen. Johannes schlug ein Kreuz über dem Kelch, und sofort züngelte das Gift in Gestalt einer Schlange aus ihm empor. So wurde Aristodemos bekehrt. Der Kelch mit einer Schlange in der Hand des Evangelisten erinnert auf bildlichen und figürlichen Darstellungen an diese legendäre Begebenheit, so auch in der kleinen Johannesgestalt auf dem Hochaltar von St. Laurentius.

Der Erinnerungstrunk an Johannes, die Johannesminne, zählte zu den lebendigsten volkstümlichen Bräuchen durch die Zeiten in deutschen Landen, Bayern, Böhmen und Österreich. Er galt als heilkräftig und Böses, Teufel, Hexen und Gewitter abwehrend. Neben dem Kult in der Kirche am dritten Weihnachtsfeiertag blieb der Johannis-Abschiedstrunk auch zu Luthers Zeiten und bis in unser Jahrhundert Tradition.

Niederkyll: St. Hubertus

Klein und fein

Ehe der Flecken Stadtkyll in der Herrschaft der Grafen von Manderscheid-Blankenheim und Gerolstein Marktrechte erhielt und zur Stadt mit Befestigungsmauer und einer eigenen Pfarrkirche aufblühte (1508), soll sein kirchlicher Mittelpunkt außerhalb, in Niederkyll, gelegen haben. Dort, ein Stück flußabwärts und von der kleinen Stadt durch saftige Viehweiden des Kylltals getrennt, haben sich die mittelalterlichen Strukturen bis heute bewahrt. Denn Niederkyll ist ein Flecken geblieben, gehört immer noch zur Erzdiözese Köln, jedoch nicht mehr zum späteren Landkreis Prüm. Daun ist seit kurzem der neue Bezugspunkt. Die acht Häuser schmiegen sich in lockerem Kreis an den Kockelsberg. Und den Gehöften vorgelagert, emporgehoben wie auf einem Schild, steht auf einem Felsvorsprung über der brausenden Kyll die kleine Hubertus-Kirche.

Sie besetzt den schönsten Platz von Niederkyll und wirkt mit ihrem niedrigen Turm

St. Hubertus über der Kyll

bescheiden und urtümlich zugleich. Der Bau stammt von 1600 und verbindet alte Formen - einen quadratischen Chor, flache Balkendecke im Langhaus und massige Mauern - mit der beliebten spätgotischen Einstützenkirche. Zeugnisse über einen Vorgängerbau aus der Zeit, als hier noch die Mutterkirche gestanden haben soll, die für gleich kleine Ansiedlungen der Gegend, wie seinerzeit noch Stadtkyll, zuständig war, gibt es nicht mehr. Doch die Chronisten berufen sich auf eine Fronleichnamsprozession, die 1709 beschrieben ist. Sie ging von Stadtkyll aus, und nach der zweiten Station zog man nach Niederkyll, wo nach altem Brauch »das hohe Ambt und Predigt« gehalten wurden. Eine Prozession zur Mutterkirche, bei der das Allerheiligste mitgeführt wurde, und auch die daraus hervorgegangene Fronleichnamsprozession bedeuteten ihre symbolische Anerkennung.

Die Fortführung dieser Prozession, auch nach dem Wechsel des Abhängigkeitsverhältnisses - Stadtkyll wurde Pfarrsitz, Niederkyll Filiale - soll anzeigen, daß St. Hubertus die ursprüngliche Mutterkirche war.

Küsterin Katharina Königs

Hinter der Kirche liegt ein kleiner Friedhof, den Linden umsäumen. Bei Untersuchungen um die Jahrhundertwende fand man viele alte Gräber, ein Umstand, der den einstmaligen Rang von St. Hubertus als Pfarrkirche bekräftigen kann. Denn nur sie hatte das Recht zu beerdigen, zu taufen und den Zehnten einzuziehen. Allerdings konnte das Beerdigungsprivileg ausnahmsweise und gegen symbolische Bezahlung auch einer Tochterkirche gewährt werden. Wann genau St. Hubertus seinen Status als Mutterkirche an Stadtkyll abgeben mußte, weiß man nicht. Sicher ist, daß St. Joseph im Jahr 1508 Pfarrkirche und St. Hubertus ihre Filiale war, die die Toten weiterhin auf dem eigenen Friedhof beisetzen durfte.

Ein bißchen Ehrfurcht

Als Katharina Königs im Alter von 20 Jahren 1972 in den alten und größten Hof gleich hinter dem Friedhof einheiratete, war ihr der Blick aus den Fenstern auf die Gräber erschreckend und unheimlich. Alle drei Schwiegertöchter der Königs, liest man auf den Grabsteinen, hießen Katharina. »Inzwischen habe ich mich gewöhnt, ich lebe mit den Toten«, erzählt sie. Katharina Königs ist Hauswirtschafterin, stammt aus Kronenburg, lernte ihren Mann auf der Kirmes in Stadtkyll kennen, hat mit ihm drei Kinder und hilft bei der Rinderzucht mit 150 Tieren. Von ihrer Schwiegermutter übernahm sie das Amt der Küsterin. In dem kleinen Niederkyll mit dreißig Einwohnern fühlt sie sich so wohl, daß sie »mit keinem tauschen würde. Die Annehmlichkeiten der Stadt können die Ruhe und den Zusammenhalt im Dorf nicht aufwiegen«. Als Küsterin wäscht sie zweimal im Jahr die Altardecken und nach jeder Messe, die einmal im Monat gefeiert wird, die Kelchtücher. Sie schmückt die Kirche mit Blumen und verwahrt in ihrem Haus Kelch, Monstranz und liturgische Gewänder. Das Glockenläuten übernimmt meist ihr Mann, und einmal im Jahr, am Festtag des Kirchpatrons, des hl. Hubertus, am 3. November,

bewirtet Katharina Königs den Pfarrer und den Küster aus Stadtkyll nach der Messe mit Kaffee und Kuchen. Das ist eine jahrhundertelange Tradition, die früher, wie es 1709 heißt, allerdings schon zur Mittagszeit gepflegt wurde, wo nach dem »Hohen Ambt samt der Predigt ... der Herr Pastor sambt dem Kuster das Mittagsmahl bey den Pfahrkindern zu Niederkyll nimbt undt von Jahr zu Jahr von einem auf den anderen devolvirt (abwechselt) ...«
Der hl. Hubertus, nach der Legende Prinz aus Aquitanien (s. Wolsfeld), wurde vom Adel besonders verehrt, der ihm viele Kirchen errichten ließ. In Niederkyll, dem dichtbewaldete Höhenrücken gegenüberliegen, steht sein Jägerpatronat ganz im Vordergrund, während Hubertus in Wolsfeld von weitgereisten Pilgern auch zum Schutz gegen Tollwut angefleht wurde (s. Wolsfeld). Das Hubertusfest ist in Niederkyll das größte Fest des Jahres. Dann versuchen alle weggezogenen Verwandten zu kommen, so daß sich hundert Messebesucher in der Kirche drängen. Der Pfarrer segnet nach altem Brauch Brot (Rosinenwecken), Salz und Wasser, wovon sich jeder Teilnehmer etwas mit nach Hause nimmt zum Verzehr. Wenn, wie letztes Mal, ein Eimer Wasser übrigbleibt, fragt die Küsterin in jedem Haus nach Bedarf, ehe sie davon etwas in die Weihwasserkännchen auf den Gräbern gießt. Bleibt immer noch ein Rest, dann schüttet sie ihn in die Tränke ihrer Kühe: »Ich glaube eher, daß es was bringt, als daß es nichts bringt. Ein bißchen Ehrfurcht vor Weihwasser haben wir schon. Ich erinnere mich noch, wie meine Großmutter am Brigittafest jeder Kuh ein Stück geweihtes, mit Weihwasser beträufeltes Brot ins Maul legte.« Schon am frühen Abend, aber mit Blasmusik, geht das Niederkyller Fest zu Ende.

Jupiter ohne Bart?

Wer heute nach Niederkyll von der Dauner Straße herkommt, muß erst durch die Stapelberge geschwärzter Kiefernstämme eines Sägewerkes hindurch, ehe er die malerisch gelegene Kirche von der Kyllbrücke aus erblicken kann. Schlehenbüsche bewachsen den Bergsporn, ihren Podest. Der Sage nach soll an ihrer Stelle einstmals eine römische Opferstätte gestanden haben, die Soldaten von der vorbeiführenden Heerstraße aus besuchten, um dem Kriegsgott Mars ein Opfer zu bringen. Man fand in der Nähe der Kirche römische Mauerreste und Münzen, und im Chorgiebel ist eine römische Büste vermauert. Doch gesicherte Erkenntnisse, die hier eine Marsopferstätte bewiesen, gibt es nicht. Die vermauerte Büste, die der vorletzte Pfarrer nicht leiden konnte und darum mit der Wand weiß verputzen ließ, ist aus Kieselschiefer und stellt einen kurzhaarigen, glattrasierten Mann dar, über dessen linke Schulter ein Mantelwurf fällt. Nach Wackenroder handelt es sich um den Rest eines römischen Grabsteins. Die Deutung von Heimatforschern, die in der Büste Jupiter oder Mars sehen, widerlegt Gerhard Bauchhenß vom Rheinischen Landesmuseum in Bonn, da Jupiter immer mit Vollbart dargestellt worden sei, und Mars trage entweder einen Helm oder eine Rüstung. Es gehörte durchaus in den vom Humanismus geprägten Zeitgeschmack, Reste römischer Kultsteine oder Figuren als Schmuck an einer Kirche anzubringen (s. Polch). Kölner Domherren hatten am Ende des 16. Jahrhunderts ihr gelehrtes Interesse an antiken Denkmälern im Aufbau umfangreicher Sammlungen bekundet. Einer von ihnen war Graf Hermann zu Manderscheid-Blankenheim, der in seinem nicht weit entfernten Schloßpark und Hof, »Heidentempel« genannt, unzählige wertvolle Stücke vereinte. Doch, da ist sich Bauchhenß sicher, der Graf hat davon nichts weggegeben, auch nicht für eine Kirche. Bestimmt aber trug sein Sammeleifer zur Aufwertung gefundener römischer Fragmente als Zierde einer Kirche bei. Der Fundort der weißgekalkten Büste im Chorgiebel ist unbekannt.
Die Anlage der Hubertuskirche besteht aus einem kurzen, nahezu quadratischen Langhaus (6,18 Meter lang, 7 Meter breit), an dessen Nordwestecke der zweigeschossige Turm herangerückt ist. Die ihm entsprechende ausgesparte Südwestecke wurde 1753 in das

Hl. Sebastian am Nothelferkreuz aus Gußeisen, 16. Jahrhundert

Hl. Elisabeth, Konsolfigur des 16. Jahrhunderts

Langhaus aufgenommen. Der Chor ist eingezogen und hat noch quadratische Form (4,40 Meter mal 4,50 Meter). Sein Satteldach ist von dem Langhaus abgesetzt, so daß die beiden niedrigen Baukörper eine kompakte Gruppe bilden, die der gedrungene Turm mit seiner Spitze über dem flachen Zeltdach charaktervoll überhöht. Dicke Mauern und derbe Formen geben der Kirche ihr urwüchsiges Erscheinungsbild. Im Chor sind noch spitzbogige Fenster mit Dreipaßabschluß erhalten. Die anderen Fenster sind bei Renovierungen im 18. und 19. Jahrhundert verändert worden.

Pfeiler aus Holz

Man betritt die Kirche durch eine niedrige rundbogige Tür im nördlichen Langhaus und geht drei Stufen hinab ins Schiff. Gleich rechts öffnen sich spitzbogig die mächtigen Mauern des Turmes, man hat Einblick in seine kleine holzgedeckte Halle. Die Überraschung im Inneren ist ein achteckiger Mittelpfeiler, der aus Holz und nicht, wie sonst üblich, aus Stein gearbeitet ist. Auch trägt er nicht wie das klassische Vorbild der Einstützenkirchen in Kues (s. Meckel) vier Gewölbe, deren Rippen aus ihm emporstrahlen. Als spätgotische, modische Errungenschaft gliedert er den nahezu quadratischen Raum in zwei Schiffe (die Verlängerung des südlichen stammt von 1753) und stützt dabei die noch althergebrachte flache Balkendecke. Er nimmt ihren kräftigen, längsgerichteten Hauptbalken auf.

Die Fensteröffnungen demonstrieren massige Mauern, wie auch der weit und spitzbogig ausgeschnittene Triumphbogen. Der Chor dahinter ist kreuzgewölbt, die Gewölberippen ruhen auf plumpen Dreiviertelsäulen mit Schaft. Den kleinen Raum füllt der Hochaltar, eine Holzarbeit von 1755. Er reicht bis unter das Gewölbe und zeigt, von messingbeschlagenen Säulen gerahmt, ein Gemälde mit der Darstellung des Hirschwunders des Patrons der Kirche. Anbetend kniet Hubertus im Wald vor der Erscheinung des strahlenden Kruzifixes im Geweih des stolzen Hirsches nieder. Als Skulptur mit Bischofsstab und dem Hirsch zu seinen Füßen bekrönt Hubertus außerdem den Nischenaufbau des Altares. Im südlichen Schiff findet sich seine Figur ein drittes Mal (19. Jahrhundert). An der Nordwand des Chores fällt das große Bruchstück eines gußeisernen Nothelferkreuzes aus dem 16. Jahrhundert auf. Am verbliebenen Querbalken sind sechs Einzelfiguren von Heiligen befestigt, am Schaft ist das ausdrucksvoll gestaltete Relief mit dem hl. Sebastian noch sehr gut erhalten. Darunter steht: »LEVE MORE (Mutter) BEDT VOR MICH«.

Der Raumeindruck des zweischiffigen Kircheninneren wird vom dunklen Holzpfeiler, aber auch von zwei gemauerten, großen Altartischen bestimmt, die an der Wand unter Konsolfiguren neben dem Triumphbogen viel Platz einnehmen. Auf der rechten Seite stellen die farbig neugefaßten Holzplastiken die hl. Barbara (18. Jahrhundert), die Muttergottes und den hl. Isidor dar (17. Jahrhundert), der als Patron der Bauern um Regen angefleht wird. Die Heiligenfiguren über dem linken Altartisch, ebenfalls farbige Holzskulpturen und restauriert, sind älter. Die eindrucksvolle Pietà stammt aus dem 15. Jahrhundert. Maria, mit feingesäumten Gewändern und kunstvoll gefälteltem Kopftuch bekleidet, starrt mit aufgerissenen Augen und hochgezogenen Brauen ins Leere. Sie hält den steifen toten Sohn fast aufrecht auf dem Schoß. Sein weißer nackter Leib, ausgezehrt und dürr, verkörpert gotisch expressiv seine durchlittenen Qualen. Die beiden Heiligen Erasmus und Elisabeth, Arbeiten aus dem 16. Jahrhundert, wirken daneben ruhig und beschaulich. Ihre Gesichtszüge sind entspannt, unangestrengt zeigen sie in steifer Haltung und Kleidung ihre Symbole vor, Brot und Bischofsstab. Die Niederkyller Bewohner beteiligten sich an den Restaurierungskosten für die Heiligenfiguren ihrer Kirche. Dazu veranstalteten sie zweimal im Sommer ein »Kapellenfest«. Sie feierten und sammelten.

Ferschweiler: St. Luzia

Ale Kirch ohne Schiff

»Die ältere Kirche aus dem Jahre 1534 lag vor dem Dorfe u. ist teilweise noch heute sichtbar. Die jetzige ist im Jahre 1834 erbaut u. hat 3 Altäre u. 2 Glocken.« Diese nüchterne Feststellung des Chronisten de Lorenzi von 1887 zur Pfarrei Ferschweiler trifft bis heute zu. Nur ist der einsame Luzienturm an den Wiesenhängen mit Obstbäumen am Ortsrand inzwischen Wahrzeichen von Ferschweiler, ziert seit 1987 den Poststempel. Er ist mit seinen schmucken Treppengiebeln eindrucksvolles Überbleibsel einer spätgotischen Chorturmkirche. Sie war zu Anfang des 19. Jahrhunderts gleichzeitig baufällig und zu klein geworden. Und nachdem die große schlichte St. Luzia-Kirche gegenüber auf der anderen Seite der Talmulde mitten im Dorf errichtet worden war, gab man die alte Kirche dem Verfall preis und trug 1876/78 schließlich ihre Steine bis auf den Turm und Ansätze der Grundmauern ab.

Poststempel von Ferschweiler mit dem Luzienturm

Der Luzienturm, die »ale Kirch«, wie die Ferschweiler ihn immer noch liebevoll nennen, erinnert wie ein Denkmal an vergangene spätmittelalterliche Sakralarchitektur in der ländlichen Eifel. Denn Ferschweiler ist kein Einzelfall. Der starke Bevölkerungszuwachs im 19. Jahrhundert ließ vielerorts die alten Kirchen zu klein werden. Unter diesem Druck und Geldzwängen haben Gemeinden und Diözese allzuoft radikal entschieden und Niederlegung veranlaßt, wie in Biersdorf, Langendorf, Lammersdorf, Ingenbroich, Kirchof-Altrich, Rohr, Plaid, Reffrath, Ettringen, Gondorf, Kottenheim, Kürrenberg, Naunheim, Gondenbrett, Olmscheid, um nur einige Beispiele zu nennen. Damit war Platz für einen Neubau geschaffen. So verschwand unzähliges altes und kostbares Kulturgut. Dazu kam die Liebe zum neumodischen Baustil in historisierenden Formen. Allen voran entwickelte sich, ausgehend von England, in ganz Europa und auch in der Eifel die Neugotik zum beherrschenden Stil für Kirchenräume. Sie wurde durch eine romantische Mittelalterbegeisterung ausgelöst und bringt eine Nachahmung gotischer Baugestaltung. Ernst Wackenroder beklagt in den »Kunstdenkmälern der Rheinprovinz« 1927, daß diese Neubauten, »oft im Charakter von Vorstadtkirchen, sich dem Rahmen des Dorfes nur schwer einfügen«.

Die Pfarrorganisation war in der Eifel im 13./14. Jahrhundert abgeschlossen, und die erreichte Zahl der Pfarreien und ihrer Kirchen blieb von da an bis um 1800 unverändert. Vor diesem Hintergrund kann man sich in den Dörfern heute schnell ein Bild vom Schwund mittelalterlicher Kirchen machen und jede erhaltene als Glücksfall ansehen. Sehr oft wurden Teile alter Anlagen in erweiternde Umbauten einbezogen, wie zum Beispiel in Wintersdorf, Rommersheim oder Bleialf. Am häufigsten, wie in Niederweis, blieb der romanische Turm erhalten. Denn

Blick in die Reste des 1878 abgetragenen Schiffes von St. Luzia und den Altarraum im Turm

Romanischer, ehemaliger Chorturm der alten Kirche von Niederweis, einbezogen in den Neubau von 1846

seine Mauern waren hoch und besonders stabil, da sie die Last der Glocken tragen mußten. Spätgotische Chöre nutzte man häufig als Sakristei, im Neubau von Messerich bezeugt der alte Chor als Sakramentskapelle den romanischen Vorgängerbau.

Der Chorturm

St. Luzia die alte, gehörte zu dem besonderen Typ der Chorturmkirche, die im Bitburger Land mit einst 20 Beispielen (J. Hoster) vergleichsweise häufig vorkam. Sie weicht ab vom üblichen Schema der einfachen romanischen Saalkirche mit den drei in einer Achse liegenden Baukörpern Westturm, Langhaus, Chor. Denn sie kommt mit nur zwei Bauelementen aus: dem Langhaus und dem Turm. Dabei steht der Turm nun im Osten axial vor dem etwas breiteren Schiff und birgt in seinem geöffneten Erdgeschoß den Altarraum. Auf diese Weise wurden Baumaterial und Geld gespart, und der Turm stellte den Chor, das Kultziel, weithin sichtbar heraus und überhöhte es. Nach Kubach-Verbeek haben von allen romanischen Kirchen im Rhein-Maas-Gebiet zwei Drittel Westtürme und nur ein Drittel Osttürme, die man nach ihrer Funktion Chortürme nennt. Wie der Westturm hat auch der Ostturm kubische Form, fällt aber sehr breitmassig aus und läßt das niedrig anschließende Langhaus wie geduckt erscheinen. Es ist einschiffig oder in spätgotischer Zeit durch einen Mittelpfeiler zweigeteilt. Chorturmkirchen kommen im Rheinland vor allem in der Trierer Gegend und im Bitburger Land vor. Von dort aus sollen sie sich bis nach Lothringen verbreitet haben (R. Slotta).

Der Ferschweiler Luzienturm ist gut erhalten. Früher waren seine Bruchsteinmauern unbehandelt, heute sind sie weißverputzt. Dekorativ zeichnen die rot gestrichenen Eckquader seine Kanten nach. Er stand, wie an den hüfthohen Grundmauern noch ersichtlich ist, einer dreijochigen Saalkirche vor. Nun wächst Gras in ihr. Schulklassen legen bei Wanderungen hier oben gerne eine Pause ein. Im Sommer gibt die Linde neben der Anlage Schatten. Der dreigeschossige mächtige Turm trägt ein Satteldach. Seine beiden Treppengiebel sind von einem Steinkreuz bekrönt. Das Glockengeschoß ist durch Gesimse abgesetzt und nach allen Himmelsrichtungen von spitzbogigen Schallöffnungen mit Maßwerkverzierungen durchbrochen, so daß der Klang voll herausschwingen konnte. Unter einer Tür im zweiten Geschoß der Nordwand sitzt ein Fenster, dessen Spitzbogen nach oben elegant in einen Grat ausläuft (Eselrückenkontur). Daneben durchbricht eine kleine Vierpaßöffnung die Mauer, das »Seelenloch«. Zu ihm gehört im Inneren des Altarraumes die von Maßwerk bekrönte Sakramentsnische, in der das Allerheiligste ausgestellt wurde. Über die Öffnung nach draußen sollte es auch den Toten, den armen Seelen, zugänglich sein. Von einem ehemaligen Friedhof ist heute nichts mehr zu erfahren. In der viereckigen Rahmung eines schmalen

Turm der alten Luzienkirche, im Hintergrund die neue St. Luzia

Maßwerkfensters in der Südwand des Turmes findet sich die Jahreszahl 1538. Wackenroder vermutet anhand zweier stehengebliebener Strebepfeiler am Turm, daß das Schiff jünger ist. Der Chorturm öffnet sich ihm durch einen breiten, spitzbogigen Triumphbogen. Seitlich von ihm sind noch Konsolfiguren der Langhausgewölbe erhalten: rechts hält ein Engel das Schweißtuch der Veronika mit der Reliefdarstellung des Christuskopfes, links lächelt eine Gestalt mit überkreuzten Beinen.

Der Chorraum (3,18 Meter breit, 3,74 Meter tief) ist kreuzgewölbt. Die Hohlkehlrippen verlaufen in den Ecken ohne Stützen oder Konsolen. Ihren Schlußstein ziert eine Blume. Gegenüber der Sakramentsnische ist in die Südwand eine Sitzbank in der Mauer ausgespart, auf der früher der Priester Platz nahm. Er kam aus der Abtei Echternach und wurde 1738 vom Visitator aus Trier verpflichtet, abwechselnd hier und in Enzen die heilige Messe mit einer Predigt oder Unterweisung in Christenlehre zu verbinden. Die Abtei Echternach hatte das Recht, den Zehnten einzuziehen und war wohl am Bau der Kirche beteiligt. Denn ihr Wappen fand sich in einem Schlußstein des Schiffes, der in unseren zwanziger Jahren noch im Garten des neuen Pfarrhauses aufbewahrt wurde. Der im November 1992 nach Ferschweiler berufene Pastor Thomas Schmitt möchte einführen, hier zu bestimmten Anlässen eine Messe zu feiern. Dann wäre der Luzienturm wieder Ferschweilers »ale Kirch«.

Das »Seelenloch« im Chorturm

Üß: St. Luzia

Fäden roter Seide

Für sieben kleine Ansiedlungen in den Üßbachtälern wurde St. Luzia im zentral gelegenen Üß im Mittelalter als Mutterkirche ausersehen. Diese führende Rolle verdankt sie vermutlich dem Kölner Erzbischof Konrad von Hochstaden, der auch in dem Buch der Bruderschaft zu Ehren der Muttergottes und der hl. Luzia von 1240 an erster Stelle steht. Durch alle Jahrhunderte, bis noch vor wenigen Jahren, wurde daher sein Name genannt, wenn die Luzienbruderschaft einmal im Jahr in der Kirche ihrer toten Mitglieder im Gebet gedachte. An Üß war ihm gelegen. Es gehörte zwar zum südöstlichen Randgebiet der Erzdiözese Köln, nicht aber zum Territorium Kurköln. Mit seiner kurfürstlichen Gewalt gewann von Hochstaden die Exklave Üß dann seinem Territorium hinzu. Heute leben in dem kleinen stillen Bergdorf sechzig Einwohner, und St. Luzia ist Pfarrkirche für sieben Filialorte. Erst durch die französische Neuordnung verlor Üß 1802 seine kirchliche Bindung an Köln, kam zur Diözese Aachen und 1824 schließlich zur Diözese Trier.

In diesem Jahr wurde bereits an der Erweiterung der alten Kirche nach den Plänen H. Renards gebaut. Er beließ die »Perle romanischer und gotischer Baukunst« unangetastet bis auf die Nordwand ihres Langhauses, die er zur angefügten dreischiffigen neugotischen Halle öffnete. Kommt man von Hörschhausen nach Üß den Berg hochgefahren, präsentiert die weißverputzte Kirche St. Luzia linker Hand ihre unverbaute Südansicht. Sie wird beherrscht von einem urtümlichen romanischen Westturm mit Mauern von 1,65 Metern Stärke, an den sich ein kurzes spätgotisches Langhaus vom Typ der Einstützenkirche (s. Meckel) anschließt. Der zierliche Chor hat noch hochgotische Formen. Kommt man über Mosbruch herauf, sieht man rechter Hand die Nordansicht der Kirche, den hohen Erweiterungsbau aus schwarzer Basaltlava, und daneben das zweistöckige Pfarrhaus von 1840 mit sieben Zimmern. Gleich auf der anderen Straßenseite beginnen schon die Felder einer Hochebene.

St. Luzia bekrönt den Ort am hohen Grat des Talrandes, der steil zum Üßbach abfällt. Gegenüber liegt der Rittberg, und weiter nach Süden staffeln sich bewaldete Bergrükken. Die Häuser der engen Dorfstraße ziehen einen Halbkreis am Steilhang unterhalb der Friedhofsmauer. Sie umschließt genau vis-à-vis dem alten Guts- und Gasthof Emmerich hinter den Gräbern noch einen kleinen Garten mit Obstbäumen. Den wollten die Wohlhabenden Emmerichs in den zwanziger Jahren der Kirche schenken, unter der Bedingung, daß als Hauptzugang zur Kirche ein breiter Weg durch Friedhof und Gärtlein mit einer Treppe gelegt würde, damit die Kirchenbesucher nach der Messe geradewegs zum Gasthof auf der anderen Straße gelangen könnten. Pfarrer Schuster willigte ein, ließ aber dann Weg und Treppe zur anderen Seite hinunter zum Dorf, zum Kaufhaus Geisbüsch, ausbauen. So blieben die Birnen und Kirschen am Friedhof Gutsbesitz, und Pfarrer Schuster versuchte vergeblich vor Gericht, sie einzuklagen.

St. Luzia, Ansicht von Südwesten

Der Priester im Bauernkittel

Gegen große Schwierigkeiten kämpfte, wie viele katholische Geistliche in Preußen, Pfarrer Kaes an, der während Bismarcks Kulturkampf 1873 vom Trierer Bischof nach Üß berufen worden war. Da er seine Ernennung aber nicht nach dem neuen Gesetz über Vorbildung und Anstellung der Geistlichen dem Oberpräsidenten der preußischen Rheinprovinz in Koblenz angezeigt hatte und seine kirchlichen Dienste in Üß trotzdem ausübte, wurde er nach mehreren Vorladungen wegen verbotener Amtshandlungen am 13. 12. 1874 nach der heiligen Messe in der Sakristei von St. Luzia verhaftet und für drei Wochen im Kelberger Gefängnis eingesperrt. Danach ging er mit bischöflicher Erlaubnis nach Lüttich, und die Pfarrei Üß blieb zehn Jahre, bis zum Ende des Kulturkampfes, verwaist. Kanzler Bismarck wollte mit seinen neuen Kulturkampfgesetzen seit 1871 den Einfluß der katholischen Kirche eindämmen und ihre Geistlichkeit unter staatliche Kontrolle stellen, die Ausbildung vorschreiben und Einspruchsrecht bei der Übertragung eines kirchlichen Amtes durch den Bischof ausüben. Die Bischofskonferenz antwortete auf die als ungerecht empfundenen Einschränkungen mit passivem Widerstand, ließ Geld- und Haftstrafen geschehen. Bischof Eberhard von Trier ging 1874 für acht Monate ins Gefängnis. Da Bismarck für seine Absichten keinen Erfolg sah, machte er die Kampfgesetze nach dem Amtsantritt Papst Leos XII. ab 1880 nach und nach wieder rückgängig. In Üß trat nach der langen Vakanz 1884 »zur großen Freude der ganzen Pfarrei« Pastor Klasen sein Amt an.

In der Zwischenzeit hatten Nachbargemeinden die Seelsorgearbeit übernommen, so gut es ging. Denn Pfarrer, die vor Inkrafttreten der neuen Gesetze bereits im Amt gewesen waren, durften es weiter ausüben, allerdings nicht außerhalb ihres Bezirkes, also auch nicht in einer verwaisten Pfarrei. Die Unterversorgung war groß und die Bewohner fühlten sich bis ins Mark getroffen, vor allem, weil ihr Wunsch, in Gegenwart des Pfarrers zu sterben, sich nicht erfüllen konnte. So fürchteten sie, die ewige Seligkeit nicht erlangen zu können. Darum gingen Geistliche aus Nachbarpfarreien oft heimlich zu den Sterbenden. Nach Wolsfeld, das wie Üß lange verwaist war, kam der Pfarrer von Alsdorf als Bauer, mit einem blauen Kittel verkleidet, um den Dahinscheidenden die Sterbesakramente zu geben. Den Sarg mit dem Toten brachte die Gemeinde dann an die Gemarkungsgrenze. Dort stand der Pfarrer gerade noch auf Alsdorfer Gebiet und segnete den Sarg auf Wolfsfelder Erde ein. Anschließend trugen die Trauernden den Sarg zum Friedhof und begruben ihn dort.

Das Schwert im Hals

Die Patronin der Kirche, die in der Eifel viel verehrte hl. Luzia, ist in einem Gewölbeschlußstein im Kirchenschiff porträtiert. Ein Schwert durchbohrt quer den schlanken Hals der jungen Frau, die mit schwarzen langen Haaren und im roten Kleid halbplastisch dargestellt ist. Nach der Legende des 5./6. Jahrhunderts war die schöne Luzia, Christin aus wohlhabendem Haus in Syrakus, verlobt, als sie im Schlaf von ihrem Martyrium erfuhr. Daraufhin verschenkte sie ihren Besitz an Arme und verzichtete auf die Ehe. Es war die Zeit nach 303, als Kaiser Diokletian zur Christenverfolgung aufgerufen hatte, und ihr enttäuschter, rachesüchtiger Bräutigam zeigte Luzia an. Sogleich wurde sie gefaßt und sollte zur Schändung ins Bordell gebracht werden. Aber selbst mehrere Ochsen konnten sie nicht von der Stelle bewegen. Auch der Versuch, sie zu verbrennen, mißlang. Erst das den Hals durchbohrende Schwert streckte sie nieder, nachdem sie zuvor den nahen Tod des Kaisers und Frieden für die Kirche vorausgesagt hatte. Nach einer späteren Ausgestaltung der Legende hat Luzia sich nach Ankündigung ihres Martyriums selbst die schönen Augen ausgerissen und sie dem Bräutigam mit der Zurückweisung des Heiratsantrages in einer Schale geschickt. Eines der vier Chorfenster von St. Luzia, die die vier Zweige der Familie Emmerich 1898 gestiftet haben, zeigt die Märtyrerin mit Heili-

genschein, wie sie aufrecht dasteht und in der linken Hand die Schale mit ihren Augen trägt. Sie schauen den Betrachter wie lebendig an.
Wegen der ausgerissenen Augen und der tödlichen Halswunde wird die Volksheilige Luzia als Patronin gegen Augenleiden und Halskrankheiten um Hilfe angefleht. In Üß wie auch im Umkreis von Prüm segnete der Pfarrer an ihrem Festtag, dem 13. Dezember, seit alters her rote Seidenfäden, die dann während des Opferganges in der Messe ausgeteilt wurden (Wrede). Die Gläubigen trugen den Faden um den Hals, damit sie vor Halsleiden geschützt würden. Die Verehrung der hl. Luzia in Üß wurde durch die frühe Luzienbruderschaft und Reliquien gefördert. Auch sind Luzia zwei der drei uralten Glocken geweiht. Während die von 1550 im Ersten Weltkrieg eingezogen wurde, konnte Gutsbesitzer Lauxen die Abgabe der ältesten im Zweiten Weltkrieg mit viel List und Tücke und Branntwein verhindern (P. Koch). Ihre Inschriften lauten: SENT LUCIA HEISSEN ICH; CLAIS VAN ECHTERNACH GAUS MICH, DE DODEN BESCHRIEN ICH, DE CHRISTEN ERMANEN ICH, DAS SIE MIR BESCHEDEN VOR BOES GEWEDER: ANNO MCCCCLXXXXII (1492). Und: LUCEIA HEISCHEN ICH, TZO DEM DEINS GOTS ROIFFEN ICH, DEDRICH VAN COELLEN GOIS MICH. ANNO 1550.
Am Festtag der Heiligen im Dezember wurde nach der Messe der Üßer Luzienmarkt eröffnet, ein Vieh- und Krammarkt. Mit Einbruch der Dunkelheit am Nachmittag wurde der Handel von Lauxens Wiese und der Straße in den Gasthof Emmerich verlegt und dort begossen. Der Wirt stellte für die vielen Besucher der umliegenden Dörfer dann sogar private Räume seines Gutshauses zur Verfügung (A. Poss). Zwei Jahre vor dem Ersten Weltkrieg endete diese jahrhundertelange Tradition.

Schlußstein im Schiff: die hl. Luzia mit dem Schwert im Hals

Meterdicke Mauern

In der alten Kirche sind urtümlich derbe und feine Formen mittelalterlicher Architektur vereint. Der dreigeschossige Turm zeigt im Innern noch gepaarte rundbogige Schallarkaden, die auf das 11. Jahrhundert verweisen (Wackenroder). Bis auf eine im Norden und einen Schlitz im Süden sind diese Öffnungen vermauert worden, vermutlich, als das Langhaus nach 1500 angefügt und der achtseitige, spätgotische Knickhelm aufgesetzt wurde. Der Turm, der sich nach oben leicht verjüngt und bei einem quadratischen Grundriß von sechs Meter Seitenlänge nur zwölf Meter hoch ist, regte vor allem wegen seiner nahezu zwei Meter dicken Mauern immer wieder zu Mutmaßungen an. Eindrucksvoll präsentiert er seine Stärke, wenn man vom Langhaus aus in seine rundbogige Öffnung und tonnengewölbte Halle tritt. Hier soll sich unter einer Platte im Boden ein Verlies oder eine Pulverkammer befinden. Dieser Turm wird gerne als römischer Wachturm oder Wehrturm des frühen Mittelalters angesehen. An seiner Nordwand ist im ersten Geschoß der Zugang von außen später geschlossen worden. Reste seines romanischen Kirchenschiffes sind wahrscheinlich in die Mauern des zweijochi-

Spätgotische Figurenkonsole, möglicherweise den hl. Sebastian darstellend

gen Langhauses eingegangen, dessen Portal an der Westseite die Jahreszahl 1529 nennt. Das Langhaus wurde zwischen Turm und Chor eingepaßt, denn der Chor stand bereits reichlich hundert Jahre früher. Seinem Vorjoch folgt der in fünf Seiten eines Achtecks gebrochene Abschluß. Er hat schlanke, unterm Dach ansetzende, einmal abgetreppte Strebepfeiler und schmale, hohe, spitzbogige Maßwerkfenster. An seine Südseite ist eine spätgotische Sakristei angebaut.

Der Haupteingang wurde 1925 von der 1897 angefügten Vorhalle im Westen an die südliche Langhauswand verlegt. Licht und elegant wirkt die zweischiffige kleine Halle mit ihren Stützformen in hellbeige mit weißen Fugen. Die vier Gewölbe werden von einem schlanken achtseitigen Mittelpfeiler getragen, von dem die Rippen ausstrahlen und sich an der Decke netzförmig verzweigen. An den Wänden enden sie in Konsolen, zweimal mit großen Figuren, die einander gegenüberstehen, ein gefesselter, gutgekleideter Mann mit traurigem Blick und eine Frau. In Üß erzählt man, es handele sich um ein Ehepaar, das wegen eines Kirchenvergehens abgeführt worden sei. Nach Wackenroder könnten es der hl. Sebastian und die hl. Luzia sein.

Die Schlußsteine setzen dem Linienspiel der Rippen bunte große Akzente auf mit Blumen, Engeln, die Wappen halten, und vor allem mit der schönen Luzia im Augenblick ihrer qualvollen Hinrichtung. Seit der Erweiterung der Kirche füllen das kleine Langhaus Sitzbänke, die nach Norden, zum Chor der sich öffnenden großen Halle, ausgerichtet sind. Diese greift Formen und Farben des spätgotischen Schiffes harmonisch auf.

Spitzbogig öffnet sich der Triumphbogen zum Ostchor in hochgotischen Formen. Er ist um zwei Stufen erhöht, 7,50 Meter tief und 6,15 Meter breit. Sein zierliches Netzgewölbe ist an den Kreuzungen der Rippen mit fein herausgearbeitetem grünbemaltem Blattwerk geschmückt. Plastische Laubblätter verzieren auch die Konsolen, in denen die Gewölberippen enden. Auffallend groß stellt ein Schlußstein die Wappen des Erzstiftes Köln in Vierpaßrahmung heraus, ein anderer zeigt einen aufgerichteten Löwen. An der Südwand ist eine korbbogige Nische als Priestersitz ausgespart. Daneben führt eine kielbogige Tür zur kreuzgewölbten Sakristei. An der Nordwand stehen zwei Grabplatten aus Basaltlava von Priestern, die im 18. Jahrhundert starben. Die von Hubertus Franck trägt die Umschrift: PULVIS - UMBRA - NIHIL - Staub, Schatten, Nichts.

Erinnerung

Die Attraktion der alten Ausstattung ist ein römischer Votivstein, der einst als Altarplatte mit Aussparung für das Reliquiengrab (Sepulcrum) in der Kirche diente und seit mehr als sechzig Jahren im Pfarrsaal zu sehen ist. Seine Herkunft wird aus einem römischen Tempel des nahen Horperath vermutet. Die Wiederverwendung römischer Bauteile, Skulpturen oder Weihesteine (s. Polch) als kostensparende Nutzung, Zierde und auch

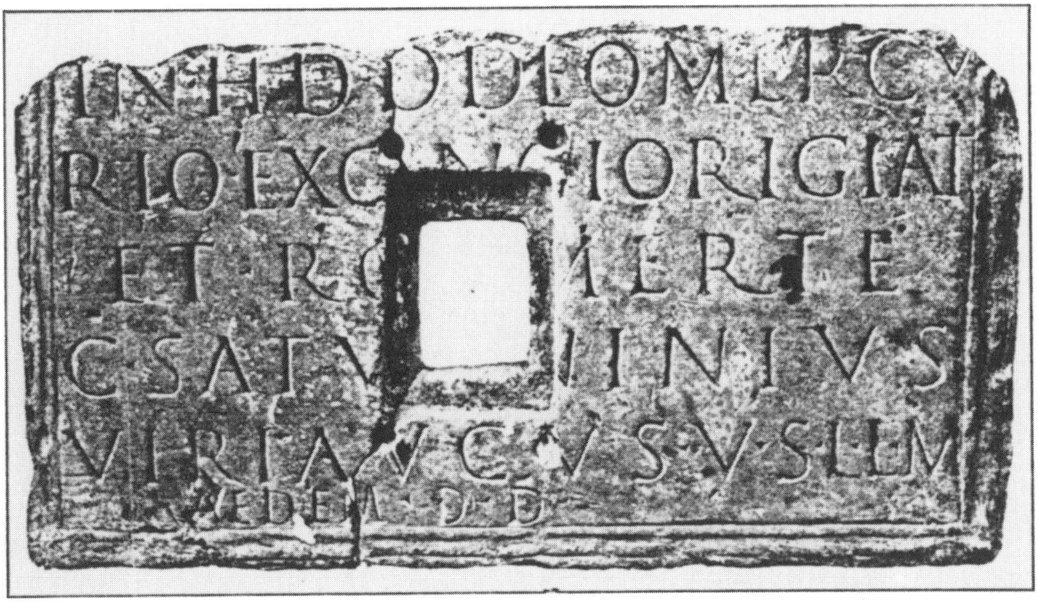

Römischer Votivstein, verwahrt im Pfarrsaal der Kirche

aus ideologischen Gründen für Kirchen kennt man schon seit frühchristlicher Zeit. Im späten Mittelalter wie hier verfolgte die christliche Umfunktionierung eines heidnischen Kultsteines keinen erzieherischen Zweck mehr. Der schöne, passig geformte Stein barg nur noch eine Erinnerung. Seine Inschrift lautet nach dem Corpus Inscriptionum Latinarum: IN H(ONOREM) D(OMUS) D(IVINAE) DEO MERCU/RIO EXCINGIORIGIATI ET ROSMERT(A)E C.SATURNINIUS / VIRIAUCUS V(OTUM) S(OLVIT) L(IBENS) M(ERITO). / AEDEM D(ONO) D(EDIT). Die Übersetzung lautet: Zu Ehren des Göttlichen Kaiserhauses. Dem Gott Merkurius Excingiorigiatis (oder -as) und der Rosmerta hat C. Saturninius Virianus sein Gelübde gerne, fröhlich und nach Gebühr eingelöst. Er hat einen Tempel gegeben (G. Bauchhenß).

Berndorf: St. Peter

Blitz und Sturm

Mit seinem charakteristischen Lockenkranz um das vollbärtige Gesicht und dem großen Schlüssel in der rechten, dem Buch in der linken Hand, erscheint der hl. Petrus als ausdrucksstarkes Reliefporträt im Gewölbe der alten Berndorfer Kirche. Der Fischer von Kapernaum am See Genezareth und Apostelführer ist ihr Patron. Sein Schlüssel findet sich schon in der Bekrönung des Turmportals auf einem Wappen und weist darauf hin, daß sein Träger Begründer der Kirche und Pförtner des Himmels ist. In der Turmhalle wird der Heilige als Patron der Fischer symbolisch präsentiert. An einem der Konsolsteine, die die Rippen des Kreuzgewölbes auffangen, öffnet ein dicker Fischkopf sein Maul. Die Kirche ist ein Bau vom Anfang des 16. Jahrhunderts, aber das Petruspatrozinium weist auf eine viel ältere Kirchengründung hin. Denn Petrus war der Lieblingsheilige in karolingischer Zeit, in der das Gebiet des Kreises Daun zum Eifelgau gehörte. Allerdings gibt es keine Belege für eine karolingische Kirche. Viel später, erstmals im Jahr 1121, wird die Pfarrei Berndorp in einer Urkunde genannt und als Besitz des Praemonstratenser-Klosters Steinfeld aufgeführt. Einer ihrer Pröpste ist dann 1148 als Seelsorger in Berndorf aufgeführt, und eine Kölner Urkunde nennt 1226 den Priester Anselmus von Berendorff. Das Dorf gehörte seit Anbeginn zum Kölnischen Eifeldekanat, während Landesherr seit 1351 der Erzbischof von Trier war. Nach der französischen Neuordnung kam Berndorf zum Bistum Trier. Heute hat der Ort 500 Einwohner, die auswärtigen Hausbesitzer nicht mitgezählt.

Bei Renovierungsarbeiten in den Jahren 1961 bis 65 an der bis heute unveränderten spätmittelalterlichen Kirche fand man ältere Mauerreste. Vielleicht stammen sie von der Kirche, in der Anselmus und sein Steinfelder Vorgänger bereits die heilige Messe lasen. Will man mündlichen Überlieferungen glauben, dann war sie eine Wehrkirche, die der Gemeinde als Zufluchtsort in Kriegszeiten diente. Pfarrer Johann Ost aus Demerath schien sich 1854 seiner Sache sicher. Er beschreibt, daß Kirche und Friedhof von einem Doppelgraben und Teilen einer Ringmauer umgeben seien. Erst seit kurzem sind die letzten Andeutungen der Gräben und des Walles zwischen ihnen im Westen vor der Friedhofsmauer eingeebnet worden und nach Süden hin durch die Erweiterung des Friedhofs verschwunden. Heute benennt noch die Straße »Zur Wehrkirche« die begreiflichen Mutmaßungen des Demerather Pfarrers. Ihr Name war in unseren nostalgischen siebziger Jahren für das Neubaugebiet bei der Kirche vergeben worden. Ob die festungsähnliche Sicherung der Anlage den Berndorfern je von Nutzen war, als sich die Eifeler Dynastien noch bekämpften, ist unbekannt. Sicher ist, daß der heutige Bau keine Wehrkirche ist, da ihm Wehrgang, Zinnen und Zugang des Turmes vom Schiff und der Turmhalle aus fehlen. Nur die Lage erinnert an eine Festung. Sie gibt der Kirche das monumentale Erscheinungsbild und ihre Unverwechselbarkeit.

Gezahnte Kanten

Denn St. Peter steht südlich am Dorf, einsam auf der Kuppe des Kirmesberges und weiträumig umsäumt von der Friedhofsmauer. Hier oben bezeugte sie ihre höchste Bedeutung für

St. Peter, Südansicht

den mittelalterlichen Menschen. Weit überschaubar liegen die kleinen Täler und Berge bis zum fernen Horizont. Gleich gegenüber am Bubberg und Mahlberg Richtung Süden bestatteten schon die Römer ihre Toten. Auf dem Giersbühl im Westen steht ein hohes Holzkreuz, das Kriegsheimkehrer 1947 zum Dank und zur Erinnerung an die Gefallenen errichten ließen. St. Peter wurde aus massigen Mauern 1513/15 auf einem Vorgängerbau als schlichte, zweijochige Saalkirche mit gleich breitem, rechteckigem Chor und rechteckiger Sakristei gebaut. Den dreigeschossigen Westturm fügte man erst 1554 an. Die in einer Achse liegende Anlage ist noch die typische Saalkirche des 11. und 12. Jahrhunderts. Ihre blockhaften, in der Höhe gestaffelten Baukörper bilden ein geschlossenes Ensemble, das die am Südchor vorspringende Sakristei in die ausgewogenen Proportionen einbezieht. Der Turm setzt den gewichtigen Akzent. Als Zutat der Gotik gliedern Strebepfeiler, die das Gewölbe stützen, die Außenwände. Die klobigen Strebeklötze, auch am Chor, stammen vom Vorgängerbau. Die Fenster des Langhauses wurden im Barock rundbogig vergrößert, im Chor öffnen sie noch spitzbogig die Nord- und Südwand. Die Schalluken des Turmes haben rechteckige Form und sind von Hausteinen eingefaßt, wie auch die Kanten von Turm, Schiff, Chor und Sakristei. Der weißverputzten Anlage geben diese Ecksäume aus unregelmäßig großen dunklen Quadern, die naturbelassen sind, markante Konturen.

Ihr unbemalter Zustand ist allerdings unhistorisch. Wie schon die römische Zeit liebte auch das Mittelalter Buntheit an Fassaden, setzte Fenster- und Türrahmen, Blenden, Gesimse, Bogenfriese farbig und mit gemalten Fugen gegen die weißen Putzflächen ab. Und sogar diese erhielten, da Weiß leicht schmutzig wird, oft eine Beimischung von Gelb (Limburger Dom) oder Rosa (Frauenkirche München). Die unbemalten, unverputzten mittelalterlichen Mauern und ihre

Gliederungen wurden erst in der Romantik ein Ideal, nachdem der Farbenschmuck durch die Zeiten längst verschwunden war.
Die Verzierung der Gebäudekanten auch von Kirchen mit Hausteinen in gezahnter Anordnung wurde in der Gotik beliebt. Obwohl die Eigenfarbe dieser Ecksteine sich schon wirkungsvoll vom Flächenputz abhob, half man noch mit Farbe nach, in der Regel in winkelrechten Umrissen (s. Ferschweiler). Gegen Ende der Spätgotik wurde es beliebt, »sich sogar an Quadern mit unregelmäßigen Umrissen zu erfreuen« (H. Phleps). Dafür sind die Ecksäume bei St. Peter ein Beispiel.

Das Donner Wetter

Als Bergkirche ist St. Peter den hier donnernden Stürmen und Unwettern immer hart ausgesetzt und Ziel von Blitzen gewesen, die Breschen in ihre starken Mauern schlugen. Die Pfarrchronik ist voller Berichte über dieses »Unheil« und vor allem über die langwierige Beseitigung der großen Schäden. »A fulgere et tempestate libera nos, Domine« - von Blitz und Sturm befreie uns, Herr - mit diesem in St. Peter oft gesprochenen Stoßgebet beendet Pfarrer Hoffmann seine Eintragung zum 19. Juli 1748. »Ungefehr umb 2 oder 3 Uhr morgens« habe das »Donner Wetter« in den Kirchturm eingeschlagen und Johannes Jacobus Meyer, der gerade die Sturmglocke läutete, tödlich getroffen, während seine Begleiter unverletzt davonkamen. Eine Glocke sei geschmolzen, eine andere beschädigt worden. Von der Verwüstung im Chor sei der Altar bewahrt geblieben.

Sakramentsnische im Chor

Im Jahr 1665 hatte der Sturm das Dach des Kirchenschiffes abgetragen. 20 Jahre später war noch keine Reparatur begonnen, denn die zuständigen Herren mißachteten ihre Unterhaltspflicht. Die war für Berndorf in Statuten genau festgelegt, die oft auch für andere Dörfer galten. Danach hatte der Pfarrer, der am Altar wirkte, für die Erhaltung des Chores zu sorgen, und die Gemeinde für den Turm, da sie die Glocken auch für sich, als Feuerwarnung und Zeichen für Ernteeinsatz nutzen durfte. Der Zehntherr aber, der die Abgaben der Gemeinden einsammelte und davon den Pfarrer bezahlte, war für die Instandhaltung des Schiffes verantwortlich. Das waren in diesem Fall die Herzöge von Arenberg. Die Gemeinde wendete sich hilfesuchend an ihren Trierer Landesherrn, den Kurfürsten Hogo von Orsbeck und auch an den Kölner Erzbischof, damit die Herzöge zum Zahlen gezwungen würden. Sie nahm aber auch ihren Pfarrer ins Gebet wegen ausbleibender Restaurierung des Chores. 1687 war immer noch nichts geschehen. Über den Ausgang der leidigen Angelegenheit schweigt der Chronist dann. Erst 1713 erfährt man, der Bauzustand der Kirche sei gut.

Urtümlichkeit

Was das Äußere anbelangt, trifft das auch heute noch zu. Im Innern des Schiffes aber verdirbt Feuchtigkeit große Teile der Wände mit Salzausblühungen und Algenbelag. Seit der letzten Trockenlegung sind nur dreißig

Jahre vergangen. Die Kirche dient seit 1965 als Gedenkstätte für die Gefallenen und Ort zur Aufbahrung der Verstorbenen. Die Totenmesse wird dann in der neuen Kirche gehalten, die 1927 nahebei am Fuß des Kirmesberges eingeweiht wurde. Sie steht auf der Stelle des alten Pfarrhauses, das 1778 vom Blitz getroffen wurde und abbrannte. In der alten Kirche war mit Unterbrechungen noch bis 1961 einmal im Monat Messe gehalten worden.

Man betritt sie durch das Portal des Westturmes von 1554. Die Turmhalle öffnet sich zum Schiff mit dem flachbogigen Eingang aus der Zeit, als der Turm noch nicht stand. Er ist von Stabwülsten gerahmt, deren Basen Längsrillen zieren. Rechts und links stützen Strebeklötze die einstige Außenmauer. Das dunkle Schiff, 8,90 Meter lang und 5,60 Meter breit, wird von vier Dreiviertelsäulen gegliedert, die das Netzgewölbe auffangen. Es ist durch einen Gurtbogen zweigeteilt. Reiche Malereien, langstielige Blumen und Knospen, die 1961 unter zwölf Farbschichten an der Decke zum Vorschein kamen, setzen an den vielen Verzweigungen der Rippen an. Dazu geben verstreute aufgemalte Sterne dem Gewölbe seinen Charme.

Mächtige Pfeiler, mit schwerer Deckplatte und zierlichen Säulchen geschmückt, tragen den runden Triumphbogen. Urtümlich derbe Formen zeichnen auch den rechteckigen Chor aus (5,85 mal 4,25 Meter). Sein rippenloses Kreuzgewölbe wird von wuchtigen Eckpfeilern gestützt, über denen sich massige Blendnischen zur Festigung der Mauer wölben. In der Ostwand sitzt eine Sakramentsnische mit Dreipaßbekrönung. Der Türbogen zur Sakristei nennt die Baujahre der Kirche zur Zeit von Pastor Petrus, mit Beinamen Titetz, 1513 und 1515.

Viele Ausstattungsstücke gingen verloren oder kamen in die neue Kirche. Auf dem Kirmesberg befinden sich heute noch Konsolfiguren der hl. Barbara (1680) und des hl. Leonard (1750) und das schöne barocke Gestühl von 1745 mit seinen üppig verzierten Wangen. Es läßt ahnen, wie reich St. Peter einst eingerichtet war. Hinter der letzten Bank im Südschiff befindet sich eine Kniebank mit eingeschnitztem Vaterunser, das Joh. Sabber 1671 stiftete. Auffälliger und aufwendiger war die gute Tat der Gertrud Schmitz, die 1898 vierzehn Bildstöcke mit der Darstellung der Stationen Christi von seiner Verurteilung bis zur Kreuzigung errichten ließ. Sie säumen die Friedhofsmauer und den steilen Weg, der beide Petrus-Kirchen miteinander verbindet.

Kerpen: St. Stephan und Sebastian

Burgkapelle im Dorf

Wenn die Herren von Kerpen sonntags zur Messe gingen, stiegen sie nur die Terrassen von ihrer hochgelegenen Burg hinunter, verließen durch das Westtor den Mauerring und traten sogleich in ihre Burgkapelle. Sie benutzten die schmale Tür zum Chor und nahmen dort Platz. Die Dorfbewohner kamen gleichzeitig aus ihrer Tallage den Treppenweg herauf, benutzten dann aber den breiteren Eingang und setzten sich ins Schiff. So war die Burgkapelle auch Dorfkirche. Dietrich IV. von Manderscheid und seine Frau, Margarete von Sombreff, hatten 1506 die Kapelle errichten lassen. Sie legten den Bauauftrag zu der damals beliebten spätgotischen Einstützenkirchen in sehr fähige Hände und ließen es an Geld nicht fehlen. Der Raum zeigt selten edle, kunstvolle Formen. Von außen wirkt der kleine rechteckige Bau, der sich an die Burgmauer und den Höhenberg schmiegt, eher bescheiden. Er verzichtet auf den monumentalen Westturm, ein Dachreiter mit achtseitigem Knickhelm zeigt am Ostende den Chor an. Doch die beiden zweiteiligen großen Maßwerkfenster an der Südseite, die sich dem heraufkommenden Besucher präsentiert, lassen feinste differenzierte Formen erkennen. Zudem sind sie ungewöhnlich kühn in die Wand eingepaßt. Sie durchbrechen das horizontale Dachgesims und bewirken zwei aufragende Spitzwinkel mit Satteldach, die die Fassade spannungsvoll beleben. Man kann die Burgkapelle nicht umschreiten. Im Osten ist sie an die Burgmauer gerückt, und im Westen lagert ein Haus an ihren Fundamenten. Erst ein Umweg führt zur beinahe entlegenen Nordseite mit dem gut versteckten Anbau von 1975, der Heizung, Sakristei und eine Empore dem Nordschiff anfügte. Außen kokettiert er etwas mit der Burgenarchitektur.

Herrschaftseingang zum Chor

Noch ehe die Kapelle von Dietrich IV. und seiner Frau zur Verfügung stand, war auch für Gottesdienst gesorgt, wie seit 1234 bekannte Namen von Burgkaplänen und Aufzeichnungen über einen Priester der »Vorburgkapelle« von 1496 zeigen. Die Herren von Kerpen waren um ihr Seelenheil und Pre-

Die Burgkapelle von 1506, Südansicht

stige sehr besorgt. Früh, 1175 (Marx), gründeten die Brüder Theodorich, Alexander und Albero von Kerpen im zwei Kilometer entfernten Niederehe ein Augustinerinnenkloster mit stattlicher Kirche, die nachfolgenden Geschlechtern als Grablege dienen sollte. Sie besaß die Pfarrechte, Kerpen war und ist bis heute ihre Filiale. So waren die allsonntäglichen Messen in der Burgkapelle ein Privileg, das 1703 verbrieft wurde und bis heute immer noch anhält (bis 1802 von der Erzdiözese Köln, dann von Trier). Aber für kirchliche Amtshandlungen war und ist Niederehe zuständig.

Dort lebten die Nonnen gegen Ende des 15. Jahrhunderts in immer größerem Schlendrian, sie machten Schulden und mißachteten die Ordensregeln. Kloster Steinfeld, dem die Nonnen unterstellt waren, verfügte schließlich ihren Auszug aus Niederehe und wandelte das Haus 1507 in ein Männerkloster um. Etwa gleichzeitig erhielt Kerpen die schöne Burgkapelle, die dann alle Fehden, Kämpfe und Brandschatzungen überstand, während die Burg 1689 in den Réunionskriegen von den Franzosen endgültig zerstört wurde. Die Arenberger Herzöge, die 1674 die Herrschaft Kerpen übernommen hatten, ließen die Wirtschaftsgebäude wiederherstellen und riefen 1696 die Einwohner des Dorfes auf, sich am Wiederaufbau der Burg zu beteiligen. Aber die mußten ihre eigenen Häuser neuerrichten, und ein wiederholter Anlauf der Arenberger hundert Jahre später scheiterte ebenfalls. So kam die Burg mit der Besetzung des Rheinlandes durch die Franzosen über Versteigerung an die Gemeinde und 1893 in Privatbesitz. 1911 erwarb sie der Maler Fritz von Wille, lebte und arbeitete dann dort bis zu seinem Tod. Sein Grab liegt oberhalb der Burg. Er fühlte sich tief in die Landschaft ein, malte in lockeren Pinselschwüngen ihre ruhigen Höhenzüge unter schweren Wolken und mit aufragenden, strengen Burgruinen. Wenn der

Ginster an den Berghängen blühte, streute der Naturlyriker Wille leuchtend gelbe Farbflocken über die Leinwand. Seit 1968 ist die Burg Kerpen Landschulheim des Kreises Neuss.

Die Grafen und der neue Glaube

Der Erbauer der Burgkapelle, Dietrich IV., ließ auch in Schleiden eine Kirche errichten. Er gehörte dem mächtigen und weitverzweigten Manderscheider Grafengeschlecht an. Seine Zeitgenossen nannten ihn den Weisen. Ihm war die Herrschaft Schleiden durch seine Frau zugefallen, und er und sein Sohn, Dietrich V., führten ihr kleines Land durch Entwicklung der Eisenindustrie zu wirtschaftlicher Blüte. Offenheit für Kunst und Wissenschaft und Toleranz zeichneten die Manderscheider aus. Dietrich IV. ließ seine Kinder am Hof in Schleiden gemeinsam mit dem gleichalten Johann Philippi, genannt Sleidanus (der Schleidener), erziehen, dem späteren protestantischen Geschichtsschreiber und Politiker. Es war die Zeit der Glaubensspaltung. Dietrich V. (1551-60) duldete in seiner Herrschaft den Protestantismus, der 1555 im Augsburger Religionsfrieden vorläufige Anerkennung gefunden hatte. Sein Sohn Dietrich VI. (1560-93) trat dann offen zu Luthers Lehre über und führte in seiner Grafschaft bereits 1559 die Reformation ein, nachdem er von seinem Vater die Regierungsverantwortung erhalten hatte. Seinen Großvater ehrte er 1590 mit einem Epitaph (Gedächtnismal) in dessen Kirche in Schleiden, das den Weisen lebensgroß in Prunkrüstung als Hochrelief in schwarzem belgischem Marmor darstellt.

Ob und wie nun Gottesdienst in der Burgkapelle gehalten wurde, weiß man nicht. Die Auswirkungen in der zuständigen Pfarrkirche in Niederehe sind bekannt. Dort zog gegen den Widerstand der Mönche und des Abtes von Kloster Steinfeld ein lutherischer Pfarrer ein, dem auf Forderungen des Grafen Teile der Pfarrgüter und des Zehnten überlassen wurden. Ihm stand für den Gottesdienst das große Kirchenschiff zur Verfügung, während die Katholiken nur noch im Chor Messe halten durften. Doch die Neuerung war nicht von Dauer. Nach dem Tod des kinderlosen Dietrich VI., der im Testament keinen Streit um seinen Besitz wünscht und um Erhaltung und Beachtung der evangelischen Lehre bittet, vergehen nur zwei Tage, bis Graf Philipp von der Marck am 5. Januar 1593 zur Burg Kerpen kommt. Sein erwarteter Kondolenzbesuch bei der Witwe ist jedoch ein gut vorbereiteter Handstreich, mit dem er auf seine Weise alte Erbstreitigkeiten bereinigt. Er besetzt die Burg, dann auch Manderscheid, Saffenburg, Schleiden und Kronenburg und ist der neue Herr. Er bricht sein Versprechen, das er dem sterbenden Dietrich IV. gegeben hatte, und führt sogleich die alte Glaubenslehre wieder ein. Doch noch fünfzig Jahre später sieht sich sein Sohn Ernst in Kerpen gezwungen, protestantische Untertanen bei Androhung von Geldstrafe an der Teilnahme »unzulässiger Predigten und Versammlungen« zu hindern. Seinem Vater, dem Wiederhersteller des Katholizismus, Graf Philipp von der Marck (gestorben 1613), und seiner Frau, Katharina von Manderscheid (gestorben 1593), ließen die Patres von Niederehe in der Klosterkirche gegen 1625 ein Hochgrab aus schwarzem belgischem Marmor errichten. Ursprünglich stand es im Chor vor dem Hochaltar, 1907 wurde es in eine Seitenkapelle verlegt.

Die Burgkapelle des Dietrich IV. ist den Heiligen Stephan und Sebastian geweiht. Der zweite Patron wurde auch in der Sebastianusbruderschaft verehrt, deren Gründung 1682 im Zusammenhang mit einem Kram- und Viehmarkt stand. »Wir, Leopold, von Gottes Gnaden erwählter Römischer Kaiser« erteilte dem aus dem Burgtal hervorgegangenen »Stättlein Kerpen« 1666 das Recht, an zwei Tagen im Jahr Markt zu halten. »Alle Krämer, sogar Juden, ließen sich als Mitglieder in die Bruderschaft eintragen« (Marx). Ein Markttag begann für sie mit der heiligen Messe. Zum Leidwesen von Kerpen verlegte man diesen Warenhandel, der Besucher auch aus Bayern und Tirol angezogen hatte, 1858 nach Hillesheim. In dieser Zeit war, wie überall, die Bevölkerung stark angewachsen, und die Burgkapelle wurde immer enger. 1903 zog man schließlich unter ihre beiden westlichen Gewölbe eine Empore ein. Bei der letzten Renovierung 1975 wurde sie um die Hälfte verkürzt und läßt die beiden Schiffe nun wieder freier erscheinen. Heute leben in Kerpen 400 Einwohner.

Edle Formen

Beim Betreten der Einstützenkirche (s. Mekkel) wirken Raum und Barockausstattung gleichermaßen prachtvoll. Das kleine Schiff (10,12 Meter lang, 7,58 Meter breit) zeichnen vier hohe Gewölbe aus, die die Steinmetzen, die hier ihr großes Können unter Beweis stellten, in akkuraten steilen Bogenformen nachzeichneten. Sie werden getragen von einer runden Mittelsäule, die die Halle in zwei Schiffe gliedert. An ihrem sechseckigen Sokkel haftet ein steinernes Weihwasserbecken, getragen vom Kopf eines Wappenhalters mit dickem Haarschopf. Die Hohlkehlrippen der Kreuzgewölbe, die sich über den Triumphbogen teilen, entspringen der Säule, schwingen in die Höhe zu den Schlußsteinen (im Westen: Wappen, Taube, Kreis) und strahlen weiter zur Wand, wo sie in Dreiviertelsäulen mit kannelierten Sockeln (eingetieften, schrägen Längsrillen) einmünden. Die edlen Formen und Proportionen unterstreicht eine vornehme Farbfassung, die man bei der Restaurierung fand und neu auflegte. Alle Elemente des Gewölbestützapparates sind hellgrau und mit weißen Fugen bemalt, wie auch die Rahmen der drei großen Fenster (eins an der Süd-, zwei an der Westwand). Jedem Fenster gaben die meisterlichen Steinmetze eine unterschiedlich ausgefeilte Maßverzierung. Die neue Empore der fensterlosen Nordwand liegt hinter einer Reihe zierlicher Zwillingsbögen, die der Spätromanik nachempfunden sind.

Als Höhepunkt der Kapelle ist der Chor gestaltet, dessen reiches Sterngewölbe im kräftigen Rot mit weißen Fugen den Blick schon beim Betreten des Schiffes in seine ferne Höhe zieht. Er ist gleichbreit wie das Langhaus und zeigt nicht den typisch spätgo-

Figur eines Wappenhalters unter dem Weihwasserbecken an der Mittelsäule

Signatur der Steinmetzen an der Mittelsäule

tischen, in fünf Seiten eines Achtecks gebrochenen Abschluß, sondern noch rechteckige Form (7,08 Meter breit, 4,40 Meter tief). Ein spitzbogiger steiler Triumphbogen öffnet den um zwei Stufen erhöhten Chor und betont mit starker Farbfassung, rot und weißgefugt, den Eingang zum Kultzentrum. Es ist, formal und farblich gesteigert, vom Raum der Gemeinde abgesetzt. Das dreigeteilte Sterngewölbe, das sich im Mittelteil achtstrahlig ausbreitet, an den Seiten dann stark verdichtet und in die Decke tief einschneidet, läßt den kleinen rechteckigen Raum wie vieleckig erscheinen. Diesen Effekt bewirken vor allem die an der Wand herablaufenden Rippen. Dort bilden sie steile Spitzbögen und enden an der Ostwand und am Triumphbogen, zu fünft in Konsolen gebündelt, als je zwei schlanke, elegante Fächerformen, die Tiefe vortäuschen. Die Rippen sind mit doppelter Hohlkehle verfeinert gestaltet. Der mittlere Schlußstein, auffallend groß, stellt in seinem Rund die Himmelskönigin dar. Sie sitzt in ihrem blauen Mantel auf einer Mondsichel, die zwölf Sterne säumen, und hält das nackte Jesuskind liebkosend auf dem Schoß. Gelbe Sonnenstrahlen sind Hintergrund dieses poetischen Reliefbildes. Die Himmelskörper sind Zutaten des apokalyptischen Weibes (s. Kronenburg). Rechts und links präsentieren die Wappen die Erbauer (Zickzacklinie für Kerpen, drei Amseln auf Querbalken für Sombreff) und die Herrschaften von Kerpen/Manderscheid/Blankenheim (Zickzacklinie, Löwe, Turnierkragen).
Ein großes Fenster in der Südwand erhellt den Chor. Das östliche ist durch den aufwendigen Hochaltar verstellt, der 1791 angeschafft wurde. Das Ölgemälde mit der Darstellung der Heiligen Familie in seiner Mittelnische, noch vom alten Altar von 1665, wird von gemalten Marmorsäulen und zu Bäumen stilisierten, üppigen Pilastern gerahmt. Darüber erscheint in der Bekrönung das Auge Gottes in goldenen Strahlen. Engelgestalten und Engelköpfe gehören zum Prunk der spätbarocken Arbeit. Im Chor steht auch eine vergoldete Kanzel, die Nikolaus Schnorrenberg 1789 in vergoldeten Rokokoformen fertigte. Die Seitenaltäre in den Schiffen rechts und links neben dem Triumphbogen, aus der Zeit um 1700, zeigen die Patrone der Kapelle, die Heilligen Stephan und Sebastian, auf Ölbildern (Osterspey 1778) in ihrem Martyrium. In den Bekrönungen der mit gewundenen Säulen und Engeln reich verzierten Holzarbeiten stehen die beliebten Volksheiligen Barbara und Margareta. Sie wurden von einem älteren Altar übernommen. Unter dem Bild des von Pfeilen durchbohrten Sebastian befinden sich zwei gläserne Reliquienschreine. Über die Herkunft der Reliquien ist nichts mehr bekannt. Vermutlich sind sie Ausdruck einer neuen Welle von Übertragungen im Barockzeitalter, das die zur Anschauung Gottes gelangten Märtyrer - dargestellt im Altarbild - gleichzeitig in ihren irdischen Überbleibseln - den Knochen in Reliquienbehältern am Altar - auf Erden erscheinen läßt. So schaffen die Heiligen in der Kirche eine Verbindung zwischen Erde und Himmel.
Verläßt man die Kapelle und steht auf ihrem Vorplatz zu Füßen der Burg, fällt der Blick auf die kreuz und quer gelagerten Dächer des Dorfes Kerpen vor Waldeshöhen. Den selbstbewußten Bewohnern sagt man einen gewissen Burgenstolz nach. Ihre engen Beziehungen zu den Herrschaften von hoch oben auf dem Höhenberg kamen nicht nur in der gemeinsam genutzten Kapelle zum Ausdruck. Als »Tal« verdanken die Kerpener der Burg ihre frühe Existenz, die sie nach Kämpfen durch die Jahrhunderte wiederholt neu errichteten. Die lange gemeinsame Vergangenheit prägt das Bewußtsein immer noch. Heute gilt die Energie ihrer Bewahrung im Erhalt und der Pflege der alten Häuser und Höfe. Kerpen ist preisgekrönt als eines der schönsten Dörfer von Rheinland-Pfalz. Wer trüge da den Kopf nicht hoch mit Blick auf die alle Häuser überragende mächtige Burg?

Engelköpfe am spätbarocken Hochaltar

Kirmutscheid: St. Wendelin

Auf einsamer Insel im Grünen

Ein Dorf ist nicht in Sicht. Die Pfarrkirche St. Wendelin überragt das Wirftbachtal zwischen dem Engelberg und Hasselt. Sie steht auf der Hügelkuppel einer kleinen grünen Halbinsel, die eine Haarnadelkurve des Trierbachs bildet. Ihre Baukörper mit hohem Spitzhelm reihen sich schnurgerade als weiße Bekrönung des einsamen Tales aneinander. Eine Legende erzählt, warum. Graf Ulrich, Erbauer der nahen Nürburg, verirrte sich einst bei der Jagd im Dickicht der Tannen des Engelberges. Gott um Hilfe anflehend, gelobte er, wenn er aus seiner Notlage befreit würde, zum Dank eine Kirche zu errichten. Daraufhin fand er den Weg, und alsbald ließ er an dieser Stelle Baumaterial zusammentragen. Doch es verschwand von dort und wurde auf der Hügelkuppe der Halbinsel wiederentdeckt. Anstrengungen, von neuem Holz und Steine auf dem Engelberg zu stapeln, waren umsonst. Alles gelangte immer wieder wunderbarerweise auf die Hügelkuppe. So gab Graf Ulrich Weisung, dort die Kirche zu bauen, denn er sah in dem Geschehen ein überirdisches Zeichen.

Wann genau an diesem Platz mit der fränkischen Ortsbezeichnung Kirmutscheid die erste Kirche gegründet wurde, ist unbekannt. Graf Ulrichs Sohn, Gerhard von Are, schenkte sie, nach unterschiedlichen Quellen 1214 oder 1224, der Johanniterkommende in Adenau. Deren Komture oder von ihnen bestimmte Vertreter waren die hiesigen Pastoren und blieben es bis 1802, als die Franzosen die Kommende aufhoben und eine neue Pfarreinteilung vornahmen. Die Kirche wechselte nun von der Erzdiözese Köln zur Diözese Aachen und kam 1824 zum Bistum Trier. Schon um 1500 waren ihre Mauern von den Nürburger Grafen in einem Neubau mit spätgotischen Formen aufgegangen, und 1559 ist erstmals von »dem Kirchspiel Kirmisch« die Rede. Denn bei der Kirche hatte sich eine Familie angesiedelt, vermutlich betrieb sie eine Mühle. In dieser Zeit ist St. Wendelin, ursprünglich Johannes dem Täufer geweiht, vermutlich Pfarrkirche für Wirft und Kottenborn geworden, die Aufzeichnungen der Sterbe-, Tauf- und Trauungsbücher beginnen dann 1627, 1631 und 1640. Und 1709 nimmt ein Geistlicher aus Adenau hier oben auf der Halbinsel seinen strohgedeckten Wohnsitz, zu dem Scheune und Stall gehören. »PAX INTRANTIBUS, SALUS EXEUNTIBUS« – Friede den Eintretenden, Wohlergehen den Hinausgehenden – steht in den Türsturz geschrieben. Darüber hat sich Ludger Heinrich Freyherr von Galen, Komtur in Trier, Adenau und Breisig, mit Zierrahmen und Wappen auf dem Johanniterkreuz als Erbauer des Pfarrhauses verewigt. Es wurde 1913 aufgestockt.

1829 bekam Kirmutscheid, das aus Kirche, Pastorat und einem Bauernhaus (heute nicht mehr vorhanden) bestand, noch eine Schule für die Gemeinde, die nun Wirft und Hoffeld umfaßte. Die Dörfer liegen östlich und westlich hinter Talwänden etwa gleich weit, 15 und 20 Minuten zu Fuß, von Kirmutscheid entfernt. Für die Hoffelder Kinder hatte sich jetzt der Schulweg um die Hälfte verkürzt. Denn bis zur neuen Pfarreinteilung hatte ihr Dorf noch zu Barweiler gehört. Nun ersetzte es, um die Kirmutscheider Pfarrei am Leben zu erhalten, Kottenborn, das an Adenau verlorengegangen war. In Barweiler hatte es

St. Wendelin, Südansicht

viele Jahre an Räumen gefehlt, so daß der Lehrer mit den Kindern dann ins Wirtshaus zog. »Dort wird er durch die Pilger nicht selten gestört«, protokolliert der bischöfliche Visitator 1744 exakt.
Auf der Höhe in Kirmutscheid war ein Ausweichen weder nötig noch möglich. Der Schulverband Hoffeld/Wirft bestand, bis 1925 das größere und wohlhabende Hoffeld (heute 350 Einwohner) ein eigenes Haus einweihte. Die Schüler von Wirft (heute 140 Einwohner) liefen noch bis 1957 über die kleine Brücke des Wirftbachs, der am Fuß der Hügelkuppe in den Bogen des Trierbachs mündet, und dann weiter hinauf zum Schulhaus bei der Kirche. Sie ist die Verbindung der Dörfer geblieben. Früher, als man zum Gottesdienst noch nicht mit dem Auto fuhr und Zeit hatte, machte man sich eine halbe Stunde früher als nötig auf den Weg, um vor der Messe noch ein Schwätzchen zu halten.
Hoffeld, das seit 1000 Jahren besteht und noch ältere Fachwerkhäuser erhalten konnte, liegt auf einer offenen Hochebene vor der bewaldeten Vulkankuppe, »die Burg« genannt. Hinter ihrem uralten Ringwall fanden die Bewohner in früheren Jahrhunderten Zuflucht vor Kriegern, und der Basalt brachte Wohlstand. Seit dem vorigen Jahrhundert wird er abgebaut bis zur Ausbeute vor ein paar Jahren. Der Weg nach Kirmutscheid führt erst über ebene Felder. Die Hohe Eifel zeigt dem in die Ferne streifenden Blick ihre Prunkstücke, im Norden den Aremberg, im Osten die Hohe Acht und weiter im Süden die Nürburg. An warmen Wintertagen geben die Flüsse Ahr und Trierbach in aufsteigenden Nebelschwaden ihre dazwischen tiefliegende Bahn an. Schroff fällt die Talwand dann zum Trierbach ab.

Langsames Verschwinden

Außer der Mutterkirche St. Wendelin in Kirmutscheid unterhielten die Dörfer Filialkapellen, Hoffeld seit 1695/1728, Wirft seit 1753, die beide in unseren sechziger und siebziger Jahren durch Neubauten ersetzt wurden. Auch ein vor 1800 gestiftetes Heiligenhäuschen bei der Wirfter Kapelle, das »Kümmernis-Fußfällchen« am Ausgang des kleinen Straßendorfes am Wirftbach, verschwand. Seine farbig gefaßten Holzfiguren der Vierzehn Nothelfer vom 18. Jahrhundert kamen in die neue Kapelle, und das gleichalte Kümmerniskreuz gelangte in die Wendelin-Kirche. Das Heiligenhäuschen war noch vor dem Zweiten Weltkrieg in den im Rheinland weit verbreiteten Sterbebrauch des »Betens der Sieben Fußfälle« einbezogen. Er ist abgeleitet von den spätmittelalterlichen Andachten, die sieben Stationen Christi auf dem Weg nach Golgatha an Bildwerken nachvollzogen. Wenn jemand im Sterben lag, gingen meist sieben Kinder zu sieben Bildstöcken oder Kreuzen, den »Fußfällen«, da Christus im Volksglauben siebenmal mit dem Kreuz gefallen sein soll. Dort sprachen sie sieben Vaterunser und baten in Gebetsformen um eine Wende im Todeskampf, um Gesundung oder ruhiges Sterben. In der Eifel war dieser Kultgang tief verwurzelt und zeigte von Dorf zu Dorf Besonderheiten. In Wirft überlagerten sich bei der Station am Heiligenhäuschen der Passionsgedanke und die Verehrung der Vierzehn Nothelfer. In unserer Zeit ist der Brauch für alte Bewohner Kindheitserinnerung geworden.

Kümmerniskreuz: die hl. Wilgefortis oder Kümmernis, Holzarbeit, vermutlich um 1800

Bis heute unverwunden ist in Wirft das langsame Verschwinden der beliebten und bekannten Wallfahrtskapelle »zu der Not Gotz« in Müllenwirft im Wald Richtung Adenau. Seit dem Anfang des 16. Jahrhunderts kamen Pilgerströme dorthin aus weitem Umkreis und bereicherten mit Opfergaben die Kapelle, die 1765 vier Altäre besaß und religiöser Mittelpunkt der Gegend war. Als dann die Franzosen die Johanniterkommende in Adenau und das dortige Franziskanerkloster aufhoben, deren Patres den Gottesdienst versehen hatten, und der daneben gelegene Hof enteignet wurde, verlor die Kapelle ihren Rückhalt. Sie verödete, wurde 1823 von der Gemeinde verkauft, diente als Stall und Scheune und schließlich als Steinbruch, bis nichts mehr von ihr zu finden war. Für Bürgermeister Kettel, der als Kind in den zwanziger Jahren noch in den Fundamenten Verstecken gespielt hatte, und alle Älteren, ist unbegreiflich, »daß es hat passieren können«. Austattungsstücke wurden von der Kapelle im Dorf und der Kirche in Kirmutscheid übernommen.

St. Wendelin blieb unangefochten durch alle Zeiten, nur das Pastorat ist, wie die Schule, verwaist. Denn der Pfarrer betreut nun fünf Gemeinden und wohnt in Barweiler. Der Friedhof um die Kirche erstreckt sich nach Norden, im Süden fällt das Gelände mit Laubbäumen brüsk zum Trierbach ab. Die weiße Architektur, eine zweijochige Saal-

Beweinungsgruppe, Gnadenbild aus Müllenwirft. Die Holzskulptur vom Anfang des 16. Jahrhunderts wurde in den Hochaltar von St. Wendelin plaziert

kirche aus der Zeit um 1500 mit dreigeschossigem Westturm und achtseitigem Spitzhelm, erhält ihre markante Gestalt durch den dreiseitig geschlossenen Chor, der das Schiff deutlich überragt, jedoch keine Strebepfeiler aufweist. So ergibt sich mit der im Osten an den Chor noch angefügten niedrigen Sakristei ein bewegtes Auf und Ab der schiefergedeckten kubischen Formen. Einfache, zwei- und im Chor dreigeteilte Maßwerkfenster öffnen die Wände. Der aus der Achse verschobene quadratische Turm, der mit der südlichen Langhauswand fugenlos verbunden ist, zeigt nach allen Himmelsrichtungen die in der Spätgotik noch beliebten rundbogigen Doppelöffnungen mit einem Mittelpfeiler. Zwei kräftige Strebepfeiler stützen in der Mitte die Wände des Schiffes, die dem Druck der Gewölbe von innen ausgesetzt sind.

Dudelsack und Schottenrock

Man betritt die Kirche durch eine dem Turm vorgelegte kleine Halle (um 1700). Das viergeteilte Sterngewölbe des Turmes mit dem Lamm Gottes im Schlußstein und gemalten Blumenranken an der Decke sind wie ein Auftakt zu dem ungewöhnlich ausgestalteten Gewölbe des Kirchenschiffes (knapp 9 Meter lang, 5,40 Meter breit). Man kann es erst in der Mitte des Langhauses betrachten, da eine Empore von 1913 (Zugang von außen) den Blick abfängt. Wie ein Gewebe überziehen die Strukturen der beiden sechsstrahligen Sterngewölbe die üppig bemalte Decke. Die Rippen mit Hohlkehle sind rot, aber diesmal nicht mit Fugen bemalt, ihre Kreuzungspunkte grellrot betont. Sie ruhen an den Wänden auf Konsolen, die kleine Köpfe zieren.

Johannes der Täufer, Holzfigur aus dem 17. Jahrhundert

An der Nordseite gibt sich der hl. Jacobus d. Ä. als große Halbfigur mit der Muschel am Hut zu erkennen.

Die ungezählten Schlußsteine an den Kreuzungspunkten geben im Westgewölbe ein regelrechtes Bildprogramm wieder. Es ist der Passion gewidmet. Verteilt auf asymmetrische, schildähnliche Formen sind von einem ländlichen Meister in naiver Manier die Fünf Wunden (Hände, Füße, Herz) dargestellt. Das Gebet zu ihnen führte im Volksglauben zur Erlangung der ewigen Seligkeit. Die Fünf Wunden symbolisieren die Kreuzigung, die als kosmisches Ereignis von Sonne und Mond, zwei weiteren Schlußsteinen, bezeugt wird. Zwischen den Himmelskörpern ist das Lamm Gottes angebracht. Ferner erinnern ein Engel mit dem Schweißtuch und die Leidenswerkzeuge Christi symbolisch an seinen Kreuzestod, mit dem er Tod und Sünde überwand: zum Beispiel drei Nägel, Essigschwamm, Peitsche, Hammer, Zange. Die Schlußsteine des östlichen Gewölbes tragen Wappen der Grafen von Are und vieler anderer Adelsgeschlechter, die Beziehungen zu St. Wendelin hatten, sowie des Erzbistums Köln. In ihrer Mitte aber steht die Figur des hl. Eligius.

Von besonderem Charme ist die spätgotische Deckenmalerei (1971 ergänzt), die mit ihren Distelstengeln und Blüten dem Patron der Kirche Reverenz erweisen sollen. Der hl. Wendelin war nach der Legende ein schottischer Königssohn. Die Distel ist Schottlands Nationalpflanze, die auch dem mittelalterlichen Distelorden schottischer Ritter ihren Namen gab. Das Zickzack der Distelblätter sprießt aus allen Gewölbeecken. Und in den Blütenkronen sitzen Figuren mit Schottenrock und Schottenmütze, sie spielen Flöte oder das Nationalinstrument, den Dudelsack. Im weitgeöffneten, sehr langgestreckten Chor, der sechs Meter tief und etwas schmaler als das Schiff ist, wurden die Gewölberippen etwas sparsamer dekoriert. Der Chor soll etwas später als das Schiff entstanden sein. Jedoch sind die vielen Konsolen des Sterngewölbes reich an Figurenschmuck, kleinen Köpfen. Der hl. Matthias mit dem Beil, der hl. Johannes d. Evangelist mit dem Kelch sind beide als Halbfiguren dargestellt.

Der Hochaltar (Ende des 17. Jahrhunderts) ist der Altar aus der Wallfahrtskapelle Müllenwirft mit dem Gnadenbild von dort, einer Beweinungsgruppe vom Anfang des 16. Jahrhunderts. Die farbig gefaßte Holzarbeit steht im Zentrum der Muschelnische, gerahmt von drei imitierten Marmorsäulenpaaren. Der ländliche Meister hat den nackten Leichnam Christi nach der Kreuzabnahme den drei Trauernden Johannes, Maria Magdalena und der Mutter Maria in der Mitte, auf den Schoß gelegt. Der Tote verbindet sie in ihrer starren Vereinzelung. Johannes umfaßt seinen Oberkörper, Maria hält die Beine, Magdalena berührt einen Fuß. Die Gesichter drücken eher Verklärung aus. Rechts und links vom Altar stehen an der Wand als hohe Konsolfiguren (17. Jahrhundert) die Patrone der Kirche, Johannes d. Täufer und der hl. Wendelin. Sie stammen von einem früheren Hochaltar. Wären sie nicht an ihren Attributen zu unterscheiden, könnte man sie für Brüder halten, so ähnlich sind ihre Gesichter. Dem Einsiedler Wendelin, der nach der Legende zeitweilig Schweine, Kühe und Schafe hütete, liegt hier eine Kuh zu Füßen, und er hält die Schäferschippe wie ein Banner. Er ist ein Lieblingsheiliger der Bauern (s. Großlangenfeld). Ein Altar der hl. Sophia mit ihren Töchtern Fides, Spes, Caritas (Glaube, Hoffnung, Liebe) steht heute im Schnütgen-Museum, Köln.

Die Heilige mit Bart

Im Chor befindet sich auch das Kümmerniskreuz aus dem Wirfter »Fußfällchen« von 1800 mit der hl. Wilgefortis oder Kümmernis. Sie ist die bildgewordene legendäre portugiesische Königstochter christlichen Glaubens, die sich weigerte, den vom Vater bestimmten Heiden zu heiraten. Darüber wurde er so zornig, daß er sie kreuzigen ließ. So erlitt sie einen ähnlichen Tod wie Christus. Ein vorüberziehender armer Geiger tröstete sie am Kreuz mit seinem Spiel. Zum Dank warf sie ihm einen ihrer goldenen Schuhe zu. Diese Legende entstand um 1500, nachdem die Darstellung von Christus am Kreuz nicht mehr nach dem früheren Vorbild des mit langer Tunika bekleideten »Volto Santo« (Heiliges Gesicht) ohne Dornenkrone von Lucca in der Toscana nachgestaltet wurde. Der spätgotische Typ betont nun das Leiden am Kreuz, Christus ist nackt, nur von einem Lendentuch umschürzt und mit drei Nägeln angeschlagen. Er trägt eine Dornenkrone und ist bereits verschieden. Mit ihm identifizieren sich jetzt die Gläubigen, die vollkommen bekleidete Gestalt am Kreuz verstanden sie nicht mehr. Zu ihrer Erklärung entstand die Legende der hl. Kümmernis, die ihrerseits, wie hier, zu neuen Bildwerken anregte.

Im Kirchenschiff begegnet man im Fenster gegenüber der hl. Katharina noch einmal dem Schäfer Wendelin in Großformat, gemalt von Heinrich Maier 1913/14. Auf kleinen Bildchen im unteren Rand neben der stattlichen Kirche von St. Wendel (Saarpfalz) ist auch die von Kirmutscheid zu erkennen, einmal zusammen mit dem Pfarrhaus, einem Bauern und Pferd und einmal mit der Schule und einem Mädchen, das strickt und Kühe hütet. »So war es hier noch bis vor reichlich zwanzig Jahren«, erzählt die Küsterin Christel Fehling aus Wirft, die auch Besucher durch die Kirche führt. »Kaum war man aus der Schule gekommen, wurde man mit den Kühen auf die Weide geschickt, auch sonntags. Für Zäune gab es kein Geld. Wir mußten stricken, stopfen, Schulaufgaben machen und durften vor Einbruch der Dunkelheit nicht zurück sein.«

Dümpelfeld: St. Cyriakus

Teufel, Türen und der Wolf

»Kinder, Kinder, segnet Euch, Kinder segnet Euch, seht Ihr nicht, das ist der Teufel«, rief der alte Mann und bekreuzigte sich immer wieder, während die schwarze Eisenbahn an ihm und den beiden Söhnen vorüberfuhr. Sie hatten ihren Vater unter einem Vorwand an die Gleise bei der belgischen Grenze geführt. Denn daß man nun ohne Pferde und Ochsen fahren konnte, hatte er für eine ärgerliche Luderei gehalten. Spät kam das Erschrecken mancher Eifelbauern über die Dampflokomotive in die entlegenen Gebirgsgegenden. Erst nachdem der preußische Staat die Eisenbahnverwaltung selbst übernommen hatte, folgte zwischen 1880 und 1917 auch der Ausbau wenig gewinnbringender Nebenstrecken zu den vernachlässigten ärmeren ländlichen Gebieten. Die Schienenwege von Köln nach Aachen und Köln nach Koblenz waren 1842, von Köln nach Trier 1871 eingeweiht worden. Während für die Eisen- und Tuchindustrie im Norden der Eifel die Zuganbindungen zu spät erfolgt und die Firmen bereits in Großstädte wie Aachen abgewandert waren, um konkurrenzfähig zu bleiben, brachten sie den meisten Dörfern, die von Land- und Forstwirtschaft lebten, Gewinn.

Dümpelfeld in der Ahreifel wurde als Eisenbahnknotenpunkt bekannt. An der 1888 eröffneten Strecke Altenahr–Adenau gelegen, entfaltete sich der Ort (heute 380 Einwohner) zum Umschlagplatz für Holz. Die Baumstämme wurden aus umliegenden Dörfern mit Pferdefuhrwerken angefahren, am Bahnhofsgelände »eingeschnitten« und dann verladen. Von weit her kamen Bauern, um ihre Kartoffeln über den Schienenweg an Kunden zu verschicken. Kaufleute ließen sich nieder, Gastwirte machten Geschäfte, und Dümpelfelder Arbeiter, »die Rotte«, stopften die Dämme, hielten die Brücken und Gleise instand und verdienten Geld. Der Preis für das neue Handelsleben war hoch. Mittendurch schnitt der mächtige Bahndamm das Dorf. Zu eng liegt das Ahrtal hier zwischen den Bergen Schalt und Dümpelhardt, es hatte kein Ausweichen gegeben. Als dann 1910 die zweite Strecke nach Schuld Richtung Gerolstein eröffnet wurde, hatte Dümpelfeld, verkleinert und zerstückelt, noch einmal Substanz verloren. Dazu büßte es seine große Anziehung als Umschlagplatz ein, andere Bahnhöfe lagen nun näher.

Heute, seit den achtziger Jahren, sind die Gleise wieder stillgelegt. Auch die Land- und Forstwirtschaft gehört der Vergangenheit an. Die Strecke Richtung Adenau wird als Fahrradweg ausgebaut, in ihrer Tiefe verläuft der Abwässerkanal. Man richtet sich hier ein, mit den Bahndämmen zu leben, die eine Ausdehnung des Dorfes verhindern. Wegen seltener Flora stehen sie inzwischen unter Naturschutz. In Dümpelfeld fließt der Adenauerbach in die Ahr, und das Dorf zählt, die Bahn eingerechnet, acht Brücken. Zwei, die eine schmal und unauffällig über dem Flüßchen, die andere monumental hochgemauert für den einstigen »Teufel«, überqueren die enge Hauptstraße. Ihr braunscheckiger Bruchstein kommt aus dem Dümpelhardt. Linker Hand, weit über der massigen Brücke, auf dem Berg Hohn, steht aus demselben dunklen Gestein die spätgotische St.-Cyriakus-Kirche.

Der Aufstieg zu ihr führt an der neuen Kirche von 1966 vorbei, einem schiefergedeckten Zelt. Dreißig Stufen höher besetzt der alte

St. Cyriakus, Westturm und Südschiff

St. Cyriakus über dem Bahndamm

Bau seine überragende einsame Stellung in zugiger Bergluft. Zu Füßen liegen Ort und Ahrtal. Die Bergwände des Hohn sind von Laubbäumen bewachsen. Für Weinanbau ist es hier noch zu kalt, er begann im Mittelalter nur vier Kilometer weiter in Hönningen. Am Hang liegt auf Terrassen der Friedhof um die Kirche, die seit dem Neubau als Friedhofskapelle dient. Palmsonntag ist hier Palmenweihe, und einmal im Jahr, am Festtag des hl. Cyriakus, wird eine Messe gefeiert. Der massige, ungegliederte Westturm, der weithin sichtbar ist, verjüngt sich leicht nach oben und stammt noch, wie auch Teile des Schiffes, von einem romanischen Vorgängerbau des 13. Jahrhunderts. Die Schalluken birgt sein Knickhelm. In der zweiten Hälfte des 15. Jahrhunderts wurde das dreijochige Langhaus mit zwei Mittelsäulen zu einer zweischiffigen Halle gestaltet, eingewölbt und nur seine Nordseite wegen der Hanglage mit Strebepfeilern abgestützt. Dazu kam der etwas eingezogene Chor aus einem querrechteckigen Joch mit Abschluß aus fünf Seiten eines Achtecks und umlaufenden Strebepfeilern. So erhielt auch Dümpelfeld die vor allem in der westlichen Eifel beliebte zweischiffige Stützenkirche nach dem Vorbild der Hospitalkapelle in Cues (s. Meckel).

Du bist ein Schelm

Zusammen mit Schuld und Hönningen zählte St. Cyriakus zu den drei nördlichsten Beispielen dieses Typs. Aber Schuld wurde 1945 zerstört, und Hönningens alte Kirche ging als Querschiff 1894 in einen Neubau ein. St. Cyriakus war ursprünglich Tochterkirche von Hönningen, gehörte dem St.-Kuniberts-Stift in Köln und gelangte 1494 mit der Mutterkirche durch Tausch an die Johanniterkommende in Adenau, die für die Seelsorge aufkam. Erst um die Mitte des 17. Jahrhunderts

wurde St. Cyriakus mit Zuständigkeit auch für Niederadenau Pfarrkirche. Fünfzig Jahre vergingen noch, bis ein Geistlicher, Nikolaus Schmitz, in Dümpelfeld ein Haus beziehen konnte und die Furcht der Dorfbewohner, ohne die heiligen Sakramente sterben zu müssen, gebannt war. Die letzten Jahre seiner Amtszeit waren jedoch durch heftige Streitigkeiten mit seiner Gemeinde getrübt, und 1755 mußte Schmitz gehen. Er hatte zum Beispiel eine Prozession der Bruderschaft Jesus, Maria, Joseph auf dem Weg nach Altenahr verhindern wollen, da sie ohne Pfarrer ging, und dem Kreuzträger das Kruzifix abgenommen. »Du bist ein Schelm«, empörten sich die Pilger. Es gab großen Tumult, und Schmitz, so die Chronik, reagierte mit Ausfällen, auch gegen Verstorbene. Er war ein Anhänger der Aufklärung, die nun viele im Barockzeitalter aufgeblühte, auch ausgeuferte volksfromme Bräuche, wie Andachten von Laien, mit bischöflichen Verordnungen und Verboten beschnitt. Denn es hatten sich neben Frömmigkeit auch Aberglauben und Fetischismus breitgemacht, und manche Wallfahrt war zur vergnüglichen Sommerreise mit Auswüchsen geraten, gegen die die Kirche schon seit dem Mittelalter immer wieder anzugehen versucht hatte. Mit der Neueinteilung der Pfarreien wechselte Dümpelfeld 1802 vom Erzbistum Köln zu Aachen und kam 1824 schließlich zur Erzdiözese Trier.
Als die Kirche um 1900 eine Sakristei an der Ostwand des Chores erhielt, wurde streng darauf geachtet, daß sie sich den spätgotischen Formen anpaßt. Die dem Ort zugekehrte Nordseite des Schiffes ist üppig von Efeu überzogen. Sein Grün umhüllt die Strebepfeiler und rankt sich über die schmalen Spitzbogenfenster (Dreipaßmaßwerk). Hier liegt der Eingang mit kurzem neuem Vorbau. Das Westportal mit der gotischen Holztür und originalen Beschlägen ist verschlossen. Auch die durch den Vorbau geschützte Holztür stammt aus dem 15. Jahrhundert. Ihre Eisenbeschläge aus querlaufenden Bändern bilden Verstrebungen, die zu stilisierten Knospen und Blättern gestaltet sind. Eine dritte noch ältere Tür befindet sich bei der Turmtreppe.

Alte Holztür vom Westportal mit gotischen Beschlägen, Ausschnitt

Der erste Eindruck im Kirchenschiff wird durch die verdunkelnde breite Orgelempore bestimmt, die sich über seine Westhälfte bis zur ersten Mittelsäule zieht und die Raumwirkung der kleinen Halle beeinträchtigt. Die drei Gewölbepaare, zwei kreuzgewölbt, das östliche rautenförmig gegliedert, zeigen Hohlkehlrippen, die diesmal von Deckplatten der runden Mittelsäulen aufsteigen und an den Wänden in verzierten Konsolen (Köpfchen, Weintrauben) enden. Feinheiten und Schönheit der Struktur der Stützenkirche (9,50 Meter lang, 6,80 Meter breit) könnte eine auffrischende Farbfassung zu voller Entfaltung bringen. Doch wie vielerorts wird das Geld der kleinen Gemeinde vorrangig zur Restaurierung der neuen Kirche verwendet. Ein schmaler spitzbogiger Triumphbogen öffnet den tiefen, lichterfüllten Chor (je zwei Fenster in der Nord- und Südwand). Sein Gewölbe zieren Schlußsteine mit Taube

Alte Holztür vom Nordportal mit gotischen Beschlägen, Ausschnitt

(Symbol des Heiligen Geistes) und Wappen. Je zwei korbbogige Priesternischen sind in seine Nord- und in die Südwand eingearbeitet. Der Blick nach Westen in die spitzbogig geöffnete Turmhalle mit Kreuzgewölbe und schmaler Treppe hinauf zu den Glocken verliert sich im Dunkeln.

Die barocken Seitenaltäre, die dem kleinen Raum Gewicht geben, hat Meister Georgio Osterspey aus Antweiler 1694 und 1697 gearbeitet. Er renovierte auch den barocken Hochaltar mit korinthischen Säulen und Tabernakelaufsatz, bekrönt vom Auge Gottes. Der Altar ist dem Patron der Kirche geweiht und dem Nebenpatron, dem hl. Antonius, dem Eremiten. Beide Heilige stehen als hohe bemalte Terrakottafiguren erst seit 1772 auf dem Altar. Cyriakus ist mit dem Buch in der Hand als Diakon des Papstes Marcellus dargestellt. Zu seinen Füßen liegt ein Drache mit aufgerissenem Maul. Er ist Sinnbild des bösen Geistes, von dem Cyriakus die Tochter des Diokletian, Artemia, befreit haben soll. Daher entließ der Kaiser ihn aus der Zwangsarbeit in seinen Thermen, die Christen verrichten mußten. Seine Hinrichtung erlitt der Märtyrer unter Diokletians Nachfolger. Cyriakus gehört zu den Vierzehn Nothelfern.

Antonius wird zum Swinetünnes

Die Figur des Antonius zeigt den Heiligen in Mönchskutte. An ihrem Rocksaum erkennt man ein Schwein. Zum Swinetünnes, wie man ihn hier nennt, zum Helfer bei Schweinekrankheiten, wurde Antonius im Abendland erst seit dem späten Mittelalter. Im Anfang der Verehrung des Einsiedlers, der den Beinamen der Große trägt, stand sein Mönchtum. Er gilt neben dem hl. Benedikt als Vater des abendländischen Klosterwesens, lebte in Mittelägypten als Eremit in der Wüste, kämpfte siegreich gegen Dämonen, Versuchungen, trat als Wunderheiler hervor, sammelte Schüler um sich, für die er erste Mönchsregeln schuf, und starb im Jahr 356 im Alter von 105 Jahren. Nachdem 1095 der Sohn eines französischen Edelmannes in Südfrankreich in der Nähe von Reliquien des Heiligen von der unheilbaren Plage der Mutterkornkrankheit (hervorgerufen durch einen am Roggenkorn haftenden Pilz) befreit worden war, gründete der Ritter zum Dank den Orden des hl. Antonius. Der widmete sich der Pflege vorrangig dieser Kranken, die, von heftigem Juckreiz befallen, in brennendem Feuer zu stehen glaubten und deren Glieder schließlich brandig abstarben. Zur Blütezeit des Ordens, der 1777 mit den Maltesern vereint wurde, unterhielt er in Europa 369 Hospitäler. Antonius war nun weit und breit Helfersheiliger von Seuchen und Beschützer gegen den raschen Tod. Vermutlich wegen äußerer Ähnlichkeiten der Mutterkornkrankheit mit dem Rotlauf bei Schweinen wird Antonius dann im späten Mittelalter zum Nothelfer bei Schweinekrankheiten mit reichen volksreligiösen Bräuchen. In den meisten Dörfern lief auf Gemeindekosten ein Antoniusschwein in der Herde mit, das durch ein Glöckchen um den Hals gekennzeichnet war. So glaubte man die kostbare Schweineherde vor Rotlauf und anderen Krankheiten sicher. Das Geld nach dem Schlachten sammelte für die Antoniter ein Antoniusmeier, der Tönismeyer, ein. In der Eifel breitete sich dieser Kult von der spätgotischen Antoniuskirche in Trier aus. Dazu wurde es hier üblich, am Festtag des Antonius, dem 17. Januar, geräucherte Schweinekinnbacken zu opfern. Sie galten als Delikatesse und wurden nach der heiligen Messe versteigert; den Erlös verteilte man an Arme. Bis weit in das 19. Jahrhundert hinein spielte dieser Brauch bei den Bauern eine große Rolle. Bischof von Hommer von Trier (1824–36) sah ihn nur mit Unwillen.

Die Dümpelfelder Geiß

Eine Plage, die die Eifel zu Beginn des 19. Jahrhunderts heimsuchte und die Bauern um ihre Schafe bangen ließ, waren die Wölfe. Durch Kriegsunruhen vertrieben, hatten die Tiere aus den Vogesen und den Ardennen in der Eifel Zuflucht gesucht und sich bedrohlich vermehrt. Die preußische Regierung betrieb zwischen 1814 und 1838 bei Aussetzung von Belohnung ihre systematische Erlegung durch Wolfsgruben, Wolfsgräben, Vergiftung mit Krähenaugen und Abschuß. Viele Sagen und Legenden spiegeln Angst und Schrecken vor dem reißenden Tier, oft auch Dankbarkeit vor Errettung aus Gefahr. Im waldreichen Dümpelfeld entstand die Sage von der Geiß, die einen Wolf fing: »Wo heute die neue Kirche steht, lag früher eine Wiese, und dort graste, angepflockt, die Geiß des Pfarrers. Als sich ihr eines Tages ein Wolf zum Angriff näherte, riß sie ihre Verankerung los und lief den Berg hinauf zum Friedhof, das schleifende Seil mit dem Pflock und den Wolf hinter sich. Wie immer im Sommer, stand die schwere Nordtür der Kirche weit offen. Als wolle die Geiß den Herrgott um Hilfe anflehen, sprang sie in die Kirche, und der Wolf hinterher. Vor dem Hochaltar mit dem Leib Christi im Tabernakel wurde ihr eingegeben: Lauf um den Altar herum und wieder zur Tür hinaus! So lief sie um den Altar herum, und als sie wieder zur Tür hinaus wollte, verklemmte sich der Pflock unter der Tür. Die Geiß zog an ihrem Seil und zog, bis es riß. Dabei fiel die Tür ins Schloß. Die Geiß war frei und der Wolf in der Kirche gefangen. Laut tönte sein Geheul« (nach Knut Stratmann).

Gransdorf: St. Apollonia

Der Zahn in der Zange

In der weiten Talmulde des Spangerbaches, der »Urwies« und »Beim Schafskempel« (Schafstümpel), wo früher die Schafe erst gewaschen, dann geschoren wurden, liegt Gransdorf. Die Häuser des 900 Jahre alten Ortes drängen sich am sanften Mühlenberg, der, wie sein entferntes Gegenüber, der Kirchberg, von Wiesen mit Obstbäumen überzogen ist. Im Winter, bei Schnee, geben die bizarren kahlen Kronen der weichen Landschaft Rhythmus im Stakkato, und Pfahlreihen stecken zeichenhaft kleine weiße Vierecke, die Weiden, ab. Es ist ein Siedlungsgebiet von Kleinbauern, die neben zwei, drei Kühen, die sie im Winter den Frauen überließen, noch etwas Forstwirtschaft betrieben. Auch Sand- und Kalksteingruben brachten zusätzlich Geld. Alte Öfen zur Kalkgewinnung durchsetzen Dorf und Flur, die letzten brannten bis 1970. Heute leben in Gransdorf noch sechs Familien ausschließlich von Landwirtschaft, die anderen pendeln oder arbeiten auf dem Flughafen der US-Air-Force in Spangdahlem. Ein Stück Land wird nebenher bestellt. Bei der Gebietsreform der sechziger Jahre wechselte Gransdorf vom Landkreis Wittlich zu dem von Bitburg-Prüm, beide Kreisstädte liegen gleich weit entfernt.

An das alte Pfarrhaus mitten im Ort wurde 1923/24 aus dem rötlichen Gransdorfer Sandstein eine mächtige Kirche in gotisierenden Formen gebaut, für deren Finanzierung die Gemeinde eine Lücke von zehn Hektar in ihren Wald geschlagen hatte, umsonst, denn die Inflation machte das Geld für das Holz wertlos. Unter Aufopferungen eines jeden Dorfbewohners wurde das im weiten Umkreis größte Gotteshaus dennoch eingeweiht.

Auch wenn alle zum Gottesdienst kamen und kommen, ist die Kirche noch nicht ausgelastet. In den letzten zwölf Jahren erfuhr sie für 600000 Mark eine gründliche Renovierung. Darüber und in allen Jahrzehnten seit 1929 wurde die mittelalterliche Kirche, St. Apollonia, Gransdorfs bei Dunkelheit angestrahltes Wahrzeichen, auf dem Kirchberg vollkommen vernachlässigt. 1986 kam sie unter Denkmalschutz. Dohlen, Raben, Elstern und Eulen nisteten im Turm und im Dach, häuften Kubikmeter Reisig an. Vor fünf Jahren brachten Vogelschützer in den Schallarkaden Brutkästen an und versperrten den Tieren ihren Zugang in den Turm. Feuchtigkeit zeichnet ihn und das Schiff im Inneren, wo die gemauerten Altartische und ihre hölzernen Aufbauten zerfallen und verrotten. Alles bedeckt dicker Staub, Diebe taten ein übriges und entwendeten vom Rokoko-Hochaltar, einem stattlichen Tabernakelbau, die zentrale Figur der hl. Apollonia, Patronin der Kirche. Seit dem Neubau der zwanziger Jahre fand, mit Unterbrechungen, bis 1950 noch zweimal im Jahr, am Festtag der Heiligen und zu Mariä Lichtmeß, hier oben eine Messe statt. Dann lag die Kirche bis auf den umliegenden Friedhof brach. Von 1975 an diente die Sakristei dann als Leichenhalle, das Schiff bleibt unbenutzt. Wenn jemand gestorben ist, zieht die Trauerprozession nach der Totenmesse in der neuen Kirche durch das Tal zu St. Apollonia den Berg hinauf, nimmt Abschied von dem Toten und begräbt ihn nahebei. Mit einem Spendenaufruf will sich der junge Pastor Heck, der von Oberkail aus auch

St. Apollonia, Nordansicht

Gransdorf betreut, für die verwahrloste Kirche einsetzen. Aber erst steht die Renovierung des vermieteten alten Pfarrhauses nun von außen auf dem Programm.

St. Apollonia, vor einem Hochplateau herausgehoben auf dem Talrand und weithin sichtbar, ist eine uralte Pfarrkirche mit zeitweilig acht Filialen gewesen. Als sie im 12. Jahrhundert im Besitz des St.-Simeon-Stiftes von Trier genannt und zu Anfang des 14. Jahrhunderts, vermutlich auf einem romanischen Vorgängerbau, errichtet wurde, war sie Maria geweiht. Irgendwann später, um der starken volkstümlichen Verehrung nachzugeben, rückte Apollonia auf. Der Wechsel eines Schutzheiligen kam gelegentlich vor. Von fünfzig Kirchen und Kapellen in Köln, die 1190 bekannt waren, haben zum Beispiel fünf im 17. Jahrhundert einen neuen Patron. Die Märtyrerin Apollonia aus Alexandrien, die 249 hingerichtet wurde, bat man um Hilfe bei Zahnschmerzen, da ihr nach einer späteren Legende vor der Enthauptung die Zähne ausgerissen worden sein sollen. Ihre bildliche Darstellung, so auch die aus der Kirche verschwundene, zeigt sie immer mit ihrem Marterwerkzeug in der Hand, einer Zange mit eingeklemmtem Zahn. Von weit her kamen früher Pilger nach Gransdorf auf den Kirchberg, opferten der Heiligen Gaben und baten um Befreiung von Zahnweh. Die neue Kirche machte den Wechsel der Schutzheiligen rückgängig; sie ist wieder Maria geweiht. Als Pfarrkirche hat sie heute noch zwei Filialen und gehört zur Diözese Trier.

Ausgeprägtes Formgefühl

Die Erbauer der schlichten, weißverputzten Landkirche auf dem Berg hatten ausgeprägtes Formgefühl. Sie gruppierten die vier kubischen Baukörper unterschiedlicher Breite und Länge in einer Achse und ließen die Dachhöhe von Sakristei, Chor und Schiff zum Turm hin ansteigen, so daß eine rhythmisch spannungsvolle Gliederung der Anlage erreicht wurde. Als kraftvolle, aus den drei spitzen Giebeln zusammengerückte Komposition nimmt man den Bau in Ostansicht wahr. Was bei der Betrachtung der Kirche von außen nicht auffällt, wird im Inneren, am Triumphbogen, sehr deutlich: das Schiff ist im Grundriß etwas verschoben, und die Anbauten sind es entsprechend auch. Dazu wird die Baugeschichte mit beigetragen haben. Denn nach der Errichtung von Turm, Langhaus und eingezogenem, kreuzgewölbtem Chor Anfang des 14. Jahrhunderts folgte um 1470 die Erneuerung der Südwand des Schiffes, die allein Strebepfeiler für das neue Gewölbe erhielt. Ein mit reichem Maßwerk verziertes, zweiteiliges Fenster dieser Zeit ist noch erhalten, das westliche stammt aus dem 19. Jahrhundert. Die dem Wetter ausgesetzte Nordwand blieb ohne Lichtöffnung. Das Chorfenster im Süden wurde 1613 mit Dreipaßmaßwerk gearbeitet und vom Steinmetzen bezeichnet, ein ähnliches im Norden trägt Wappen des Erzbischofs Jakob II. von Baden (1503–1511) und eines Manderscheider Grafen. Vom großen Umbau stammt die Sakristei mit der schmalen, vermauerten Tür, die ein Rillenprofil schmückt.

Der viergeschossige Westturm steht auf einem hohen, abgesetzten Geschoßsockel. Er ist von Schlitzluftlöchern durchsetzt, hat neue viereckige Schallfenster und trägt einen kurzen Spitzhelm. Sein ehemaliger Westeingang wurde 1821 vermauert und durch ein korbbogiges Portal im Süden ersetzt. So ist die Turmhalle mit ihrem Tonnengewölbe Eingangshalle der Kirche geblieben. Ihre zum Schiff geöffneten massigen Mauern tragen rechts und links Weihwasserbecken in Muschelform aus dem heimischen Sandstein. Das zweijochige Langhaus (10,35 Meter lang, 6,55 Meter breit) trägt sechsstrahlige Sterngewölbe mit doppelt profilierten Rippen, die in schlanken Konsolen an den Wänden zusammenlaufen. Über dem Triumphbogen enden sie stumpf. Blumen schmücken die Schlußsteine und zwei Wappen; das eine zeigt zwei Löwen, das andere die Initialen WHPG, die Pfarrer Wilhelm Hermanni (1467–1473) zugeschrieben werden. Er war während des Umbaus im Dienst. Die Farbfassung der vielfach verzweigten Gewölbeglieder und der Fensterrahmungen in hellgrauen und rotbraunen Streifen gibt dem Raum einen freundlichen Charakter. Urtümlichkeit zeigen der rundbogige, schräg versetzte Triumphbogen mit seinem kräftig herausgearbeiteten Gesims wie auch die Stützformen des Kreuzgewölbes im nahezu quadratischen Chor (4,80 mal 4,90 Meter). Hier ruhen die im Querschnitt einer Birne ähnlichen Rippen (Birnstabrippen) und die tiefen spitzen Blendbögen als Stütze der Wand noch auf mächtigen Eckpfeilern, in die Dreiviertelsäulchen eingearbeitet sind. Mehr als hundert Jahre liegen zwischen der Einwölbung von Chor und Langhaus. Bäuerliche Schwere haftet den älteren Formen an.

Pilgergräber in den Wellen

Von allen Pfarrern, die in Gransdorf und auf dem Kirchberg tätig waren, hat einer legendäre Berühmtheit erlangt, Konrad Müller. Er begleitete 150 Gransdorfer am 27. Juni 1725 auf ihrem Pilgerweg nach Trier zur St.-Matthias-Kirche. Nach der Legende soll sich dort das Grab des Apostels befinden, das seit dem Mittelalter vor allem aus dem Kölner Raum große Wallfahrten anzog. Die Gransdorfer Gruppe übernachtete unterwegs, um am frühen Morgen von Pallien aus über die Mosel zu setzen. Heftiger Sturm hielt sie davon nicht zurück. Um sechs Uhr bestiegen die Pilger die »Ponte«, ein kahnartiges Flußfahrzeug. Es schlug um, »und alle fanden ihr Grab in den Wellen der Mosel, ausgenommen die zwei, welche Kreuz und Fahne in den Händen trugen. Andere jenseits der Mosel gestandene Bittfahrer haben betheuret, daß sie den frommen Pastorn fast noch eine Viertel Stunde auffm Wasser schwimmen gesehen, und gehört, seinen ertränkenden Schäflein standhafftig zuzurufen: Sie sollen Reu und Leid über ihre Sünden erwecken, der grundgüttige Gott werden sie ans Gestatt der ewigen Glückseeligkeit führen« (de Lorenzi).

Als hätte sie es mit eigenem Auge gesehen, kann Gertrud Spoden jede Einzelheit des

St. Apollonia, Innenaufnahme aus der Zeit um die Jahrhundertwende

Unglücks erzählen. Sie ist diejenige im Dorf, die noch die meisten Überlieferungen kennt. Von ihren Eltern erbte sie den Hof am Spangerbach, den sie mit Kuh, Kalb und einem Rind allein bewirtschaftet, 71 Jahre alt. Heute ist ein Tierarzt mit dem Auto schnell zur Stelle, aber vor Jahren kam noch ein Mann aus dem Dorf in ihren Stall, um die von der Blaskapelle in Schock versetzte, stundenlang zitternde Kuh mit dem Kreuzeszeichen und Gebeten zu beruhigen. »Früher hat man immer gesagt,« erinnert sich Gertrud Spoden, »wenn man aus einer Kuh keine Milch herausholte, ›da hat jemand am Handtuch gemolken!‹ Man hat vermutet, wer es war. Dann mußte man die Kette von der Kuh nehmen, sie im Ofen glühend rot machen und dann damit auf die Erde schlagen, um den Hexenzauber herauszuschlagen.« Nicht in allen Dörfern wagt man, so offen von Schadenzauber zu sprechen.

Dottel: St. Antonius

Arbeit mit Blei und Eisen

Die Römer versorgten sich in Köln mit frischem Quellwasser aus dem Urfttal der Nordeifel. Es floß durch ein 77,6 Kilometer langes Bauwerk, einen gemauerten Kanal. Fachleute des hochentwickelten Weltreiches durchzogen die Eifel unter Verwendung uralter Wege mit einem technisch vollkommenen Straßennetz für die Heere und stiegen in die Basaltlavabrüche bei Mayen. Sie brachen Tuffstein im Brohltal für ihre Festungen und führten die Industrie mit Blei und Eisen bei Mechernich und im Schleidener Tal durch verfeinerte Produktionsweisen zu früher Blüte. Den Rohstoff verarbeiteten sie zu Waffen und Haushaltsgeräten. Die Bleiberge, heute als die größten Lagerstätten Europas bekannt, erstreckten sich in der Nordeifel zwischen Keldenich und Mechernich. Hier siedelten die Römer, und Dottel, herausgehoben aus der Quellandschaft der vielen Flüßchen und Bäche auf dem kleinen Dotteler Berg, war für sie ein vertrauter Ort. Denn 400 Meter nördlich verlief der Wasserkanal, die Heerstraße Trier–Köln führte durch das heutige Dorf, und am Fuß der Anhöhe betrieben die Römer Bleibergbau.

Auch in den Zeiten nach ihrem Abzug änderte sich für die hier lebende Bevölkerung an der Lebensgrundlage, dem Blei, vermutlich nichts. Belege für vermehrten Abbau finden sich dann wieder im ausgehenden Mittelalter. Die Dotteler gruben direkt vor der Tür oder sie gingen zu Fuß nach Mechernich. In Pochhütten wurde das losgebrochene Gestein zerkleinert, am Bleiberg dann mehrfach gewaschen, in Fässer gefüllt oder in Schmelzhütten zu Blöcken geformt. Auch Frauen beteiligten sich an der Arbeit. Schließlich brachten Pferdekarren das Blei nach Köln und Bonn in den Handel. Erst nach 2000 Jahren, mit Stillegung des Bleibergwerks in Mechernich 1957, endete diese bedeutende Industrie, die ihren Höhepunkt im 16. und 17. Jahrhundert hatte. Die Bundeswehr übernahm das Gelände. Landwirtschaft kam in dem kleinen Dorf Dottel immer erst an zweiter Stelle. Die Bewohner pflegten einen Bauerngarten mit Obstbäumen um Fachwerkhäuser, die heute vielfach mit Asbestplatten verschalt sind. So auch der »Heidentempel«, Dottels ältestes, winziges Haus bei der Kirche, das Überbleibsel einer Kapelle. Grobe verwitterte Außenfiguren an dem Gebäude hatten einstmals bei den Bewohnern den Namen ausgelöst, der die römische Vergangenheit beschwor. Stattliche Höfe gab es nicht, mit Ausnahme des Pfarrhofes. Das Pfarrhaus, ein zweigeschossiger imposanter Steinbau von 1792, der bis heute aus dem kleinen Gefüge des Ortes herausfällt, war mit Stallungen und Wirtschaftsgebäuden der größte Bauernhof. Die Dotteler Pastöre nutzten ihn bis 1866. Danach wurde der Wirtschaftstrakt verpachtet. Das »Pfarrsälchen«, nicht größer als 20 Quadratmeter, diente seit 1921 als Schule, die später in einen Anbau umzog. Inzwischen hatten die Pfarrer längst ihren Amtssitz im benachbarten Scheven aufgeschlagen. Ihr nobles Quartier, dessen Keller im Krieg als Luftschutzraum diente, wird seitdem bis heute an Privatleute vermietet.

Die spätgotische Pfarrkirche St. Antonius besetzt, wie es ihr im Mittelalter zukam, als Bekrönung des Dorfes den höchsten Platz. Noch für den weiten Umkreis der welligen Flur mit Waldstrecken aufragend erkennbar,

St. Antonius, Ostansicht

gab sie die Orientierung. Sie zielte, wie das Wandbild im Chor mit dem Weltgericht verdeutlicht, auf die Vorbereitung zum Jüngsten Tag mit Ermahnungen zu gottgefälligem Leben. Die zentrale Bedeutung der Kirche für den mittelalterlichen Menschen stellen Turm und Lage monumentalisierend heraus. Die weißverputzte Antoniuskirche zeigt feine elegante Formen, in denen Wohlstand der Gemeinde zum Ausdruck kommt. Ursprünglich war sie Filiale von Olef, wird dann aber 1550 in einem Visitationsprotokoll als »moderkirch«, Mutterkirche, bezeichnet, und die Dörfer Heistert, Scheven und Wallenthal werden nach Dottel eingepfarrt, Wallenthal und Scheven sind ihr bis heute geblieben. Die jahrhundertelange Zugehörigkeit zur Erzdiözese Köln endete 1930 mit Überweisung zur Diözese Aachen.

Die territorialen Verhältnisse der in kleine Dynastien zersplitterten Eifel waren kompliziert, zumal einige Herrschaften in anderen noch Enklaven unterhielten. Dottel gehörte ursprünglich zur Herrschaft Dreiborn, die beim Bischof das Vorschlagsrecht für einen neuen Pfarrer besaß und die den »Zehnten« einzog. Um 1500 herum wurde Dreiborn Jülicher Lehen und von den Herren von Harff verwaltet. In Dreiborns unmittelbarer Nachbarschaft lag einer der Höfe des weitverzweigten Adelsgeschlechts der Manderscheider, das die Eifel wirtschaftlich beherrschte, Schleiden. Er war Dietrich IV. teils durch Kauf, teils durch Erbe seiner Frau zugefallen. Dieser Regent, als Dietrich der Weise bekannt (s. Kerpen), und seine Nachfolger führten vor allem die Eisenindustrie, die, wie man heute weiß, seit den Römern kontinuierlich fortbestand, in ihrer großen Herrschaft zu raschem Aufschwung und begründeten den Ruf der Eifel als frühindustrielles Zentrum in Europa. Die Grundvoraussetzungen waren ideal. Für die Gewinnung der Bodenschätze lieferten ausgedehnte Wälder Holzkohle zur Verhüttung, und die vielen kleinen Flüsse gaben Wasserkraft und Energie. Enge familiäre Beziehungen zu Adelsgeschlechtern in Hüttenregionen in den Räumen Nassau, Siegen und Lüttich förderten einen regen Austausch von Techniken und Fachleuten, die aus Lüttich zum Beispiel den Hochofen im Schleidener Tal einführten. Für die Bevölkerung gab es viele Verdienstmöglichkeiten, eine war der Transport. Die Ware, meist Stab- und Roheisen, wurde nach Köln, Aachen und Lüttich abgesetzt und dort weiterverarbeitet, Köln war im späten Mittelalter ein Zentrum für Eisenhandel und Schmiede. 1562 lieferte ein Kölner Händler, den man auf den Manderscheider Burgen gut kannte, 8000 lange Spieße und 40 Panzerhemden an den schwedischen König.

Grafen buhlen um Gunst

Der Unterherrschaft Dreiborn war der Reichtum der großen Nachbarn aus dem Eisen nicht entgangen. Sie schloß sich dem industriellen Auftrieb an und gründete in Anwesenheit eines Jülicher Amtsmannes in Olef ein Eisenwerk. Denn den Landesherren, die mit der Goldenen Bulle von Kaiser Karl IV. im Jahre 1356 das Burgrecht erhalten hatten, eröffnete sich in den Hütten eine ergiebige Einnahmequelle. Ihnen stand neben Pachteinkünften der »Zehnte« zu, also jeder zehnte ausgelieferte Eisenkarren. Darum warben sie um die Gunst der Reidemeister, der Fachkundigen im Werk, die auch in Kriegszeiten nicht unwichtig waren, mit Geldgeschenken. Die Reidemeister bekamen außerdem das Vorrecht, selbst eine Hütte zu gründen, und durften bei Gefahren mit ihrer Familie auf der Burg Zuflucht suchen. Auch die in ständiger Bedrohung unter Tage arbeitenden Bergknappen hatten in der Gemeinschaft gegenüber der Landbevölkerung eine Sonderstellung. Sie waren von gewissen Steuern befreit und hatten Privilegien bei der Fischerei und Jagd. Die Vereinbarungen unterschieden sich etwas von Herrschaft zu Herrschaft. Im Herzogtum Arenberg gab die Bergfreiheit dem Arbeiter Immunität und Asylrecht für sechs Wochen und drei Tage, »auch wenn er neben dem Berg das Leben verwirkt hat«. Die meisten Hütten wurden als Genossenschaften betrieben.

Sehr viele Reidemeister hatten in der zweiten Hälfte des 16. Jahrhunderts unter den toleranten Manderscheider Regenten (s. Kerpen) die Lehre Calvins oder Luthers angenommen. Dietrich VI. führte dann 1565 in seiner Grafschaft die Reformation ein. Nach seinem Tod 1593 und dann einsetzender Rekatholisierung wanderten viele Reidemeister ab und bewirkten damit einen ersten Einbruch der Eisenindustrie. Die Entwicklung blieb dann wechselvoll, doch von vielen Aufschwüngen gekennzeichnet, dem letzten im 18. Jahrhundert. Das Ende der großen Eisenindustrie in der Nordeifel brach um die Mitte des 19. Jahrhunderts an, vor allem, weil die Eisenbahn hierhin zu spät gekommen war (s. Dümpelfeld). Die bedeutenden Firmen zogen ins Ruhrgebiet, ins Saarland oder nach Aachen. Dort saß die Konkurrenz an schnellen Schienenwegen und heizte die Hochöfen mit effektiverem Koks, während in der Eifel noch Holzkohle verwendet wurde. Nur ein kleiner Rest von Betrieben blieb.

Teufelsdreck

Für die Landschaft hatten die Jahrhunderte der Erzgewinnung mit Hilfe von Holzkohle verheerende Wirkung. Der Raubbau am Laubwald, schon von Dietrich IV. erkannt, wurde durch Verbote und Verordnungen, die Haushalte verpflichtete, im Jahr zehn Eichen (um 1600), dann 400 Eicheln (1723) im Wald zu pflanzen, nicht aufgehalten. Karges Heideland und Zonen mit Krüppelbäumen breiteten sich aus, wo einst dicht bei dicht Rot- und Hainbuchen gestanden hatten. Ein preußischer Regierungsbeauftragter notierte bei einer Reise durch die Eifel: »Man solle sehen und weinen, weil die Berge von allen Seiten ihre nackten Schädel, welche kein Gesträuch deckt, erheben.« Mit »Teufelsdreck«, wie die Eifeler den Fichtensamen schimpften, den sie in ihren Backöfen untauglich machen wollten, forsteten die Preußen seit der Mitte des vorigen Jahrhunderts die verwüsteten Wälder wieder auf. Sie hatten wegen seiner Schnellwüchsigkeit Nadelholz bevorzugt. Der ungeliebte »Preußenbaum«, das »preußische Holz«, durchzieht in Bahnen auch das wellige Wiesenland um den Dotteler Berg. Vom

Der hl. Antonius mit Antoniterstabkreuz und Schwein, farbig gefaßte Gipsfigur des 19. Jahrhunderts

Friedhof aus hat man über das Dorf hinaus freie Sicht. Die Gräber reihen sich um die Kirche, abgeschlossen von der Umgebung durch eine kräftige Ringmauer. Die Anlage am Dorfrand steht auf einem Erdsockel. Vom Osteingang aus, bei der alten dreigeteilten Linde, präsentiert sich die späte Antoniuskirche als schlanke, aufragende Silhouette mit dem vieleckig gebrochenen Chor in eleganten feinen Formen im Blickfeld. Steil steigt sein Schieferdach auf, übernimmt flächig die Brechungen der Mauern, die der Kranz hoher, feingearbeiteter Strebepfeiler deutlich hervorhebt. Schmale, zweigeteilte Maßwerkfenster machen die Chorwände durchlässig und zierlich. Im Norden schneidet das extrem spitzgiebelige Dach der Sakristei in das Chordach ein. Chor und Sakristei wurden im 16. Jahrhundert an die zweischiffige ältere Kirche angebaut. Der dreigeschossige Westturm mit

Mauern bis zu 1,82 Meter Stärke, stammt von einem Vorgängerbau, trägt aber einen spätgotischen achtseitigen Knickhelm. Er liegt zu Langhaus und Chor axial und hat, wie auch der Chor, die Breite des Hauptschiffes. Das um die Hälfte schmalere Seitenschiff schiebt sich nach Norden vor. Sein Dach zieht bruchlos in einem Schwung weitflächig hoch bis über das Mittelschiff. Nord- und Südwand des dreijochigen Langhauses werden durch hohe Strebepfeiler gegliedert und von je zwei reich verzierten Maßwerkfenstern durchbrochen. Die Turmgeschosse sind durch Gesimse sichtbar gemacht, die, wie alle Fensterlaibungen, dekorativ rot gegen den weißen Putz abgesetzt sind. Auch die rundbogig gekuppelten Schallarkaden mit verzierten Säulchen (achteckige Kanten, Basen und Kapitelle würfelförmig) sind farbig gefaßt. Der Turm zeigt im Westen noch ein schmales Fenster, im Süden zwei rechteckige Öffnungen untereinander.

Zuflucht der Sünder

Man betritt die Kirche durch eine dem Westportal des Turmes angefügte Vorhalle vom 19. Jahrhundert. Die Turmhalle zeigt Kreuzgratgewölbe, das auf breiten schweren Eckkonsolen ruht. Seine rippenlosen Bögen zeichnet ein rotes Band mit weißen Fugen und schwarzem Rand nach. Ebenso ist die breite spitzbogige Öffnung zum Schiff bemalt. Damit ist hier bereits der farbige Grundakkord für das Kircheninnere angeschlagen, dessen Architektur und Gliederungssystem nach der Renovierung in den achtziger Jahren prachtvoll zum Tragen kommen. Der Raum des kreuzgewölbten Schiffes (8,84 Meter lang) setzt sich, kaum unterbrochen durch einen äußerst hohen und weiten Triumphbogen, bis in die Tiefe des Chores fort (7,50 Meter tief). Nach Norden dringt er durch drei niedrige spitzbogige Arkaden in das schmale, flachere Seitenschiff (Breite mit Hauptschiff 9,50 Meter).Wegen der deutlich größeren Höhe des Mittelschiffes im Vergleich zum Seitenschiff und wegen des Fehlens eigener Fenster in der Mittelschiffwand nennt man diese Kirchen auch Pseudobasilika. Der Begriff ist gleichbedeutend mit Stufenhalle.

In schmalen Jochen, getrennt durch Gurtbögen, springen die Hohlkehlrippen im Hauptraum steil empor zur Decke. Ihre Stützpunkte sind an der Wand Dreiviertelsäulen, gegenüber an den Arkaden breite Kapitellplatten auf den kräftigen, kurzen, runden Säulen. In den Ecken verlaufen sie im Leeren. Schlußsteine zeigen eine Glocke und Wappen. Die dichte, strenge Kreuzstruktur der Rippen in der Höhe und die sie aufnehmenden markanten Säulenkörper, beide farbig herausgehoben, geben dem Raum seinen festumschlossenen Charakter. Im schmalen kreuzgewölbten Seitenschiff fallen breite Gurtbögen auf. Sie enden in Wandkonsolen. Die drei Schlußsteine zeigen einen Löwen als Wappentier, das Lamm Gottes und eine Blume. Seit der Entfernung einer Empore steht hier die Orgel. Der lichtdurchflutete Chor mit kreuzgewölbtem Vorjoch ist um eine Stufe erhöht. Seine Hohlkehlrippen ruhen auf profilierten Konsölchen. An seiner Nordwand legte man bei der letzten Renovierung vor ein paar Jahren Wandmalereien frei, eine Abendmahlszene und die Darstellung des großen Weltgerichtes. Christus sitzt als Weltenrichter auf dem Regenbogen, bietet seine fünf Wunden dar (freier Oberkörper) und segnet und verdammt die Menschen, die sich beim Schall der Posaunen zweier Engel aus den Gräbern erheben. Der Teufel steht mit einem Spieß bereit. Als Fürbeter ist nur noch Johannes d. Täufer erkennbar, Maria ging im Lauf der Zeit verloren. Die Jahreszahl unten rechts nennt das 18. Jahrhundert. Vielleicht hat der ländliche Meister in dieser Zeit ein ursprünglich spätmittelalterliches, verblaßtes Weltgericht wiederbelebt. Aber auch im Barock hallte das »Memento mori« (gedenke des Todes) im Sinne des Augustinus noch nach: »Lebe gut, damit du nicht schlecht stirbst.« Barockzeitlich sind auch die kleine Kanzel und der hölzerne dunkelbraune Hochaltar in Gestalt eines großen Drehtabernakels (tabernakulum = Hütte, Zelt), des Gehäuses zur Aufbewahrung der geweihten Hostien. Es wird von Säulenpaaren mit vergoldeten Kapi-

Das stattliche Steinhaus des Pfarrers von 1792 läßt noch heute die Größe des alten Pfarrhofes ahnen

tellen gerahmt und überkuppelt von acht auffliegenden Schneckenverzierungen, Voluten. Die Bekrönung bildet »Maria vom Siege« die »Zuflucht der Sünder«. Ihre Figur steht auf der schlangenumwundenen Weltkugel, das Jesuskind auf ihrem Arm tötet mit dem Kreuzstab symbolisch die Paradiesschlange. Auch der klassizistische Seitenaltar ist Maria geweiht. Der Patron der Kirche findet sich als neogotische, farbig gefaßte Konsolfigur aus Gips an der Hauptschiffwand in Mönchskutte mit Kapuze. Ein dickes schwarzes Schwein lehnt sich an ihn an. Antonius der Eremit, Vater des Mönchtums, der 356 in biblischem Alter in Ägypten starb, erlangte erst im späten Mittelalter Verehrung als Nothelfer für Schweinekrankheiten (s. Dümpelfeld). Auch in Dottel legte man an seinem Festtag, dem 17. Januar, halbe Schweineköpfe als Opfergabe auf den Altar.

Weyer: St. Cyriakus

Dienende Matronen

In Weyer verfuhren die Verantwortlichen von St. Cyriakus seinerzeit praktisch und kostensparend bei der Wiederverwendung eines römischen Matronenaltares. Sie legten den gediegenen, reichlich einen Meter hohen Kalksteinquader in den Unterbau des Hochaltares, damit er der Festigkeit des Blockes diene. Und, um einem Mißverständnis vorzubeugen, wies die Schauseite mit der Darstellung der Göttinnen nach unten. Niemand wußte mehr von den drei Verborgenen, die hinter einer Holzverkleidung verschwunden waren, bis sie im Februar 1991 bei Renovierungsarbeiten unbeschadet wieder zum Vorschein kamen. Wie die wissenschaftliche Untersuchung durch Wilfried Maria Koch erwies, wurde der Matronenstein vom Ende des zweiten Jahrhunderts n. Chr. bereits zweimal in nachantiker Zeit für die Cyriakus-Kirche zu einem christlichen Altar umfunktioniert. Vom ersten fand man Fundamentreste, die Zweitverwendung hat am Stein deutlichere Spuren hinterlassen: Kreuze in den vier Ecken seiner Rückseite und eine Vertiefung in der Mitte zur Aufnahme einer Reliquie (Sepulchrum). Solcher Gebrauch römischer Kultsteine war in Kirchen seit Urzeiten gängige Praxis, anfangs als erzieherische Demonstration. Im späten Mittelalter konnte man diesen Aspekt dann getrost beiseite lassen (s. Üß). Die schön geformten, brauchbaren Blöcke waren Zierde aus längst bewältigter Vergangenheit.

Bei einer Umgestaltung, Modernisierung der Kirche, vielleicht im späten Mittelalter mit Aufkommen der Flügelaltäre, bot es sich dann an, den ausgedienten Kultstein für den Altarblock weiter zu benutzen. Nach seiner Wiederentdeckung soll er jetzt ein viertes Mal Verwendung finden: Als Mittelstück eines Zelebrationsaltares werden die drei Göttinnen Auge in Auge der Gemeinde präsentiert werden. Nach dem Wunsch von Pfarrer Kurt Hoberg soll in der Altargestaltung die Ablösung des heidnischen Götterglaubens durch die christliche Botschaft des einen, liebenden Gottes zum Ausdruck kommen. Ein Abguß des Originals aus Kunststoff wird im Dorf aufgestellt werden.

Die drei Matronae, Matres oder Matrae, sind ursprünglich einheimische Muttergottheiten, die im Ubiergebiet, in Oberitalien und der Provence verehrt wurden und in der Regel germanische Beinamen tragen. Die Römer haben in ihren ausgedehnten Provinzen den Kult der vorgefundenen Gottheiten dann übernommen. In Niedergermanien wurde diese Dreiergruppe, gemessen an den überkommenen bildlichen Darstellungen, am häufigsten von allen Göttern verehrt. Man flehte sie um Fruchtbarkeit für die Nachkommen, für Felder und Tiere an, aber auch um Gesundheit und Wohlergehen. So finden sich ihre Heiligtümer nicht nur in Zentren wie Köln und Bonn, sondern vermehrt auch auf dem Lande wie in Pesch, das nur wenige Kilometer von Weyer entfernt liegt. Dort hat man 1913–17 einen Tempelbezirk im Wald freigelegt. Er war Matronen geweiht, die denselben Beinamen, VACALLINEHAE, tragen, wie die des wiedergefundenen Steins. Seine Inschrift und Übersetzung lauten nach W. M. Koch:

MATRONIS Den Matronae
VACALLINEHIS L(ucius)
Vaccalinehae (hat) Lucius

St. Cyriakus, Nordansicht

CALDINIVS FIRMINIVS
Caldinius Firminius
L(ibens) M(erito)
gerne und nach Gebühr
(sein Gelübde erfüllt).

Über den eingeschlagenen Schriftzeilen ist die Gruppe in einer zweibogigen, von Säulen gerahmten Nische in der typischen Weise, nebeneinander auf einer Bank sitzend, als Relief dargestellt: alle drei Göttinnen tragen einen vor der Brust zusammengesteckten Mantel und halten auf dem Schoß flache Schalen mit Früchten als Symbole für Fruchtbarkeit. Die beiden äußeren sind etwas größer und durch stattliche, kugelige Hauben gekennzeichnet, die, wie dann auch im späten Mittelalter, als Standesattribut der verheirate-

ten Frau gelten. Die mittlere Figur soll eine Jungfrau darstellen, sie ist etwas kleiner und barhäuptig. Nicht mehr erhalten ist ihr charakteristisches, herabhängendes Haar mit Mittelzopf. Ein stilisierter Baum mit länglich spitzen Blättern und kleinen runden Früchten schmückt eine Schmalseite dieses gelbtonigen Matronenaltares.
Noch im vorigen Jahrhundert war man fest davon überzeugt, daß die Matronen-Dreiheit in den Drei Jungfrauen, den »Juffern« Fides, Spes, Caritas (Glaube, Hoffnung, Liebe) ihre christlichen Nachfolgerinnen gefunden hätten. Heute ist die Sicht kritischer (s. Gondelsheim). Das Aufleben von Sagen bei der Auffindung des römischen Steines konzentrierte sich vor allem auf den »Heidentempel«, der an der Stelle der mittelalterlichen Kirche gestanden haben soll. Römische Siedlungsspuren sind bei Weyer zwar gefunden worden. Doch gezielte Grabungen in der Kirche jetzt und 1981 brachten als ältesten Befund nur fränkische Gräber zutage und über ihnen eine runde Apsis am nördlichen Seitenschiff einer Basilika aus der Zeit um 1200 (W. M. Koch). Die heutige Kirche ist das Ergebnis einer Umgestaltung dieser romanischen Basilika zu einer dreischiffigen spätgotischen Hallenkirche. Sie steht am Ende des langgestreckten Dorfes so auf dem Grat eines Höhenzuges, daß sie zwei Täler zugleich überragt, nach Süden die offene, sanft gewellte Bachmulde mit Weyer, nach Norden ist sie Blickpunkt im eingeschnittenen waldigen Land um den Veybach bis nach Kallmuth.

Ort der Kraft

Unweit der Kirche liegt im Kartsteinfelsen die Kakushöhle, Behausung von Menschen seit der älteren Steinzeit. Der Sage nach führt von ihr zur Kirche ein unterirdischer Gang. Kein Gang sei es, sondern eine Wasserader, fand Wilhelm Brüll aus Dreimühlen mit seiner Wünschelrute heraus. Fünf Meter breit sei sie und verlaufe genau in der Längsachse der Kirche, die nicht genau geostet sei, sondern leicht nach Nordosten abweiche. Innerhalb der Kirche, so Brüll, werde die Ader von einer geologischen, kartografisch erfaßten Erdverwerfung, dem Kallmuther Sprung, gekreuzt. Genau an dieser Stelle, im Bereich des Chores, sei »ein bedeutend höheres Energiepotential als sonst in der Kirche mit der Wünschelrute zu muten«. Hier habe der Druide, der keltische Priester, gestanden und die Kraftströme genutzt, meint Brüll, der sich mit keltischer Religion und Mythologie befaßt hat. Er vertritt die Theorie, daß der Ort der Kirche eine ursprünglich keltische Kultstätte bezeichne, die über die fortführende Wasserader und den Verlauf der Erdstörung Verbindung zu zehn in der Umgebung liegenden keltischen Hügelgräbern habe. Die Kelten hätten »die Kraftlinien« gespürt und bewußt für ihren Kult genutzt. Brüll fand nahe dem »Ort der Kraft« in der Kirche auch »einen extrem energiearmen Platz, auf dem sich sensible Menschen geschwächt fühlen«. Die mit Wünschelruten wahrgenommenen Phänomene stehen bisher außerhalb jeder wissenschaftlich erfaßbaren Größe.

Der kleine Zehnt

St. Cyriakus, bereits 1187 als Besitz des Klosters Steinfeld erwähnt, war seit dem Mittelalter bis zur Neuordnung der Gemeinden durch die Franzosen die Pfarrkirche für acht umliegende Dörfer oder Siedlungen der Erzdiözese Köln. Mit der 1801 erfolgten Überweisung zum neuerrichteten Bistum Aachen (bis zu dessen Wiederauflösung 1821) schrumpfte des Einzugsgebiet, das heute wieder Köln untersteht und nach Weyer noch Dreimühlen, Vollem und Urfey umfaßt. In ihrer großen Zeit hatte der jeweilige Herzog von Arenberg das Patronat der Kirche, das heißt, das Recht, dem Bischof den Priester vorzuschlagen und den »Zehnten« einzuziehen, den Zehnten Teil aller erwirtschafteten Erträge. Dafür waren die Arenberger verpflichtet, die dem Dorf zugekehrte Südseite der Kirche instand zu halten. Für die Nordseite hatten die Herren von Schmidtheim zu sorgen, dafür fiel ihnen »der kleine Zehnt« vom Garten und den Obstbäumen zu. Der Pfarrer war für die Erhaltung des Chores

Römischer Matronenstein, 1991 im Altarunterbau wiederentdeckt

zuständig. Die Verteilung der Pflichten am Kirchenbau konnte von Gemeinde zu Gemeinde unterschiedlich organisiert sein.

In Weyer lebten die Menschen vorwiegend von Landwirtschaft. Die erste Erwähnung des Ortes »Wiere« im Jahr 893 weist hier erträgliche Güter der Abtei Prüm aus. Arbeit in umliegenden Eisenhütten oder den Bleibergen im nahen Mechernich kam immer erst an zweiter Stelle. Kalkbrennerei war ein weiterer Nebenverdienst. Heute gibt es in Weyer (600 Einwohner) noch sechs hauptberufliche Landwirte. Das im alten Landkreis Schleiden gelegene Dorf gehört seit 1972 zum vergrößerten Kreis Euskirchen und mit weiteren 42 Ortschaften zur jungen Stadt Mechernich.

Zwei Burgen standen früher in Weyer. »Die alte Burg« war aber nur die volkstümliche Bezeichnung für die Zehntstelle des Verwalters der Herren von Schmidtheim, die hier keinen Herrschaftssitz unterhielten. Sie wurde 1950 wegen Baufälligkeit abgebrochen. Der Verfall des echten wehrhaften Wohnsitzes des Rittergeschlechts von Weyer vollzog sich dagegen in langen Etappen bis zur Zertrümmerung der Reste durch die französischen Revolutionstruppen. Seine schönsten handbehauenen gelben Kalksteine gingen dann in verschiedenen schmucken Häusern des Dorfes auf. Nachdem die von Weyer keinen männlichen Erben mehr hatten, ging ihr Besitz an die Krümmel von Nechtersheim über. Aus diesem Geschlecht hatte eine Christine den Amtmann zu Liedberg, Hermann von Hambroich, geheiratet. Kurz nach seinem Tod gebar sie ein Kind. Ihrem Mann, der in der Kirche beigesetzt wurde, ließ sie einen repräsentativen Grabstein aus rotem Sandstein arbeiten: umgeben von ungezählten Ahnenwappen nimmt von Hambroich in Renaissance-Ritterrüstung barhäuptig und halb knieend die Mitte des Steinreliefs ein und hält ein Kruzifix in den Händen. Auf dem Sterbebett soll der zu Lebzeiten von der Kirche Abgefallene sich wieder bekehrt haben. Zu seinen Füßen kniet betend die sehr kleine Figur eines Knaben.

Interessanter Zwitter

Für den schnurgeraden »Kirchenweg« vom Dorf hinaus zur Kirche hatte Pfarrer Hendrichs (1821–34) gesorgt, indem er die Windungen des alten Pfades hatte durchschneiden lassen. Auch zu den Feldern war nun die Auffahrt kürzer geworden. Heute rattern die Trecker im Tempo hinauf und hinter der Kirche die Hänge Richtung Vollem wieder hinunter. Hendrichs Weiden rechts und links hatte schon sein Nachfolger wieder entfernen lassen. Eine hohe unverputzte Mauer umschließt weiträumig Friedhof und Kirche, deren mächtige weiße Kulisse in voller Länge auftrumpft, geht man den strikten Weg. Allein das Schiff mißt 15,90 Meter. Man hat die »gotische« Südseite im Blick mit Strebepfeilern als Wandverstärkung zu dreiviertel Höhe und spitzbogigen Fenstern. Die »romanische« Nordseite verläuft ungestützt und glatt, und die kürzeren Fenster schließen rundbogig ab. Erst wenn man östlich dieser Anlage steht und ihre voll ausladende Breite bei vergleichsweise geduckter Höhe vor sich hat, kann man den Umbau der romanischen Basilika in eine spätgotische Stufenhalle von 1500 optisch noch nachvollziehen. Die einstigen Pultdächer mit dem charakteristischen Absatz beim Wechsel vom niedrigen Seiten- zum hohen Mittelschiff verschwanden unter einem einheitlichen Dach. Man verzichtete darauf, die Seitenschiffe auf die Höhe des Mittelschiffes zu bringen, so daß eine Pseudohalle entstand, die sich außen am Fehlen steiler Dachformen verrät. Der Chor am ehemaligen Querhaus zeigt dann spätgotische Proportionen und Strebepfeiler. Er ist ebenso breit und hoch wie das Hauptschiff (6,30 Meter) und in fünf Seiten eines Achtecks gebrochen. Die Fenster sind lang und spitzbogig. Die vorgelagerte Sakristei (5 mal 6 Meter) ersetzte 1938 eine ältere von 1746, die zum »Nistplatz für Ratten und Mäuse« verkommen war.

In der Achse des Langhauses und nahezu auf seiner vollen Breite schließt ein massiger viergeschossiger Turm mit achtseitig gebrochener Schieferpyramide den Baukomplex im Westen ab. Er stammt mit seinen 1,50 Meter dicken Mauern noch von der Basilika und wurde, wie die Ankerzahlen zeigen, 1788 restauriert, wozu auch neue Schallfenstergewände gehörten. Der kostensparende Blitzableiter kam erst 1924.

Man betritt die Kirche durch ein Südportal im Turm mit Holzvorbau. Von der rippenlos kreuzgewölbten Turmhalle führt eine Treppe hinauf zur Orgelempore. Die Öffnung zum Schiff ist breit und flachbogig. Ein streng gegliederter Raum tut sich auf. Seine schwache Helligkeit wird aus den Seitenschiffen durch Arkadenöffnungen gespeist. Das stärkste Licht flutet in der Tiefe des Chores. Basis dieser Architektur war eine dreischiffige Flachdeckenbasilika (s. Polch), deren nebeneinander gestaffelte Kastenräume unterschiedlicher Höhe durch Arkaden in den Mittelschiffmauern verbunden waren. Die Arkaden wurden von Pfeilern und rundbogigen Scheidbögen gebildet, über denen in der Höhe Obergadenfenster die Mauer durchbrachen und Licht in das Mittelschiff führten. Häufig, wie auch hier in St. Cyriakus, kam im Osten ein Querhaus hinzu, das aus Querarmen vor den Seitenschiffen mit Apsis für einen Altar und einem Vierungsjoch vor dem Mittelschiff bestand. Den Abschluß bildete ein viereckiger, erhöhter Altarraum, oft mit Apsis versehen. Die Proportionen der Räume waren harmonisch aufeinander abgestimmt und bezogen ihre Spannung aus dem Wechsel von massiger Mauer und ihren Öffnungen.

Die Umgestaltung mußte die gegen Veränderungen sehr empfindliche romanische Ausgewogenheit zerstören, andererseits konnte das Ideal einer in Mode gekommenen spätgotischen Hallenkirche mit gleichhohen Schiffen wegen der Vorgaben nicht erreicht werden. Ein interessanter Zwitter entstand. Die radikalste Veränderung stellt ein tief in die Decke eingeschnittenes, sechskappiges Sterngewölbe in drei Jochen dar, dessen steile Bögen die Hohlkehlrippen effektvoll, zumal in der dunkelgrauen, schwarzgefugten Bemalung, betonen. Sie enden in unterschiedlich gestalteten Pilastervorlagen an ebenfalls ungleich geformten Pfeilern oder verlaufen einfach in der Wand. Es wird deutlich, daß der Stützapparat des Gewölbes eine vorrangig dekorative und nicht konstruktive Funktion erfüllt. Die Scheidbögen sind leicht zugespitzt und ebenfalls grauschwarz gegen die Decke abgesetzt. Über ihnen in der Höhe, sitzen die vermauerten kleinen alten rundbogigen Obergadenfenster. Die lichtspendenden, bedeutend niedrigeren Seitenschiffe sind kreuzgewölbt. Die Rippen enden hier stumpf an der Wand oder mit den Gurtbögen gebündelt, die eine silbergraue Akanthusmalerei verziert. Als viertes Joch folgt das ehemalige Querhaus der Anlage, einheitlich um zwei Stufen erhöht. Das Vierungsjoch ist durch einen breiten runden Gurtbogen vom Mittelschiff abgesetzt. Er bildet den Triumphbogen. Höhere und spitzbogige Arkaden stellen die Verbindung zu den Querarmen her, die mit den Nebenschiffen eine Einheit bilden. Im rechten Teil ist ein Altar plaziert, im linken das Gewölbe mit Blumenmalerei geschmückt. Der Chor ist dann noch einmal um zwei Stufen als das Kultzentrum herausgehoben. Die vornehme Zurückhaltung in der Gestaltung der Strukturen der Räume für die Gemeinde ist im Ostabschluß aufgehoben. Er wird auch durch größere Fenster und ein reicheres, gemischtes Netz- und Sterngewölbe betont. Es bezieht das Vierungsjoch ein. Die Gewölberippen ruhen auf zierlichen, schlanken und hohen Achtecksäulchen. Dieser Raum zeigt elegante spätgotische Formen aus einem Guß. Sie werden unterstrichen durch feine Deckenmalerei, stilisierte Blumen und Ranken, die bereits an der Laibung des Triumphbogens ansetzt. Rostrot sind die Blumen hervorgehoben, die Kapitelle der Säulchen zeigen einen Farbklang aus Dunkelrot-Weiß und Grün. Die Schlußsteine präsentieren Wappen.

Die barocke Ausstattung mit Heiligenfiguren ist in das umfassende Renovierungsprogramm der Kirche einbezogen. 1994 soll der Hochaltar mit sechs hohen Säulen um das Tabernakel wieder im Chor aufgebaut werden. Sein Unterbau barg die Matronen.

Kirschseiffen: Evangelische Kirche

Die Schüsse auf der Olefbrücke

Alles an der evangelischen Pfarrkirche von Kirschseiffen im engen Obertal der Olef ist ungewöhnlich, verglichen mit den traditionellen Dorfkirchen der katholischen Eifel. Ihr mächtiger viergeschossiger, klassizistischer Turm mit Giebelbekrönung, entworfen vom Amtsbaumeister Ulich in Monschau und abgesegnet vom Oberbaurat Karl Friedrich Schinkel in Berlin, war ein persönliches Geschenk des Preußenkönigs Friedrich Wilhelm III. 2300 Taler gab er spontan, nachdem er erfahren hatte, auf welche abenteuerliche Weise die Gemeinde, die keine Glocken besaß, bislang zum Gottesdienst zusammengeholt worden war. »Da muß geholfen werden, muß geholfen werden«, soll er gesagt haben. Eine Bedingung war an die königliche Stiftung geknüpft. Die in Lutheraner und Reformierte (Anhänger Zwinglis und Calvius) gespaltenen Evangelischen mußten der sie vereinigenden Union beitreten. 1824 war der Turm vollendet, das Geläut von zwei Glocken wurde dann erst 1831 eingeweiht. Der König hatte noch einmal 400 Taler und ein Paar ausrangierte Kanonen für ihren Guß bewilligt, den Rest sammelte die Gemeinde. Der Turm brachte fremde majestätische Würde in den Ort am Fuß des waldigen Wolfsberges, wo, den Biegungen des Berges und Flüßchens folgend, Fachwerkhäuser eine schmale Gasse hinter der Hauptstraße bilden. Auffallend ungleich steht seine imposante Größe im Verhältnis zu dem kleinen, bescheidenen einschiffigen Saalbau von 1787, dem er im Westen vorgelagert ist. Überdeutlich kommt in seinen Ausmaßen erstarktes Selbstbewußtsein der evangelischen Gemeinde zum Ausdruck, die nach ihrer Gründung in Kirschseiffen 1785 mit einem funktionstüchtigen Turm nun endlich eine vollständige Kirche besitzen durfte. Die entscheidende Wende im wechselvollen Verlauf der Reformationsbewegung im Schleidener Tal der Olef hatte bereits das Toleranzedikt des österreichischen Kaisers Joseph II. 1781 gebracht. Bis zu dieser Zeit aber, seit dem Tod des Grafen Dietrich VI. von Manderscheid 1593, der »ohngefähr« 1559, noch vor dem Tod seines Vaters, in seinem Territorium die Reformation durchgesetzt hatte, mußte die Glaubensminderheit gegen ihre Unterdrückung Stärke und zähes Durchhaltevermögen aufbieten.

Die Übernahme der lutherischen Lehre konzentrierte sich in der katholischen Eifel, die Kurtrier, Luxemburg und der Kaiser fest im Griff hatten, auf den Norden in der Erzdiözese Köln. Die Voraussetzungen dazu hatte bereits Dietrich IV. von Manderscheid geschaffen, der in Schleiden residierte und das am weitesten verbreitete und wirtschaftlich mächtigste Adelsgeschlecht der Eifel repräsentierte. Er war ein weltoffener, toleranter Humanist (s. Kerpen), der intensiven Kontakt auch zum Kölner Erzbischof Hermann von Wied unterhielt, dessen Reformationsversuch 1547 jedoch scheiterte. Wie er, so ließ auch sein Sohn Dietrich V. (1551–60) die Protestanten gewähren. Erst sein Enkel war dann derjenige, der nun, auf der Grundlage des Augsburger Religionsfriedens von 1555: cuius regio, eius religio (wessen Land, dessen Religion), in seinen Grafschaften Schleiden, Gerolstein, Kronenburg, Blankenheim, Virneburg, Neuerburg den neuen Glauben einführte. Für das Schleidener Tal,

Die Evangelische Kirche

Hoheits- und Schutzzeichen vom Dach der Evangelischen Kirche: der österreichische Doppeladler mit Reichsinsignien. Der Duldungserlaß Joseph II. hatte 1786 die Grundsteinlegung ermöglicht.

also auch Kirschseiffen, wurde nun die prachtvolle spätgotische Schloßkirche in Schleiden das Mutterhaus. Dietrich IV. hatte sich seinerzeit bereits das Patronatsrecht vom Kloster Steinfeld für den von ihm errichteten Bau übertragen und dort Reformatoren wie Martin Bucer predigen lassen.

Träger der aufblühenden evangelischen Gemeinde im Schleidener Tal waren vor allem die Reidemeister, die Fachleute auf den Eisenhütten, deren Industrie seit Dietrich IV., dem Weisen, der Gegend nie dagewesenen Wohlstand bescherte. Die Reidemeister repräsentierten eine weitsichtige, reiche und mächtige Schicht, um deren Gunst die Landesherren buhlten (s. Dottel), da von ihnen ihr wirtschaftliches Wohl und Wehe abhing. Oft waren sie auch die Besitzer der Hüttenwerke, und sie residierten in großen Häusern. In Kirschseiffen, das schon vor der urkundlichen Erwähnung 1438 Sitz einer Eisenhütte war - bis heute in der Hand der Familie Schoeller -, stehen viele stolze Villen aus vergangener Zeit, zum Beispiel auch die jetzige Post und das Sozialamt. Als dann mit dem Tod Dietrichs VI. unter seinem Nachfolger Philipp von der Marck sogleich wieder das römisch-katholische Bekenntnis Landeskonfession wurde und unter dessen Sohn Ernst die Evangelischen bei Androhung von Geldstrafen an der Ausübung ihres Gottesdienstes gehindert wurden, wanderten viele Reidemeister ab und lösten damit eine Wirtschaftskrise in der Grafschaft aus. 1650 waren im Schleidener Tal nur noch zwei Hütten in Betrieb, die eine davon in Kirschseiffen. Viele ließen sich in Gemünd nieder, in seinem im Herzogtum Jülich gelegenen Teil, wo Andersgläubige neben der offiziellen katholischen Konfession seit 1610 geduldet waren und seit 1624 Schutzrecht des Landesherrn zu freier Religionsausübung in Anspruch nehmen durften, wenn sie bereits eine organisierte Gemeinde waren (Religionsrezeß).

Auch die Evangelischen von Kirschseiffen gingen nun zum Gottesdienst nach Gemünd, wo sie im Haus des Dietrich Schoeller ihre Zufluchtsstätte gefunden hatten. Denn die Schloßkirche war für sie gleich 1593 geschlossen worden, der Ersatz, die Hospitalkapelle, brannte 1603 ab und durfte nach Wiedererrichtung von ihnen nur bis zum Jahr 1619 benutzt werden. Der Weg nach Gemünd, dem Ende des Schleidener Tals, wo die Olef in die Urft mündet, war mit zehn Kilometern fast doppelt so weit wie zur Schloßkirche. Daher wagten die im Obertal gelegenen Gemeindeteile Hellenthal, Kirschseiffen, Blumenthal, Oberhausen, Ingersberg, Eich, Bronsfeld, Harperscheid und Schönseiffen einen ersten gemeinsamen Vorstoß. Da Kirschseiffen der Länge nach in zwei Territorien geteilt war, baten sie den katholischen Grafen von Salm-Reifferscheid, dem die nördliche Seite gehörte, um Erlaubnis, dort eine Gottesdienststätte zu bauen. Er lehnte ab. Daraufhin fragte man den Landesherren der anderen, südlichen Seite von Kirschseiffen, den Grafen von Schleiden, von der

Marck. Und, siehe da, er war nicht abgeneigt, sah er doch hier eine Möglichkeit, die Reidemeister aus dem prosperierenden Jülischen Gemünd abzuwerben. Doch sein Land gehörte zum Herzogtum Luxemburg, das 1715 an Habsburg gekommen war. So konnte er nicht allein entscheiden, sondern verfaßte eine Bittschrift an Kaiserin Maria Theresia, der er die Förderung des Projektes »der reichsten Untertanen, die die meisten Steuern bringen«, dringend empfahl, »welches das einzige Mittel ist, den Wohlstand in die Grafschaft Schleiden zurückzuführen«. Eine Abordnung überbrachte die Petition des Grafen in Wien. Die Antwort war abschlägig. Schließlich wandte man sich an den preußischen König der Aufklärung, Friedrich II., dessen tolerante Haltung bekannt war: »Die Religionen Müsen alle Tolleriret werden und Mus der Fiscal nuhr das Auge darauf haben, das keine der andern abruch tuhe, den hier Mus jeder nach Seiner Faßon Selich werden« (1740). Man bat den König um Fürsprache, auf Wildenburgischem Territorium im Obertal eine Kirche bauen zu dürfen. Aber auch sein Schreiben vom 19. 8. 1749 hatte keinen Erfolg.

1781: Bethäuser gestattet

Erst Maria Theresias Sohn, Joseph II., ein Bewunderer Friedrichs II., d. Großen, der 1780 den Thron bestiegen hatte, verfügte am 13. 10. 1781 den bahnbrechenden Duldungserlaß: ... »In allen meinen Ländern soll den nichtkatholischen Untertanen der Bau eigener Bethäuser, aber ohne Turm und Glocken und ohne Eingang von der Straße aus, und ebenso die Anstellung von Geistlichen und Lehrern gestattet sein«. Trotz der Einschränkungen, daß das Gotteshaus nicht einer Kirche gleichen dürfe, sondern einem geräumigen Wohnhaus abseits der Hauptstraße, muß der Jubel bei den Evangelischen überwältigend gewesen sein. Bis zur Einweihung des Bethauses in Kirschseiffen vergingen dann noch reichlich fünf Jahre. Das Grundstück auf der Schleidener Seite war bis auf einen kleinen Teil Geschenk von Privatpersonen. Für den Bau wurden Kollektenreisen unternommen. Neben der Baugenehmigung hatte Uneinigkeit über den Ort und die Organisation der Gemeinde die Sache verzögert. Schließlich entschied man sich für die Loslösung aus der lutherischen Gemünder Gemeinde und Bildung einer eigenen, die dann aus 425 Mitgliedern bestand, die Reformierten des Obertales hielten sich dann weiter an ihre eigene Gemeinde in Gemünd. In die Aushöhlung des Grundsteins legte man eine Urkunde mit der Inschrift: »Da der erste Grundstein zum Bethaus in Kirschseiffen heute nach dem ausdrücklichen Befehl Sr. kaiserlichen Majestät gelegt wird, deswegen: erinnere dich lange, glückliches Kirschseiffen dieses merkwürdigen Tages und gegenwärtigen Jahres« (aus dem Lateinischen von W. Hermann). Das war der 20. April 1786. Im selben Jahr wurde auch in Schleiden ein Bethaus errichtet, Gemünd, im freieren Jülich gelegen, hatte seines schon 1753 einweihen können, beide blieben bis 1838 und 1851 noch ohne Turm.

Das Gebäude in Kirschseiffen erhielt ein Meter dicke Mauern und setzte sich damit gegen die umliegende, leichtere Fachwerkarchitektur ab. Der einfache Saalbau (8,86 mal 13,35 Meter) zeigte fünf Achsen von rechteckigen Fenstern, die wie bei einem Bürgerhaus in zwei Reihen untereinander lagen. Dann folgte eine schmale Tür mit zwei weiteren anschließenden Fensterachsen für die Pfarrerwohnung, die später noch einmal um eine leicht versetzte Einheit verlängert wurde. Beide Teile vereinte ein abgewalmtes Dach zu einer Einheit. Die einzige Tür war gleichzeitig Eingang zum Bethaus und zur Pfarrerwohnung. Den Einweihungsgottesdienst hielt am 22. April 1787 Pfarrer Bolenius aus Gemünd, nachmittags predigte Kandidat Metz über Lukas 19,46: »Mein Haus soll ein Bethaus sein«. Am Tag danach pflanzte man als demonstrative Schutzzeichen den österreichischen Doppeladler mit Krone und Reichsinsignien auf das Dach. Dieses vergoldete Eisenblech trägt die durchgeschlagene Inschrift: »JOSEPH DER II 1786«. Es blieb bis zur Besetzung durch die Franzosen an seinem prominenten Platz. Heute ist es in der Turmhalle über dem Eingang zum Kirchenschiff angebracht.

Man wählte die Pistole

Da das Toleranzedikt Glocken am Bethaus nicht gestattete, ersuchte man die luxemburgische Behörde um Erlaubnis für einen Dachreiter mit aufgehängten Glöckchen. Sie lehnte ab und entschied, man könne sich nach dem Geläut der Katholischen richten. Aber in Kirschseiffen hatten sie keine Kirche, und die nächstgelegene im unmittelbar anschließenden Nachbardorf Hellenthal lag zu weit und ungünstig wegen des schallschluckenden Berges. So fragte man weiter. Nach der Überlieferung stellte der luxemburgische Provinzialrath dann die Wahl zwischen der Benutzung einer Trommel, in Anlehnung an den Trommelwirbel bei Militärgottesdiensten im Feld, oder einer Pistole frei. Vermutlich berief er sich dabei auf französische Protestanten, die zeitweise durch einen Flintenschuß zum Gottesdienst riefen. »Man wählte die Pistole. Bis zum Jahre 1831 wurde der Beginn des Gottesdienstes zu Kirschseiffen durch von der Olefbrücke (beim Schoellerwerk) daselbst abgegebene Schüsse aus einer schweren Reiterpistole mit Schloß und Feuerstein angekündigt« (E. Virmond 1898). Das Pistolenschießen übernahm als erster Küster Johann Melchior Gauer, der auch Totengräber war und 1833 im Alter von 86 Jahren starb. Er soll ein Eifeler Original gewesen sein. Sein Nachfolger, der unverheiratete Leineweber Johann Peter Speck, vollzog dann den historischen Wechsel vom Schießen zum Läuten, das er bis zu seinem Tod 1860 besorgte. Mehrere Tage tönten die Glocken von Kirschseiffen nach der Einweihung, denn jeder wollte sie ausprobieren, so berauscht war die Gemeinde vom Klang der neuen Zeit. Die messingbeschlagene Reiterpistole aber wurde wie ein Gut verwahrt und an besonderen Erinnerungstagen der Gemeinde zusammen mit dem Doppeladler auf den Altar gelegt. Im Zweiten Weltkrieg ging sie verloren. Das Pistolenschießen von Kirschseiffen, das in Berlin Gehör gefunden hatte, hallte noch eine Weile nach. So wird der Ausruf des Kronprinzen und späteren Königs von Preußen, Friedrich Wilhelm IV. überliefert, als er in den vierziger Jahren die Eifel und auch Schleiden bereiste, wo ihm Pfarrer Voigt vorgestellt wurde: »Ah, ist das die Gemeinde, die sonntags zusammengeschossen wird?« Der letzte Rest von Bethauscharakter an der Kirche verschwand, als die rechteckigen, zweireihigen Fenster zu oben rundgeschlossenen zusammengezogen wurden. Die äußerliche Einheit des Gebäudes mit der Pfarrwohnung, jetzt Bibliothek, Raum für Presbyter und Jugendliche, blieb erhalten. Der Pfarrer wohnt seit 1961 gegenüber. 1870 wurde noch eine Turmuhr mit Zifferblättern zu drei Himmelsrichtungen aus Spenden angeschafft, an denen sich auch Katholiken beteiligten. Sie läuft immer noch. Dazu betätigt die Küsterin Ingeborg Hermanns jeden Morgen zwei riesige Kurbeln im zweiten Turmgeschoß.

Gemeinsamkeiten

Die Evangelischen sind auch in der Nordeifel eine Minderheit geblieben. Kirschseiffen kam 1935 zu Hellenthal, die Grenze verlief am Bahnhof und an der evangelischen Schule genau gegenüber. Heute erscheint sein Name nur noch auf dem Straßenschild »Im Kirschseiffen«. Nimmt man Hellenthal als angestammten Ort ohne die weiteren Gemeindeeingliederungen von 1969 und 1972, dann sind 500 von seinen 2000 Einwohnern evangelischer Konfession. Das ist mit 25 der höchste Prozentsatz im angestammten Schleidener Tal, denn der Ort Schleiden kommt heute auf 18,5 und Gemünd auf 16,1 Prozent. In der gesamten Eifel liegen die 1987 ermittelten Zahlen bei 11,2 Prozent für evangelische Bewohner und 84 Prozent für katholische (Statistischer Dienst der Evangelischen Kirche im Rheinland, Düsseldorf). Schwierigkeiten im Zusammenleben soll es in Kirschseiffen nie gegeben haben. Die Chronik berichtet von einem »ersten und zugleich letzten Streit« mit dem katholischen Pfarramt Schleiden 1791, das Gebühren für Amtshandlungen in Kirschseiffen erhob. Die französische Herrschaft (1794–1815), die Gleichberechtigung und damit das Ende religiöser Unterdrückung gebracht hatte, beendete den Zwist. Während dieser Zeit blühte die Eisen-

Karl Thoß (1854–1944) präsentiert auf der Olefbrücke den österreichischen Doppeladler und die Reiterpistole, mit der hier 44 Jahre lang zum Gottesdienst geschossen wurde; Erinnerungsfoto vom Anfang des Jahrhunderts

Der Läuteturm von 1898

industrie. Der Konkurrent England war durch die von Napoleon verhängte Kontinentalsperre abgehängt, und zusätzlich feuerten seine Kriege die Produktion an. Mit den nachfolgenden Preußen, die die Engländer wieder in den Handel miteinbezogen, brach anfangs der Wohlstand jäh ab, und die Eisenindustrie sollte sich nie mehr richtig erholen. Zollbestimmungen, Konkurrenz durch Steinkohle an Ruhr und Saar und vor allem mangelnde Verkehrsverbindungen - die Eisenbahn kam erst 1884 - zwangen zum Ausblasen der Hochöfen (s. Dottel) oder Umstellung der Produktion wie in Kirschseiffen.

Immerhin aber hatte die evangelische Gemeinde hier 1898 innerhalb eines Vierteljahres 8000 Mark zusammenbringen können, um genau gegenüber der neuen katholischen Kirche am Berg »An der Hardt« einen eigenen viergeschossigen Läuteturm errichten zu lassen. Bis dahin hatte man die Glocken der katholischen Kirche für Beerdigungen auf dem entlegenen Hellenthaler Friedhof (Trierer Straße) benutzen dürfen. Nach Einweihung der neuen Kirche aber, für die die Evangelischen 2000 Mark gegeben hatten, versagte der Pfarrer beim ersten Todesfall das Gewohnheitsrecht. So machte man sich mit dem schlanken solitären Turm unabhängig, und der katholische Geistliche erhielt von seinem Bischof eine Rüge.

Doch diese Angelegenheit störte nicht die gute Beziehung zwischen den Bewohnern. Bis auf kleine Hakeleien - die Katholiken ärgerten sich, wenn Fronleichnam die Evangelischen Heu einbrachten, und die Evangelischen fühlten sich gekränkt, wenn die Katholiken Karfreitag Mist fuhren - pflegte man Gemeinsamkeit. Man fand sich zum Singen zusammen, eine Tradition, die auf den Industriellen Poensgen zurückgeht, der zu Anfang des vorigen Jahrhunderts einen Singkreis gegründet hatte. Noch heute treten die »Vereinigten Kirchenchöre« zusammen auf, wenn im Ort Goldhochzeit, gleich welcher Konfession, oder ein ökumenischer Gottesdienst gefeiert werden. Die beiden getrennten Schulen wurden in den sechziger Jahren zusammengelegt. »Wir sind hier in der Eifel stolz darauf, geistig und kulturell aufgeschlossen zu sein. Über Jahrhunderte hinweg haben wir Zusammenleben verschiedener Konfessionen eingeübt. Wir haben gelernt, andere Auffassungen zu tolerieren«, sagt Bürgermeister Armin Haas. Zur traditionsreichen Offenheit der Region gehört auch, daß zwischen 1650 und 1790 in Köln 37 Studenten aus Schleiden studierten, soviele, wie aus keiner anderen Kleinstadt zwischen Rhein, Maas und Mosel. Pfarrer Gerhard Rabius aus Bonn, der seit 1977 »Im Kirschseiffen« Dienst tut, macht Berg- und Talfahrten, wenn er seine Gemeindemitglieder (900) im weitverzweigten kommunalen Gebilde Hellenthal mit 60 Orten und Weilern besuchen will. Sein Bezirk gehört zum Kirchenkreis Aachen und reicht an die belgische Grenze, im Süden noch ins Skigebiet von Udenbreth. In den entlegenen Höhendörfern sind die Evangelischen meist Flüchtlinge oder Vertriebene aus der Zeit nach dem Zweiten Weltkrieg, während das Oleftal Stammsitz der alteingesessenen Familien seit der Reformationszeit geblieben ist.

Erhalten hat sich auch die enge Verbundenheit mit den Nachbargemeinden Schleiden und Gemünd, wie auch mit Roggendorf (Mechernich). Dorthin waren 1867 zwei evangelische Unternehmerfamilien aus Hellenthal gezogen, um am Bleiberg zu graben. Sie gründeten eine Gemeinde. Sein Verhältnis zu den katholischen Kollegen und ihren Gemeinden nennt Pfarrer Rabius herzlich und von ökumenischem Miteinander geprägt. Das zeigt sich auch, wenn Partner unterschiedlicher Konfession heiraten. Trauungen trägt er noch in das »Copulationsregister« von 1787 ein, einen dunkelbraunen Lederband mit handgeschöpftem Papier, dessen erste Eintragung vom 16. Mai 1787 den Ehestand von Antonius Keuer aus Hellenthal und der tugendsamen Maria Catharina Barths auf der Thomasbach festhält. »Die freien Seiten werden noch bis zum Jahr 2000 reichen.«

Bilderlose Wände

Die Kirche zeigt der Straße ihre glatte Südfront, im Norden grenzt der Wolfsberg an und geht mit den Wirtschaftsräumen des alten Pastorats auf Tuchfühlung. Das Schiff ist hellbeige verputzt, seine Fensterrahmungen in blaßrosa abgesetzt. Den quadratischen Westturm gliedern farbig gefaßte Gesimse und heben das dritte schmalere Geschoß mit den Glocken markant hervor.
Seine rechteckigen länglichen Schalluken sind durch zwei zierliche Pfeiler mit Sockel und Kapitell dreigeteilt. Über ihnen folgt, vor der Bekrönung mit steilen, stark in alle Himmelsrichtungen vorragenden Giebeln, das Geschoß mit der kreisrunden Uhr. Die Kanten des Turmes sind mit teilweise doppelter, gezahnter Eckquaderung in blaßrosa Sandsteinfarbe bemalt und unterstreichen dekorativ die geometrische Linienstruktur des hohen Kubus. Man betritt die Kirche durch das klassizistische, vom Dreieck bekrönte Westportal im Turm, das die Aufschrift trägt: »Ehre sei Gott in der Höhe«. Die von rechteckigen Fenstern durchbrochene geräumige, helle Turmhalle ist mit Tafeln der Gefallenen Gedenkstätte für die Opfer beider Weltkriege. Eine breite Treppe führt im Süden hinauf zur Orgelempore. Im Durchgang zum Schiff mit Tür vereinen sich die Mauern beider Baukörper zu immenser Stärke. Der kleine Kastenraum des Kircheninneren mit zehn, in der Mitte geteilten Sitzbänken ist lichtdurchflutet und von schlichter Klarheit. Die ehemals flache Decke wurde für den Einbau einer neuen Orgel 1847 von Turmbauer Ulich elliptisch gewölbt und mit einer Stuckleiste versehen. Die geschwungene Empore ruht auf zwei dorischen stilisierten Holzsäulen. Die Wände im Süden und Norden sind durch die Fenster und dazwischenliegende schmale Wandpilaster auf einer hohen Sockelmauer gegliedert. Wenn die Sonne von Süden einfällt, legt sie zart bunte Reflexe der getönten Glasscheiben auf die tiefen Mauern. Innerhalb der bilderlosen weißen Wände ist die alte einfache Kanzel aus Eichenholz an der Ostwand maßgebender Blickpunkt. Die Predigt mit Verkündung und Auslegung der Bibel steht im Mittelpunkt des Gottesdienstes. Dem geschwungenen Schalldeckel der Kanzel mit der symbolischen Darstellung der Dreieinigkeit im Dreieck an seiner Decke entspricht unter dem achteckigen Podest der in einer Traube mündende gewölbte freischwebende Fuß. Ein Austausch des pseudobarokken neuen Altartisches gegen den alten schlichten, tragbaren Holzaltar und die ursprünglichen Messingleuchter, heute wieder vorhanden, kämen dem vornehmen schlichten Charakter von Einrichtung und Raum sehr zugute. Das prachtvollste Ausstattungsstück ist die Orgel mit ihrem geschwungenen Prospekt aus Holz. Sein warmer dunkelbrauner Ton, der in Kanzel, Gestühl und Tür in der Ostwand wiederkehrt, schließt den kleinen Raum harmonisch zusammen. 400 Taler hatte der Einbau der Orgel gekostet. Aber ihr fehlte der schmetternde Trompetenklang. Dieses Register wurde 1855 angeschafft. Selbst in kleinen Dingen verfolgte die Gemeinde zäh ihr Ziel.

Alendorf: St. Agatha

Alle bes Wetter verdriven ich

Die drei kargen grasgrünen Bergrücken um Alendorf, die Wacholderbüsche in offenem Rhythmus wie Schattenrisse überziehen, haben einst den Grafen Salentin Ernst von Manderscheid-Blankenheim nach seiner Pilgerreise ins Heilige Land »auf das Lebhafteste« an die Umgebung von Jerusalem erinnert. Das war zur Zeit der Blüte barocker Passionsfrömmigkeit, die den spätmittelalterlichen Kult des pietätvollen Abschreitens des Leidensweges Jesu an Bildwerken wiederbelebte und im Errichten monumentaler Anlagen, der Kalvarienberge (Schädelstätten), zu weltweiter Verbreitung steigerte. Graf Salentin reihte sich in die große Zahl der Stifter ein und ließ zwischen 1663 und 1680 sieben Bildstöcke aus rotem Sandstein aufstellen mit Szenen von der Verurteilung Jesu bis zur Kreuzigung. Er bot damit Ersatz für die weite Wallfahrt nach Jerusalem, ein gutes Werk auch zum Wohl seiner eigenen Seele einst im Jenseits. Für das soziale Prestige sorgten die in den Stein geschlagenen, von einem Engel gehaltenen Familienwappen. So wurde aus dem Alendorfer Kellberg »Der Kalvarienberg«. Ihm gegenüber auf dem Hügel mit der alten Kirche, noch innerhalb ihrer Friedhofsmauer, steht die erste Station. Die dritte, auf hohem verziertem Sockel, zeigt als Relieftafel Christus vor den Toren Jerusalems in bewegter Menschenmenge unter dem Kreuz zusammenbrechend. Sie leitet oben am Ortseingang (von Ripsdorf aus) über zum Weg auf den Berg. Als markante Silhouetten reihen sich dort die Bildstöcke, im Laufe der Zeit auf vierzehn ergänzt, in den Aufmarsch der Wacholderbüsche ein, stecken den Grat des Berges ab und enden mit einem übermannshohen Kruzifix dort, wo ursprünglich eine Kapelle stand.

Alendorf (280 Einwohner) liegt zwischen Blankenheim und Hillesheim im Tal einer fruchtbaren Hochebene. Aus weiterer Umgebung kommen bis heute Hunderte von Menschen zur Karfreitagsprozession hierher. Sie versammeln sich vor der mitten im Dorf gelegenen neuen Kirche St. Agatha, ziehen bergauf zur alten Kirche und ersten Station des Kreuzweges, den sie dann bis zur vierzehnten betend abschreiten. Ist es zu Ostern schon warm, leuchten am stark kalkhaltigen Boden des Kalvarienberges die kurzen blauen Glokken der Küchenschelle. Später im Jahr treibt alle vier Wochen der Schäfer aus Mirbach seine Herde von 1000 Tieren hinaus, damit sie den besonderen Kalkmagerrasen pfleglich kurzrasieren, die Berge stehen unter Naturschutz. Die Alendorfer gehen vor der großen Prozession schon jeden Abend der Karwoche, bis auf Gründonnerstag, den Kreuzweg. Treffpunkt ist dann die alte, spätgotische Kirche, die ein Kranz hoher Buchen umhüllt. Pfarrer Klink hatte sie 1827 zum Schutz gegen Wind und Wetter pflanzen lassen. Der kleine einschiffige Bau von 1494 außerhalb und hoch »auf Lind« gelegen, hatte einen Vorgängerbau unten im Dorf, der als Winterkirche diente, später im Rang einer Kapelle. Diese wurde 1868 niedergelegt. Bis zum Neubau 1928 war St. Agatha auf der Höhe allein zuständig für Gottesdienste. Dann diente sie als Friedhofskapelle und wird heute nur noch zur Palmweihe benutzt.

Zur Pfarrei Alendorf in der Erzdiözese Köln gehörten früher drei Filialen, von denen Waldorf geblieben ist. Als erster mit Namen

St. Agatha, Südansicht

bekannter Pfarrer wird 1271 Adolph von Dollendorf genannt. Damals gehörte St. Agatha dem Zisterzienserinnenkloster Frauenkron, wechselte dann zum Kloster Steinfeld und kam um das Jahr 1300 an den Johanniterorden, dessen Komture bis zur Auflösung des Ordens zu Anfang des 19. Jahrhunderts von Adenau, Roth a. d. Our und Kronenburg aus den Zehnten einzogen. Mit der Neueinteilung der kirchlichen Organisation durch die Franzosen kam Alendorf zeitweilig zum Bistum Trier, dann wieder zurück zum Erzbistum Köln und gehört seit 1930 mit dem gesamten alten Landkreis Schleiden zum Bistum Aachen.

Ritt durch die Luft

Aber auch die Landesherren hatten ein wachsames Auge auf die Gemeinden in ihrem Gebiet. Graf Johann Arnold von Blankenheim setzte sich 1627 für den in Verruf geratenen Pfarrer Hildenbrandt ein, der inzwischen im benachbarten Esch Dienst tat, und bat den Generalvikar, er möge mit ihm noch einmal Nachsicht haben, »da er Besserung versprochen und sein Concubine bereits entlassen habe«. Doch »wegen seines schlechten Beispiels« blieb die Kirche hart, und Hildenbrandt mußte gehen. In Alendorf und Esch aber blieb er Gesprächsthema. Er soll sich auch mit Zauberei abgegeben haben und »man habe ihn sammt seinem Küster auf einem Pferde durch die Luft von Alendorf nach Esch reiten sehen, weshalb er im Jahre 1628 als Hexenmeister verbrannt worden sei« (J. Becker, 1893). Hundert Jahre vor ihm war Alendorfs Pastor Kiell um sein Seelenheil besorgt und stiftete daher eine Glocke, in der er seinen Namen verewigte: IHS MARIA ANNA AGATHA HEISCHE ICH, JAN VAN TRIER GOUS MICH, DIESE KLOCK GYFT HR JOHA VON KIELL PASTOS IN

ALLEDORP SENT AGATHEN ZU ALLEN HILGE DAT SY VOIR SYN SELE BITTEN AO MVCXV. (Jesus, Maria, Anna Agatha heiße ich, Jan van Trier goß mich, diese Glocke gibt Herr Johann von Kiell, Pastor in Alendorf St. Agatha zu allen Heiligen, daß sie für seine Seele bitten, 1515).

Zauberkraft der Glocken

Das Geläut der alten St. Agatha, zu dem drei weitere Glocken gehören, soll das schönste in der Gegend sein. Darum verzichtete man in der neuen Kirche auf ein eigenes. Die Küsterin Elisabeth Reifferscheid bedient heute im Neubau eine Schalttafel und bringt damit die Glocken im entfernten alten Turm automatisch zum Klingen. Die älteste von allen vieren wurde 1416 gegossen, die größte kam

Einzug einer Glocke zu Kriegszwecken in Niedermendig, Juli 1942

1528 dazu. Sie wurde 1943 im Turm zerschlagen und als Kriegsmaterial abgeholt, ein Mißbrauch, den 1414 Kurfürst Friedrich I. von Brandenburg begründet hatte. Zu ihrem Ersatz 1963 hatten die Alendorfer trotz Verbots amerikanische Granathülsen aus der angrenzenden französischen Besatzungszone beigesteuert. Außerdem schaffte man noch eine alte von 1457 an. Die vier Inschriften lauten:

MARIA HEISSEN ICH, ALLE JUDETEN HOIREN MICH. ANNO D: MCCCCXVI (Maria heiße ich, alle Guten hören mich, Anno domini 1416)

MARIA HEISSEN ICH; DEN DONNER VERDRIVEN ICH; DYE DODEN BESHRYEN ICH; JOHAN VAN TRIER GOUS MYCH ANNO DNI MVCXXVIII (Maria heiße ich, den Donner vertreibe ich, die Toten beschreie ich, Johan van Trier goß mich Anno domini 1528).

Mich goß man anstelle der 1528 von Jan van Trier gegossenen Marienglocke, die am 11. 12. 1943 freventlich für den Krieg zerschlagen wurde. Ich wurde gegossen von Johannes und August Mark in Brockscheid/Eifel im Januar 1963, 20 Jahre nach der Vernichtung. Die Vorderseite bittet unter dem Bild der Schutzmantelmadonna: Maria, breit den Mantel aus, mach Schirm und Schutz für uns daraus.

MARIA HAISCHEN ICH, ALLE BES WETTER VERDRIBEN ICH, CLAUS VON ENSEN GOS MICH MCCCCLVII (Maria heiße ich, alle bösen Wetter vertreibe ich, Claus von Ensen goß mich 1457).

Wie die typischen Inschriften zeigen, verstand man die Glocke als beseeltes Wesen, das mit eigenen Worten, im Selbstgespräch, seine Bestimmung kundtut, die über rein liturgische Aufgaben hinausreicht. Die erste Glockenweihe mit Namengebung soll im Bereich des Christentums 968 unter Papst Johannes XIII. stattgefunden haben, nachdem nun mehrere Glocken zu einem Geläut vereint worden waren. Man wollte sie unterscheiden mit Namen aus dem Kreis der Heiligen. Maria steht an erster Stelle, gefolgt gewöhnlich vom Kirchenpatron. Der Gebrauch einer einzelnen Glocke war bereits

Bildstock am Friedhof (erste Station) mit Blick auf den Kalvarienberg

im 7. Jahrhundert, auf dem Dorf um 800 üblich geworden. In die Glockenstuben der steinernen Westtürme, die in fester Verbindung mit der Kirche ihr achsial vorgelagert sind, kamen sie erst seit der Mitte des 11. Jahrhunderts. Die frühen Kirchen waren turmlos. Die Glocken hingen in kleinen Gerüsten daneben oder in Dachreitern.

Der Ursprung der Glocke liegt in weiter vorchristlicher Zeit in Asien, China. Auch die Ägypter, Griechen und Römer verwendeten schon Glöckchen oder Schellen an Haustüren, in Bädern und zu kultischen Zwecken in Tempeln. Im alten Testament kündigt der Klang kleiner Schellen am Saum seines langes Gewandes die Ankunft des Priesters an. Für das Abendland werden im 5. Jahrhundert die Klöster, Benediktinermönche, als erste Glockengießer angesehen, die anfangs nur für den Hausgebrauch produzierten. Mit zunehmender Nachfrage seit dem 7. und 8. Jahrhundert bedienten sie dann auch die Außenwelt und vertraten bis zum 12. Jahrhundert dieses Gewerbe alleine. Danach, mit der Entwicklung der Städte, wuchs ein eigenes Handwerk der Gelb- und Rotgießer heran, das die Klöster ablöste. Die Produktion gipfelte im 15. und 16. Jahrhundert, begleitet von der Herstellung von Taufbecken und Weihwasserkesseln. Meistens nennt die Inschrift den Namen des Glockengießers. Glockenbronze ist eine Legierung von gewöhnlich 77–80 Prozent Kupfer und 20–23 Prozent Zinn. Der Klang einer Glocke hängt von ihrem Profil ab, dem Verhältnis von Höhe, Weite und Metalldicke. Die Gießereien hüten es als ihr Geheimnis. Gußstahlglocken sind bedeutend kürzer im Ton.

Der älteste Zweck der Glocke im Dienst der Kirche ist das Sonntagsläuten am Morgen zum Gottesdienst. In frühchristlicher Zeit hatten die Gläubigen sich die Termine mündlich mitgeteilt, nach der Christenverfolgung benutzten sie Posaunen. Seit dem 13. Jahrhundert setzte sich allmählich auf päpstliches Geheiß das tägliche Gebetsläuten morgens, mittags, abends durch, das »Angelusläuten« (der Engel des Herrn) zum Gedenken an die Menschwerdung Jesu. Gleichzeitig war die Mittagsglocke in ländlichen Gegenden das Zeichen für die Mittagspause und hieß in der Schweiz »Freß-Jöggeli«. Türkenglocke wurde sie auch genannt, nachdem 1455 Papst Calixtus III. ein Mittagsgebet wider den drohenden Einfall der Türken jedem angeordnet hatte, der die Glocke höre. Beim Abendläuten, das auch den Feierabend verkündete, war es Sitte, auf dem Feld mit gefalteten Händen ein Gebet zu sprechen, die Männer nahmen die Mütze ab. In dieser Haltung hat François Millet ein Bauernpaar auf dem Kartoffelacker gemalt (1857–59). Am fernen Horizont, überwölbt vom schummrig goldenen Abendhimmel, ragt beziehungsreich die Kirche. Das kleine stimmungsvolle Bild, »L'Angelus« wurde sehr populär und hängt in vielen Bauernstuben auch der Eifel. Gemeinden, die keine Glocke besaßen, halfen sich mit einem Ochsenhorn oder klingendem Stein. Französische Protestanten sollen zeitweise mit einer Flinte geschossen haben, in Kirschseiffen (s. d.) tat es eine Pistole. Den Schweiburgern aber wurde nachgesagt, sie hätten im Bedarfsfall einem Schwein in den Schwanz gekniffen. Festtage wie Weihnachten, Neujahr oder die Ankunft des Bischofs werden mit unterschiedlicher Dauer und Stärke von den Glokken angekündigt. Das Trauergeläute gibt mit langen Pausen das Ableben eines Bewohners bekannt (s. Großlangenfeld). Viele Glockenbräuche wurden von Protestanten übernommen. Seit dem Mittelalter darf sich die Gemeinde des vom Kirchenturm tönenden Schalles als Signal für Zusammenkünfte bedienen. Die Sturm- und Feuerglocke warnt heute noch in vielen Gegenden und ruft Hilfe zusammen.

In allen Ländern haben Kirchenglocken eine Fülle von Sagen und volkstümlichen Bräuchen (s.Paul Sartori) ausgelöst, die vor allem im mittelalterlichen Volksglauben wurzeln. Er spricht ihrem Klang, so weit er reicht, Schutz- und Abwehrkraft, segens- und heilkräftige Wirkung zu, doch nur, wenn sie geweiht sind. Glockenschall ist Teufeln und Geistern widrig und unangenehm. Sie müssen ihm weichen: »Ich heiße Susanna und treibe die Teufel von danna« (Erfurt). Die Morgenglocke verscheucht wie der erste Hahnenschrei alle bösen Geister und den Spuk der Nacht, auch Dämonen und Wetterhexen, die für Unwetter verantwortlich waren. In der Schweiz (Disentis) riefen sie zur Vollendung ihres Zerstörungswerkes: »Schnell, bevor die Sau mit ihren Ferkeln singt«. Für die Landbevölkerung ist das Wetter eine Lebensgrundlage, und so stand die durch Lärm schrekkende Abwehrkraft der Glocken gegen »all bös Weder«, Donner, Blitz, Hagelschlag und böse Fröste, ganz im Vordergrund. Eine der häufigsten Glockeninschriften, in früher Zeit meist in lateinisch, heißt denn auch: »VIVOS VOCO, MORTUOS PLANGO, FULGERA FRANGO« (ich rufe die Lebendigen, beklage die Toten, breche die Blitze). Schiller stellte diesen Spruch seinem »Lied von der Glocke« voran. Die »alle Wetter« vertreibenden Worte galten halb als Beschwörungsformeln, die die magische Wirkung des Klanges verstärkten. Der Küster, dem die gefährliche Aufgabe des Wetterläutens im Blitze anziehenden Turm zukam, wurde von der Gemeinde extra dafür entlohnt. Manch einer mußte mit dem Leben bezahlen (s. Berndorf). In vielen Gegenden, wie in Tirol, wurde noch in unserem Jahrhundert gegen »Donnerwetter« geläutet.

Die im Volksglauben verankerte Zaubergewalt der Glocken betraf, wie unzählige Inschriften belegen, auch Krankheiten: »PESTEM FUGO« (die Pest vertreibe ich) heißt es auf der Glocke von 1521 in Schwelm. Das Anhören des Glockenklanges ist heilsam bei Zahnweh, hilft Warzen wegzuwaschen, befreit von Besessenheit (Cyriakusglöcklein des Klosters Wimmelburg bei Eisleben). Und wer Gründonnerstag beim Mittagsläuten das Stroh aus den Betten trägt, bekommt das ganze Jahr über keine Flöhe (Grevenbroich). Auch der Stoff der Glocke tat Wunder. Damit Ostwind blies, tranken Helgoländer aus einer bei Ostwind angeschwemmten Glocke. In Cottbus verbrannte man ein Stück Glockenseil und rieb gegen Schmerzen die Asche ins Ohr. Glockenklang kann Wachstum fördern. Wer beim Mittagsläuten Gründonnerstag Kürbiskerne in die Erde legt, erntet glockengroße Früchte. Im Rheinland muß man Bohnen zur Mittagszeit setzen, je öfter die Glocke schlägt, desto mehr Bohnen gibt es. Erbsen werden nicht von Sperlingen gefressen, wenn sie sonnabends zur Betglocke in die Erde kommen. Wie Paul Sartori in seinem Standardwerk über Glocken darlegt, gibt es eine reiche Sammlung scherzhafter Sprüche, die man Glockenklängen unterlegte. Ein Pfarrer, der vom Oberrhein in eine arme Eifelgemeinde versetzt worden war, benannte den Unterschied: früher hätten die Glocken »vinum bonum, vinum bonum« geläutet und jetzt sagten sie »Äppelwein, Päppelwein«. Ein anderer Pfarrer riet einer unschlüssigen Braut, sie solle auf die Angelusglocke am Sonntagmorgen achten, ob sie »nimm, nimm« läute oder »nimm nicht, nimm nicht«. In Monschau schlugen die Glocken »Bonnen on Speck, Bonnen on Speck« (Wrede).

Die Kirchenpatronin von Alendorf, Agathe, ist auch Schutzheilige der Glockengießer. Ihre große Verehrung im Rheinland bei den Bauern genießt sie vor allem wegen ihrer Schutzkraft bei Brandgefahr und Feuersbrunst. Beide Zuständigkeiten leiten sich von ihrem Martertod auf glühenden Kohlen ab, den sie unter Kaiser Decius im 3. Jahrhundert erlitt. Nach der Legende hatte die vornehme Jungfrau aus Catania/Sizilien Liebesanträge des Stadtpräfekten Quintin zurückgewiesen. Daraufhin wurde sie einer Kupplerin übergeben. Als sie auch unter Folterungen ihrem christlichen Glauben nicht abschwor, schnitt man ihr noch die Brüste ab. Dann folgte der Martertod. Agathes Kult begann schon in frühchristlicher Zeit. Sie wurde auch bei Brusterkrankungen um Hilfe angefleht.

Turm mit Schiff

Die Agathe geweihte Kirche auf der Höhe mit dem großen Geläute von vier Glocken weist einen entsprechend massigen Westturm auf, der mit 1,40 Meter dicken Mauern genauso breit wie das Schiff ist. Der gewaltige Kubus ist ungegliedert und fensterlos, nur mit einem Luftschlitz im Osten versehen und wirkt mit nur drei von ursprünglich vier Geschossen gedrungen. Diesen Eindruck verstärkt das niedrige Rautendach, das die Schalluken birgt. Man sieht der 1494 gestifteten Kirche die mühevolle Handarbeit der Gemeinde an, die die Steine hochschleppte und immer wieder anbaute. Das macht den Charme dieser einfachen Saalkirche mit der modischen, spätgotischen Ausgestaltung aus. Turm, Schiff (5,40 mal 10,70 Meter) und Chor (5,70 mal 6,10 Meter) liegen in einer, jeweils leicht verschobenen Achse. Die Südseite präsentiert einen einheitlichen Bau: große zweigeteilte Fenster und halbhohe, einmal abgetreppte Strebepfeiler gliedern das Langhaus, dessen niedriges kleines Portal mit kannellierten Säulchen im Westen vermauert ist. Der Chor setzt fugenlos mit leichter Neigung nach Norden an, schließt vieleckig gebrochen und ist höher als das Schiff. Seine Strebepfeiler strekken sich bis unter das Dach. Zwei seiner Fenster sind größer und mit steilen spitzen Giebeln in unterschiedlichem Maßwerk reicher ausgestattet als die des Langhauses. Seine Tür im Süden hat geraden Sturz. Die Nordansicht der Kirche zeigt vom Schiff nur das freie Westjoch, dann springt der rechteckige kleine Anbau für einen Bruderschaftsaltar vor (1687 als »Appendix«, Anhang, im Visitationsbereich erwähnt), gefolgt von der noch einmal breiteren Sakristei an der Nordwand des Chores. So beschreibt die fensterlose Nordwand einen ungewöhnlichen Stufenplan. Bei allem Vor und Zurück der Wände und dem Auf und Ab der Dächer bewahren die Proportionen der Baukörper, die den aufragenden Chor herausstellen, Harmonie. Mit spätgotischer Eleganz wären die Bauherren überfordert gewesen.

Haupteingang ist das Westportal im Turm mit einem Holzvorbau des 19. Jahrhunderts. Die fensterlose, besonders hohe Turmhalle fängt noch ein schwaches Licht vom Schiff ein, dem sie sich breit und in voller Höhe spitzbogig öffnet. Ihre Decke ist mit achtstrahligem tiefgebustem Rippengewölbe und üppig knospender bunter Blumenmalerei verziert. Die Hohlkehlrippen enden stumpf an den Wänden und sind rot, mit weißen Fugen bemalt. Das zweijochige schmale Schiff überspannt ein von kleinen Rosetten besetztes Netzgewölbe, das auf profilierten Konsolen ruht. Im Quergurt, der Schiffsmitte, laufen drei Rippen in gedrehten Säulchen zusammen, die ausdrucksvolle Figuren schultern. Die eine gibt sich, mit Schlüssel und Buch in den Händen, als Petrus zu erkennen. Drei große Schlußsteine präsentieren die hl. Lucia mit dem Schwert quer im Hals (s. Üß), Maria mit dem nackten Jesuskind und das Johanniterkreuz des Zehntherrn. Der Appendix linker Hand ist als Kapellchen mit sechsstrahligem Rippengewölbe ausgestattet. Durch den weiten hohen Triumphbogen, farbig rot mit weißen Fugen betont, setzt sich der Raum bei gleicher Höhe in die Tiefe des lichtdurchfluteten Chores fort. Dem kreuzgewölbten Vorjoch mit Konsolen folgt der vieleckig gebrochene Abschluß mit tiefen Deckeneinschnitten. Die sechs Rippenstrahlen, die sie tragen, münden hier, im herausgehobenen Ostabschluß, in Dreiviertelsäulchen. Ein Wappen und Christuskopf mit Kreuznimbus sind den Schlußsteinen aufgesetzt. Reiche Blumenmalerei schmückt die Gewölbezwickel. Rechts und links sind Priesternischen in der Wand ausgepart. Vom Nordchor aus führen Stufen hinauf zur Sakristei mit zwei Kreuzgewölben, das eine ist rippenlos.

Ein Teil der Ausstattung kam in die neue Kirche. Der hier verbliebene Altar, eine einfache Holzarbeit vom Ende des 17. Jahrhunderts mit gewundenen Säulen und aufsitzendem Weinlaubrelief, ist Maria geweiht. Unverrückbar an seinem Platz im Nordchor sitzt die mit Maßwerk verzierte Sakramentsnische in der Wand. In ihrer hohen spitzgiebeligen Bekrönung erscheinen Halbmond und Stern, der blasse Himmelskörper mit herausschauendem Gesicht.

Verbeter: spricht extra Worte

Als nach dem Krieg das vierstimmige Geläute in St. Agatha neuinstalliert wurde, half der Alendorfer Maurer und Landwirt Thomas Keul, Jahrgang 1910, die Turmmauern innen mit Beton und Stahl gegen das hohe Gewicht abzustützen. Als er noch ein Kind war, hatte einst der Pfarrer hier von der Kanzel aus seine Mutter des »Teufelswerk« beschimpft, weil sie die Kunst des Verbetens praktizierte, Blutungen stillte und Verstauchungen auch bei Tieren heilte. Früher war es auf dem Dorf weit zum nächsten Arzt. Als ihr Sohn Thomas nach Rußland in den Krieg zog, weihte sie ihn ein: »Dat kannst Du selber mal brauchen«. Seitdem bis heute ist Thomas Keul ein anerkannter Verbeter. Es sei keine Sünde, wenn einer dem anderen helfen kann, hatte ihm der Pfarrer gesagt. Sein Radius reicht im Norden bis nach Mechernich, im Süden bis Hillesheim, im Westen bis zur belgischen Grenze. »Auch nachts haben mich die Leute geholt, früher noch bei Geburten. Bei Verbrennungen hol ich direkt die Schmerzen, an den Wunden kann ich nichts machen. Um Blut zu stillen, halte ich die Finger einige Minuten darauf, dann kommt kein Blut mehr.« Auch »Placken« (Ausschlag) bei Menschen und Tieren, Warzen, Fußpilze und verrenkte Glieder verbetet Keul. Natürlich wollte der Tierarzt wissen: »Wie machen Se das?«. »Das ist kein Geheimnis, aber ich verrate es trotzdem nicht. Denn dann nehmen Sie Geld dafür. Ich möchte aber kein Geschäft daraus machen.« Keul erzählt: »Denn das läuft ja alles über die heilige Dreifaltigkeit. Die rufe ich jedesmal an, mache drei Kreuze und spreche für jede Sache extra Worte, und die beherrsche ich, ja. Ich helfe den Leuten und dem Stück Vieh, aber ich lasse mich dafür nicht bezahlen. Oft ist der Dank eine Flasche Schnaps, den trinke ich dann anstandshalber.« Keul hat sich mit 83 Jahren ein frisches glattes Aussehen bewahrt.

Der Verbeter Thomas Keul

Seine Frau Magdalena ist stolz auf ihn, und er selber strahlt, wenn er erklärt, daß auch der böseste Hund ihn nicht angreifen kann: »Ich spreche die passenden Worte, ja, mit kräftiger Stimme. Und dann zieht der den Schwanz ein, dreht sich um und haut ab. Dafür rufe ich aber die Heiligen Drei Könige an«. Im Garten der Keuls beginnt schon der Wacholder auf sanft ansteigendem Hang des einen der drei kargen Bergrücken, die Alendorf umschließen. Es ist der Hemmersberg im Gefolge des Kalvarienberges.

Baasem: St. Mariä Geburt

Auf ewige Zeit

Bei der Fahrt ins breitgewellte, ruhige Wiesental des Simmler Baches, Teil der Blankenheimer Kalkmulde, zeichnet sich dem Blick das ausfransende Baasem ab und mitten in ihm der weiße Kirchturm mit kurzem Schieferhelm. Alte Winkelhöfe an baumlosen engen Straßen umgreifen dann das Zentrum des Dorfes (460 Einwohner) mit seiner überraschend großen Kirche. Die zweischiffige spätgotische Halle ist allein so breit wie Alendorfs St. Agatha lang ist, reichlich zehn Meter. Was man ihrem mächtigen, wenig eleganten Baukörper nicht anmerkt: er birgt das prachtvollste Sterngewölbe von allen Dorfkirchen der Eifel. Der Anfang war bescheiden, eine einschiffige romanische Kapelle, die um 1300 als Filiale von Alendorf genannt wird. Mit dem Wechsel zur Mutterkirche in Kronenburg, nur eine Viertelstunde zu Fuß entfernt, werden im 14. Jahrhundert Weichen gestellt, die später für Baasem einrasten. Der Ort gehörte auch zum Territorium Kronenburg, dessen Landesherr, Graf Georg von Virneburg, 1485/86 an den Saalbau, nun »Lieb-Frauenkirche« genannt, eine Kapelle anbauen läßt. Dazu macht er dem »Dorf Bayßem« eine Stiftung »auf ewige Zeit« für einen eigenen Geistlichen, einen Vikar: »In Anbetracht, daß der Tod gewiß, die Stunde des Todes aber ungewiß ist, ... damit der Gottesdienst zum Lobe und zur Ehre der genannten Heiligen gemehrt und verbreitert werde, ... und zum Trost und Heil seiner eigenen, seiner Eltern und aller seiner lieben Freunde Seelen ...« Schon drei Jahre später starb Graf Georg. Die Gemeinde, bestehend aus 23 Haushalten, hatte sich verpflichtet, dem Vikar das Wohnhaus zu stellen und ihn mit Naturalien zu unterstützen. Er gehörte, wie seine Nachfolger, dem Johanniterorden an (s. Roth a. d. Our) und war von seinem Komtur in Kronenburg, dem der Zehnte zustand, eingesetzt worden. 1491 trat er seinen Dienst in Baasem an, hochwillkommen. Denn der Pfarrer im eigenen Dorf bot die Gewähr, in seinem Beisein sterben und so die ewige Seligkeit erlangen zu können.

Es war die Zeit eines überbordenden Bevölkerungswachstums in den Städten, den die Dörfer mit auffingen, und allerorten wurden Kirchen zu klein, so daß eine rege Bautätigkeit einsetzte (s. Monreal). In der Eifel, die von den Bauernkriegen verschont blieb, herrschte relativer Wohlstand. Für Kronenburg ließ die Witwe des Landesherrn, Gräfin Mathilde von Virneburg-Rodemacher, 1492 den Bau einer kunstvollen Einstützenkirche beginnen, der 1508 vollendet war. In Baasem entstand zur selben Zeit (P.Schotes) durch Erweiterung des Saalbaues eine zweischiffige Anlage mit vier Stützen, die die Kronenburger Mutterkirche an Größe überflügelte. Die beiden spätgotischen Häuser gehen auf dasselbe in Mode gekommene Vorbild vieler Eifelkirchen zurück, die Hospitalkapelle von Kues (s. Meckel). Es scheint, als habe die selbstbewußte Gemeinde, die ein Drittel aller Pfarrangehörigen stellte und bereits einen Vikar hatte, mit Kronenburg wetteifern und siegen wollen.

Der bedeutungsvolle Sieg, die Loslösung von der Mutter- und die Erhebung zur selbständigen Pfarrkirche folgte dann 150 Jahre später, 1659. Ein Streit um Reparaturkosten hatte den Anstoß gegeben. Baasem weigerte sich 1657, einer Zahlungsaufforderung für die

St. Mariä Geburt von Südosten

Kronenburger Kirche nachzukommen. Diese Doppelbelastung sei unzulässig, es müsse schon die eigene Kirche und den Priester unterhalten. Trotz Druck auch des Landesherrn entschied der Kölner Erzbischof zu Gunsten der Baasemer, die 200 Gemeindemitglieder zählten. Schlüsselübergabe und zeremonielle Erhebung durch den Dechanten des Eifeldekanates verliefen allerdings in äußerst frostiger Atmosphäre, wie der Protokollant notierte. Die Kronenburger Abordnung verweigerte die Antworten bei der Handlung: ... »Dann frug der Dechant, von wem die Kirche erbaut, fundiert und dotiert sei, worauf wiederum alle stillschwiegen. Darauf sagte der Dechant: ›Stillschweigen ist auch ein Bescheid.‹« Schließlich protestierte der Kronenburger Pfarrer, der nun weniger verdiente, weil auch die Meßstiftungen an seinen Nachfolger übergingen. Er habe seinen Dienst gut verrichtet, und Kronenburg liege nur ein Uhr-Quadrant entfernt, und die Abtrennung sei widerrechtlich. Der Dechant klärte souverän und ruhig die Sachlage, wies nun seinerseits durch Schweigen Besoldungsforderungen des Kronenburger Kirchenmompers (Vormund), zurück, berief sich auf den Erzbischof und die apostolische Vollmacht, forderte vom neuen Pastor den Eid und übergab ihm die Schlüssel. Der öffnete die Kirche, »und alles geschah nach Brauch. Die heilige Messe wurde zelebriert, das Tedeum gesungen und der Pastor installiert«. Kronenburg wurde mit der einmaligen Ablösesumme von 100 Imperialen (Kaiser Taler) entschädigt und fand sich daraufhin mit dem Schwund an Status und Gemeinde ab.

Festliche Schönheit im Innern

Die Kirche wurde der Geburt Mariä geweiht. Weiträumig ist ihr hohes Areal von der Friedhofsmauer abgesteckt, Straßen umgeben ihren Platz. Die Gräber liegen nach Norden hin, im Süden ist das Gelände eng gegen eine Wiese mit unterirdischem Bach abgegrenzt. Neben einer ausladenden alten Linde ragen dunkle Tannen an den Helm des kräftigen Westturmes. Nur seine untere Hälfte stammt noch vom romanischen Vorgängerbau, im Norden und Süden ist er von zweistöckigen, rundbogigen Blenden belebt, die die Mauern erleichtern. Die beiden oberen Geschosse setzte man 1559 auf, wie das Zahlenband am Sturz des nördlichen Schallfensters angibt. Die Glockenstube öffnet sich nach allen Himmelsrichtungen, jedes Fenster zeigt anderen, kunstvollen Maßwerkschmuck. Die drei Schlitze in der Südwand, normalerweise zur Durchlüftung, sollen der Verteidigung gedient haben. Die Bewohner schafften während des spanischen Erbfolgekrieges auch Kisten mit wertvoller Habe zum Schutz in die Kirche.

Seine kubische Form büßte der Turm ein, als 1833 die Westwand mit einer geböschten Verblendung gestützt wurde, die seine 1,50 Meter dicken Mauern auf 2,20 Meter im Erdgeschoß brachten. Er steht in voller Breite vor dem nördlichen Langhaus, der ursprünglichen Saalkirche, deren flachrunder Abschluß der romanischen Apsis entspricht. Das daneben angefügte südliche Schiff erhielt einen gleichbreiten dreiseitig geschlossenen Chor. Die weißverputzte Anlage aus Bruchstein präsentiert sich als einheitlicher langgestreckter Block (ca. 25 Meter) unter einem Satteldach, das über den ungleichen Chören abgewalmt ist. Hohe, einmal abgetreppte Strebepfeiler ringsum geben der Kirche ein monumentales Gepräge. Sie gliedern und stützen die Wände. Allerdings reichte ihre Kraft nicht aus. Das südliche Gewölbe drohte 1832 einzustürzen, erkennbar noch an den Ausbuchtungen der Wand. Darum verstärkte man drei Pfeiler auf ihren doppelten Umfang, den ästhetischen Verlust in Kauf nehmend. Zweigeteilte Fenster, einfach verziert, betonen durch ihre Länge die Gewichtigkeit des Gebäudes. Im Südchor setzten sie höher an und sind reich mit Maßwerk verziert. Beim Übergang zum Nordchor, der 1890 nach Abbruch einer Sakristei in eine neue umgewandelt wurde, entstand eine spitze Nische.

Der Zugang zum Turm war nie Haupteingang, er lag im ersten Geschoß im Westen und führte in eine Halle mit vier Kreuzgewölben, die ein Mittelpfeiler trägt. Der untere Turmraum dient seit 1976 als Leichenhalle. Man betritt die Kirche über einen Vorbau (1890) am Ende des Nordschiffes neben dem Turm durch den alten und einzigen Eingang. Acht Stufen leiten hinunter. Eine hölzerne Orgelempore verdunkelt den ersten Eindruck. Vor ihr breitet sich ein hoher, weiter Raum von festlicher Schönheit aus, der den Blick in seine Höhe zwingt zum sinnfrohen Spiel des Gespinstes unzähliger Glieder der dekorierten Sterngewölbe. Vier schlanke runde Mittelsäulen, die beiden inneren nach einem Drittel ins Achteck übergehend, teilen den Raum in zwei gleichhohe Schiffe und tragen die gewichtige Decke. Die große Pracht der Gewölbe läßt sich an der Vielzahl der Rippen ablesen, die ansatzlos, in ihrer Fülle Fächer bildend, von jeder Säule emporstrahlen: hier sind es jeweils 16! Ihre Verzweigungen in schwingendem Zickzack von achtteiligen Sternmustern zielen auf ihren Höhepunkt in der Decke, den Schlußstein, um dann symmetrisch die Brechungen in Bögen zur Wand hin fortzusetzen. Dort laufen die Rippen gebündelt in langem eleganten Stiel aus. Alle Kreuzungspunkte der von den Steinmetzmeistern exakt geformten Hohlkehlrippen sind von kleinen Rosetten besetzt. Die Farbfassung von Säulen und Rippen, rot mit weißer Doppelfuge, kehrt zusätzlich die von der Gewölbestruktur bestimmte Raumwirkung der Hallenkirche heraus. Von der ornamentalen Malerei in den Zwickeln sind nur noch Reste freigelegt worden.

Die Schlußsteine bringen in ihrem Bildprogramm neben schmückenden Blumen und Rosetten einen Christuskopf mit Kreuznimbus, ein spätgotisches Kruzifix, Engel mit Wappen, das Johanniterkreuz der Zehntherren und die Heiligen Quirinus, der Pferdepatron ist (s. Stockem), und Eligius. Ihnen waren, wie auch Petrus, früher Altäre geweiht. Die Kirche besaß zeitweilig insgesamt fünf, an ihnen wurden Privatmessen gefeiert (s. Monreal). Eligius, Patron der Schmiede, erfuhr von diesem Berufsstand hier breite Verehrung. Denn zu Baasem gehört an der nahen Kyll die Hammerhütte, in der bis 1859 ein bedeutendes Eisenwerk bestand. Der Heilige war gelernter Goldschmied, kam dann als Münzmeister an den fränkischen Königshof und wurde 641 Bischof von Noyon. Nach einer späteren Legende war er Hufschmied und nahm einem ungebärdigen Pferd zum Beschlagen den Fuß ab, den er nach getaner Tat dem Tier wieder ansetzte. So ist er im Schlußstein in St. Mariä Geburt als Bischof mit Mitra und Stab, aber auch mit dem Hammer, den er festhält, Hufeisen und Zange, den Symbolen der Schmiede, dargestellt.

Die Triumphbögen leiten hoch und weit unmerklich in die Tiefe der Chöre über. Der südliche ist Hauptchor und um eine Stufe erhöht, der nördliche wurde Sakristei, doch, um die Sicht auf das Gewölbe freizuhalten, sind ihre Wände nur halbhoch. Sie laufen am vierten Pfeiler zusammen, der, wie der dritte, leicht aus der Achse nach Norden gerückt ist. Die kunstvollen Sterngewölbeformen gleichen hier denen der Schiffe, bereichert sind sie um runde Wandsäulen, die die Rippen stützen. Dunkelgrau und mit weißen Fugen bemalt, unterscheiden sie sich deutlich vom rot gefaßten Gemeinderaum. Hier thront im Schlußstein die Himmelskönigin mit Krone und blauem Mantel. Der ländliche Meister gab ihr und dem nackten Jesuskind, das sie auf dem Schoß den Gläubigen vorzeigt, die gleichen Pausbacken. Der hl. Petrus, dessen langer Schlüssel seine himmlische Gewalt und begründendes Papsttum symbolisiert, und das Wappen der Virneburg-Rodermacher an der Decke des Chores machen deutlich, daß Frömmigkeit und Weltlichkeit in mittelalterlichen Kirchen vereint waren. Der neogotische Hochaltar mit leichtem Schnitzwerk ist Maria geweiht. Die Patronin der Kirche gehört ebenfalls zum Heiligenprogramm der sämtlich neuen bunten Glasfenster von 1983. Auch das schönste Ausstattungsstück, 1625 aus rotem Sandstein gearbeitet, ist ein Marienaltar, der vor dem Nordchor steht. Zwei Schwestern, die »Greffinen zu Manderscheid, Blankenheim und Gerolstein, Frewlein Zu Cronenburg und Bettingen«

Schlußstein des Hauptchores mit der Himmelskönigin

haben ihn gestiftet, wie auf der Tafel unter der neueren Marienfigur zu lesen steht. Die originale wurde vor 1870 gestohlen. Sie stand, wie ihre Nachfolgerin, in der rundbogigen, von Säulenpaaren getragenen, großen Mittelnische des Altaraufsatzes. Kleine Seitenflügel mit Voluten, Rollwerk und Nischchen, Schmuckformen der Spätrenaissance, verbreitern den unteren Teil und zeigen im Rund von Medaillons zwei meisterlich herausskulpturierte, lebendige Szenen der Bibel (s. das Foto auf Seite 11). Im Zentrum des schmaleren Aufbaues hat der Künstler nahezu vollplastisch »Jesus im Tempel« dargestellt: die in Bewegung geratenen Lehrer, bärtig, mit langen faltigen Gewändern und Hüten bekleidet, sind gestikulierend um die zierliche Knabengestalt geschart, die hochgehoben über ihnen in der Kanzel den entrückten Ruhepol bildet. Das Relief der Bekrönung mit der Wiedergabe des Todes Mariä ist wegen seiner Höhe ebenso schwer zu erkennen wie die flankierenden kleinen Figuren der Evangelisten Matthäus und Johannes.

Die ärmste Zeit und Offiziere

St. Mariä Geburt besitzt zwei miteinander verbundene Orgeln. Die eine hatte Pfarrer Nicolaus Müller (1829–62) gestiftet und auch gebaut, wobei ihm neben seiner Herkunft aus einer Orgelbauerfamilie eine Schlosserlehre zugute kam, die dem Theologiestudium vorausgegangen war. Er konnte nach heftiger Beschwerde 1844 in ein kleines, neuerrichtetes Pfarrhaus umziehen, heute dient es Pfarrer Reidt. Sein Vorgänger Gloden (1815–1829) hatte das baufällige Pastorat ohne Klagen bewohnt und nur, »wenn es ihm auf das Bett regnete, in der Kirche seine Pfarrkinder um einiges Stroh zur Reparatur des Daches angefleht«. Es war die ärmste Zeit der Eifel mit den Notstandsjahren 1816/17, die viele deutsche Städte, allen voran Berlin, dann Frankfurt/Main und -/Oder, Danzig, Münster, Bielefeld, Osnabrück und andere zu Geldspenden mobilisierte. Wie in Teilen Mittel- und Westdeutschlands fiel in der Eifel 1816 noch bis zum Juni Schnee, und auch der folgende Sommer brachte durch andauernden Regen nur Mißernten. Der preußische Staat unternahm Hilfsaktionen, ließ auch Brot backen und verteilen. Dennoch starben zum Beispiel in Baasem 39 Einwohner in der Zeit von 1817 und 1818. in den nächsten Jahrzehnten erholte sich die Landwirtschaft nicht durchschlagend, und zusätzlich ereignete sich um die Jahrhundertmitte der Niedergang der heimischen Industrien, vor allem wegen der zu spät gekommenen Eisenbahn (s. Dottel und Dümpelfeld). 1837 starben im notleidenden Baasem 32 Menschen, darunter sechzehn Kinder. Es setzte in der Eifel die große Auswandererwelle ein (40 000–60 000), die meisten gingen nach Übersee. Die Baasemer bevorzugten es, innerhalb des Landes umzuziehen, sie waren Handwerker oder hatten in den nahen Eisenhütten gearbeitet. Heute ist der Dorfkern noch von intakten Bauernhöfen geprägt. Die Umwandlung von Ackerbau auf Weideland mit Vieh- und Milchwirtschaft kam nach dem Krieg. Elf Landwirtschaftsbetriebe werden nebenberuflich unterhalten, drei als Haupterwerb genutzt. Doch 80 Prozent der Bewohner sind Pendler Richtung Köln geworden.

Die Baasemer werden seit Generationen von den umliegenden Dörfern wegen ihres Selbstbewußtseins die »Offiziere« genannt. Wie sie selber sagen, hätten sie in den Truppen der Herren von Kronenburg die Offiziere gestellt. Ihr Stolz berief sich auch auf die fetten kalkhaltigen Böden, von denen sie guten Weizen reichlich einfahren konnten. »Kronenburger Kroh« (Krähe) nannten die Baasemer daher ihre ärmeren Burgnachbarn, denn an den Hängen der Kyll unterhalb der Befestigungsanlage konnten nur Gerste, Hafer und Roggen gedeihen. Und hatten die »Offiziere« nicht auch die größere, unvergleichlich prachtvolle Kirche?

Kronenburg: St. Johann Baptist

Umwehrte Schönheit

1489, drei Jahre nach dem Tod des Landesherrn Graf Kuno von Manderscheid-Schleiden, unternahm seine Witwe, Gräfin Mathilde von Virneburg, den Bau der Pfarrkirche von Kronenburg, den sie bis zu seiner Vollendung 1508 überwachte. St. Johann Baptist wurde in die äußere Umwehrung des alten Rittersitzes einbezogen und bekam ihren festgefügten Platz unterhalb der fünfekkigen Burg auf dem Kegel des Hüttenberges. Kronenburgs Siedlung im Dienst der Herren war inzwischen von einer »Freiheit« (frei von Abgaben) zu einem Bürgerstädtchen aufgestiegen. Mit dem Aussterben der Ritter von Kronenberg 1414 war die Zeit der Residenz bereits vorüber, und die Burg diente als Nebensitz der Grafen von Virneburg, dann derer von Manderscheid-Schleiden. 1550

St. Johann Baptist, Ostansicht

Außentreppe zur Ratsstube im Obergeschoß der Sakristei

wurde das kleine Territorium luxemburgisches Lehen unter Kaiser Karl V., der wenige Jahre später das Herzogtum seinem Sohn Philipp II. von Spanien übergibt. Daher rührt der Name »spanisches Ländchen« (bis 1715). Mit Regierungsantritt der Manderscheider kurz vor Baubeginn der Kirche nahm die Eisenindustrie des Gebietes ihren Aufschwung (s. Dottel). Eine der bedeutenden Hütten, die den Landesherren hohe Pachtsummen einbrachten, lag gleich unterhalb des Hüttenberges an der Kyll. Sie weitete sich zum größeren Part des nun zweigeteilten Ortes aus. Bis jetzt leben mehr Bewohner in der Kronenburger Hütte (180 von insgesamt 300). Dort erloschen dann, wie überall in der Eifel, um 1850 die Hochöfen, und im Schlepptau des industriellen Niedergangs mit Abwanderung wurde aus den meisten Städtchen, so auch hier, wieder ein Dorf. Für die 80 Wochenendanrainer von Kronenburg ist die bevorzugte Anlage des Burgberings dennoch »Altstadt«, zu deren Pflege sie liebevoll beitragen.

Nicht erst seit heute präsentieren sich die Größenverhältnisse am Hüttenberg gewandelt. Die Trutzburg verfiel im vorigen Jahrhundert, Reste zweier Türme ragen noch auf. Beherrschender Blickpunkt auf der Höhe ist der vorspringende, kräftige, weißverputzte Kirchturm mit kurzem Helm, der fünf Meter tiefer den Hang hinabreicht als sein Schiff, dem er im Osten vorsteht. Diese Ansicht der Kirche ist nur von Ferne, aus dem Tal oder vom Berg gegenüber aus möglich. Nach dem Weg durch die Windungen des dichtbebauten engen Burgberings, gleich hinter dem Mitteltor, steht man dann der Westfront mit niedrigem Rundbogenportal zwischen zwei riesigen, dreigeteilten Maßwerkfenstern wie unvermittelt und nah gegenüber. St. Johann Baptist ist in die östliche Häuserzeile eingereiht, man kann sie nicht umschreiten. Im Süden führt ein kurzes Pflaster zum Anbau des kleinen Seitenschiffs für die Burgherren, die hier durch ihre Pforte eintraten und gleich Platz nehmen konnten. Nachbarhäuser schließen dicht auf. Nur im Norden, hinter einem Eisengitter mit Kreuzformen, blieb etwas Platz für den alten Friedhof (heute Gedenkstätte für Gefallene), der die geringe Strecke neben dem Langhaus bis zum Sturz des Abhanges begleitet, an den der Kirchturm gerückt ist. Büsche und Bäume reichen mit hinunter ins Tal, grüne Hügelkuppen und ferne Berge zeigen sich gegenüber und überall, wohin das Auge reicht.

Dem Vorbild am nächsten

St. Johann Baptist ist eine zweischiffige spätgotische Einstützenkirche von 9 Meter Breite und 13 Meter Länge, sie ist dem Vorbild der Hospitalkapelle von Kues nachgebaut. Mit diesem beliebten Bautyp der Eifel (s. Meckel) kombiniert sie eine weitere Besonderheit: ihr Turm steht im Osten und birgt den Altarraum, so daß ein Chorbau überflüssig wurde (s. Ferschweiler, Stockem). Der Chorturm ist ungegliedert und erhält sein charakteristisches Aussehen durch je zwei rechteckige Schallfenster, die direkt unter dem achtseitigen Schieferhelm liegen. An seine Nordseite

Inneres der Einstützenkirche

lehnt sich die Sakristei an, deren Obergeschoß als Ratsstube diente, von außen erreichbar über eine schmale hin- und herschwenkende Steintreppe. Ein kräftiger Strebeklotz gibt der Anlage Halt. Monumental und exakt gearbeitet, mit schmucker, rot gemalter Eckquaderung, gliedert der einzige Strebepfeiler die Nordwand der Kirche in zwei Teile (im Süden stärkt das Nebenschiff von außen das Gewölbe). Im Osten daneben durchbricht ein sehr großes dreiteiliges Maßwerkfenster mit üppigen Zierformen das Langhaus. Die kunstfertigen Steinmetze signierten mit einem geometrischen Zeichen ihr Werk, wie die Westfenster an der Straße noch zeigen.

Der Eingang durch das Westportal mit originaler Holztür führt eine Stufe hinab und unmittelbar in die Geschlossenheit eines Zentralraumes mit feinsten spätgotischen Gliederungsformen. Er ist mit einem Blick von hier genauso überschaubar wie von der Kanzel aus an der Langhauswand, was den Grundrißtyp entscheidend geprägt haben soll (Paul Schotes). Ausgewogenheit der Proportionen, Klarheit der Linienführung in die Höhe stehen für die Mustergültigkeit des Konzeptes der Einstützenkirche. Ein schlanker Mittelpfeiler, mit kanneliertem Sockel und vier Runddiensten bereichert, läßt zehn Rippen in eleganten Bögen fächerförmig zu den vier Gewölben steil aufsteigen. In den Westjochen bilden sie einen vierteiligen Rippenstern, in den östlichen, die auf den Triumphbogen zulaufen, ist der Stern aufgespalten zu Dreiecks- und Rautenformen. Hier finden die Rippen, spitzig gebündelt, in Konsölchen ihren auslaufenden Schlußpunkt, an den Langhauswänden fließen sie in runde zierliche Wandsäulen ein. Die Gewölbeformen sind, bis auf zwei Rippen seitlich des Chorbogens und die Verzierung der Mittelstütze, exakt von der quadratischen Hospitalkapelle (1458) übernommen (Paul Schotes). Auch in der meisterlichen Steinmetzarbeit an Rippen und Schlußsteinen reicht St. Johann Baptist am nächsten an das edle Vorbild an der Mosel heran. Das war auf Anregung des gelehrten und weitgereisten Kardinals Nikolaus von Cues, dem Bischof von Brixen, errichtet worden und geht vermutlich auf ein österreichisches Beispiel zurück.

Die Gewölberippen sind von doppelter Hohlkehle ausgefeilt. Wie der Pfeiler in Rot und mit weißen Fugen gefaßt, überspannen sie wie zarte Lamellen die Decke. In ihren Zwischenräumen strecken sich die von Rolf Dettmann nach dem Krieg gemalten, spätgotisch stilisierten Ranken. An den unzähligen Schlußsteinen haften feine herausgearbeitete Reliefs, meist im rahmenden Vierpaß. Ihre Bilder fordern zu andächtiger Frömmigkeit auf, präsentieren die in ihrem Glauben standhaften Heiligen als Vorbilder und Fürbeter, und sie stellen in Wappen auch die guten Werke der Erbauer zur Schau. Sogar die Steinmetzwerkstatt läßt ihre Zeichen am hochgehobenen Platz von einer Figur vorweisen und demonstriert so neues Selbstbewußtsein gleich neben dem Zehntherren, den das Johanniterkreuz vertritt. Vielleicht haben auch die Schmiede der Kronenburger Hütte zum Kirchenbau beigetragen, darauf könnten ihre Symbole in dem Schlußstein mit Hammer und Zange deuten. Ihr Patron, der hl. Eligius, erscheint weiter vorne mit ausholendem Hammer und Amboß (s. Baasem). Der Schlüsselträger der Kirche und des Himmelsreiches, Petrus, besetzt mit den Heiligen Paulus, Bartholomäus und Johannes dem Evangelisten (s. Großlangenfeld) das westliche Nordfeld. Im vorderen Mittelgewölbe füllt die Himmelskönigin mit weitem blauen Mantel ein großes Rund. Sie sitzt seitlich und neigt sich dem lebhaften nackten Jesuskind auf ihrem Schoß zu. Sonne umfängt sie, und die Mondsichel zu ihren Füßen ist von zwölf Sternen umsäumt. Diese begleitenden Himmelskörper sind ursprünglich die symbolischen Attribute (Christus, Kirche, zwölf Apostel) des apokalyptischen Weibes und gingen im späteren Mittelalter auf Maria über. Ein sehr ähnlicher Schlußstein sitzt im Chor der Kerpener Schloßkapelle. Möglicherweise arbeiteten dort dieselben Steinmetzmeister, denn ihre Signatur ist mit der hiesigen nahezu identisch. Johannes der Täufer, Patron der Kirche, zeigt sich bärtig, barfüßig und trägt auf einem Buch das Lamm: »Siehe, das ist Gottes Lamm« (Johannes 1,35). Neben ihm

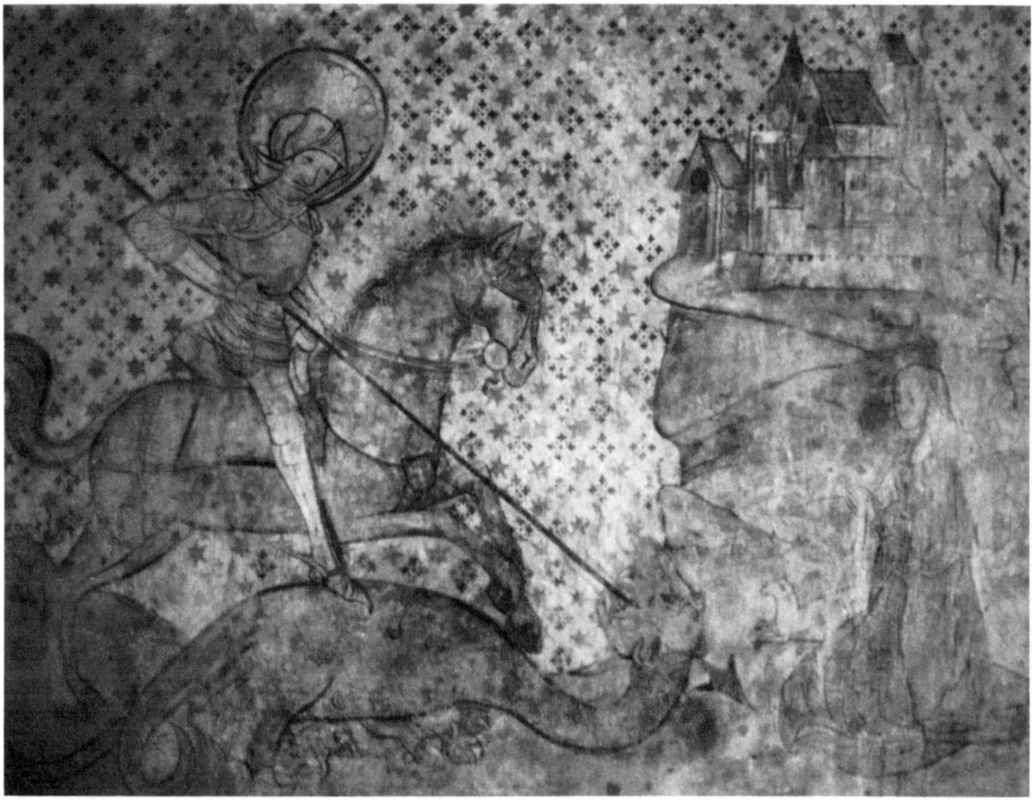

Der hl. Georg, den Drachen tötend. Rechts im Hintergrund die Burg von Kronenburg; Wandbild, vermutlich aus der ersten Hälfte des 16. Jahrhunderts

haftet an der Gurtrippe die kleine Vollplastik des hl. Sebastian mit marternden Pfeilen im zerbrechlichen Körper.

Rundbogig leitet der Triumphbogen zum schmalen Chor im Turm (5,50 mal 5,50 Meter) über, der um zwei Stufen erhöht ist und Licht durch ein Südfenster erhält. Ein prachtvolles, achtteiliges Sterngewölbe betont die Höhe, die Rippenbögen enden in hohen Konsolen. Der Hauptschlußstein ist Christus als Schmerzensmann gewidmet, dem »Erbärmde«-Andachtsbild, in dem der Opfertod des mit Dornen Bekrönten, der seine Wunden zeigt, verdeutlicht wird. Seine Darstellung im Altarraum nimmt Bezug auf das Meßopfer, das hier gefeiert wird. Das überhistorische Bild geht auf eine Legende zurück, nach der Papst Gregor d. Große während der heiligen Messe Christus als Schmerzensmann erschien und sein Blut in den Meßkelch fließen ließ (s. Welling). Die Sakristeitür in der Nordwand mit Eselrückenkontur trägt im Sturz neben der Jahreszahl 1517 noch einmal das Johanniterkreuz. Eine viereckige schlichte Sakramentsnische mit Gitter und eine Priesternische sind eingebaute Chorausstattung. Aus der Bauzeit stammt auch die steinerne Altarmensa, aus der eine Taube mit Nimbus (Symbol des Heiligen Geistes) und ein kleines Maßwerkfenster herausgearbeitet sind. Eine lebensgroße Kreuzigungsgruppe an der Ostwand des Turmes ist dem 17./18. Jahrhundert zuzuschreiben.

Klug und töricht

Um den Herrschaften, die im Seitenschiff im Süden saßen, Sicht in den Altarraum zu ermöglichen, entfernte man die störende

Mauerecke und schuf einen kurzen gewölbten Gang neben dem Triumphbogen, der von einer Achtecksäule abgestützt wurde. Die eigene Kapelle im Burgbereich scheinen die Herren von oben selten benutzt zu haben, zumal sie oft in schlechtem Zustand gewesen sein soll. Das ein Joch schmale Nebenschiff ist mit viergeteiltem Sterngewölbe versehen, im Schlußstein erscheint Veronika mit dem Schweißtuch. Früher diente der Raum den Burgherren auch als Grablege, heute faßt er die Orgelempore. Zur alten Ausstattung der Kirche gehören zwei Wandmalereien: das Innere des Triumphbogens bringt in stereotyper Wiederholung die Bilder der fünf klugen und fünf törichten Jungfrauen, die nach der Parabel bei Matthäus (25, 1–13) dem Bräutigam entgegengehen. Ihre Fünfzahl symbolisiert die fünf Sinne. Die törichten Jungfrauen nahmen Lampen, aber kein Öl mit, die klugen hatten beides dabei. Der ländliche Meister läßt die langgewandeten Frauen auf der linken Seite mit herabhängenden und auf der rechten mit hochgehaltenen, brennenden Öllampen Revue passieren. Sie sind mahnendes Sinnbild für das Weltgericht, bei dem Hölle und Himmel offenstehen. Der Weltenrichter Christus war ursprünglich im Scheitel des Bogens zu sehen. Die zehn Jungfrauen, die auch auf die zehn Gebote hinweisen, gehen in der mittelalterlichen Bildsprache den großen Weltgerichtsszenen voraus (s. Niedermendig). Das zweite Wandbild, wohl vom Anfang des 16. Jahrhunderts, zeigt einen Lieblingsheiligen der Ritter, ihren Standespatron Georg, wie er steif in Rüstung reitet und dabei, unter den Blicken der gefährdeten Jungfrau, den Kopf eines kriechenden Drachentieres durchbohrt. Rechts im Hintergrund türmen sich auf einem Bergkegel die Zinnen der heimischen Kronenburg. Zu ihrer realistischen Darstellung kontrastiert der gemalte Brokatgrund, der die Szene wie eine Folie hinterlegt und ihre Sinnbildlichkeit herausstellt. In den Städten hatte sich zu dieser Zeit schon Wirklichkeitsnähe mit Abbildcharakter auch von Landschaften mit Himmelsblau durchgesetzt.

Brot für die Kuh

Um sich den mühsamen Aufstieg zur Mutterkirche St. Johann Baptist bisweilen zu ersparen, taten sich die Bewohner der Kronenburger Hütte 1736 zusammen und bauten direkt neben der noch schmalen Kyll, die aber häufig Hochwasser führte, eine schlichte Kapelle (der Turm kam 1901 dazu). Zwei Wochenmessen im Monat waren gestiftet worden. Ursprünglich war sie Jesus Christus, Maria und Johannes dem Evangelisten geweiht, aber dann setzte sich die Bauernheilige Brigitta aus Irland durch, die als Patronin des Viehs, vor allem der Kuh, sehr verehrt wurde. Denn neben den Hüttenwerken (seit 1464), die Roheisen, Stubenöfen, Takenplatten, Büchsen, Kanonen, Schmiedeeisen für Hufbeschlag und Nägel, Küchengeräte und auf Bestellung der Grafen diverse Geschenke herstellten, war die Gegend bäuerlich geprägt. Johann Matthias Brandenburg, Landwirt, Jahrgang 1907, erinnert sich, wie seit seiner Kindheit am Brigittenfest, dem ersten Februar, seine Kollegen aus der ganzen Umgebung kamen. Sie legten Brot zur Segnung auf die Kommunionbank und füllten sich am Ende der Meßfeier aus einer Wanne geweihtes Wasser in Flaschen ab. Das gaben sie zusammen mit dem Stück Brot einer Kuh in die erste Tränke, wenn sie gekalbt hatte. Es sollte ihrer Gesundheit und für weitere Nachkommenschaft helfen. Auch das Weihwasserkännchen vor dem Schlafzimmer wurde aufgefüllt zur Bekreuzigung vor dem Zubettgehen und nach dem Aufstehen. Manchmal war die Nachfrage nach dem Weihwasser so groß, daß die Meßdiener in ihrer Not, so ein ehemaliger, aus der Kyll für Nachfüllung der Wanne sorgten. Seit den sechziger Jahren hat das Brigittenfest an Umfang eingebüßt. Wie fast überall in der Eifel ist auch hier neben der Forst- die Landwirtschaft drastisch, auf zwei Großbetriebe, zurückgegangen. Das in schönster Lage, unverfälscht alt erhaltene Kronenburg hat auf Fremdenverkehr gesetzt, der noch gesteigert werden soll, und viele Bewohner pendeln Richtung Köln.

Brigittenkapelle der Kronenburger Hütte

Hexenwahn

Die Landesherren der vergangenen Jahrhunderte hatten Machtbefugnisse auch in der Rechtsprechung. In Kronenburg standen sie dem Obergericht im Ort vor, die Flurbezeichnung »Am Gericht« weist noch darauf hin. Dort soll auch der Galgen gestanden haben. Zur Zeit des Hexenwahns, der hier im Dreißigjährigen Krieg kulminierte, wurde er vom Scheiterhaufen abgelöst. 1630 wurden zwischen Februar und Juni unter Graf Karl von Manderscheid-Blankenheim-Gerolstein hier allein 16 Personen zum Tod durch Verbrennen verurteilt (Hans-Peter Pracht). Im Trierer Raum verloren 27 Gemeinden 368 Personen in den Jahren von 1587 und 1593, einer von ihnen war der Rektor der Trierer Universität, Dietrich Flade. Seine Hinrichtung mit vorausgegangener, jahrelanger Peinigung hatte größtes Aufsehen erregt. Am längsten, bis 1679, hielten die Brände in der Westeifel an, im Territorium Neuerburg.

Die Hexenjagd hatte in Südfrankreich im 13. Jahrhundert begonnen und sich dann von der Schweiz her im 15. Jahrhundert nach Deutschland, Skandinavien, England bis nach Nordamerika ausgebreitet und in Massenverfolgungen nach dem Vorbild der Inquisition die Angeklagten dem Scheiterhaufen übergeben. Vorher waren die Opfer auf dem Folterstuhl geständig gemacht worden. Seit 1487 diente »Der Hexenhammer«, ein Buch, das bis 1669 in 29 Auflagen erschien, als Rechtsgrundlage für Überführung und gerichtliche Strafverfolgung. Er führt das Hexentreiben »auf die Schlechtigkeit der weiblichen Natur« zurück und versteht sich als Anwendungsbuch »zur gezielten und systematischen Verfolgung und Ausrottung der teuflischen Frauen«. In manchen Dörfern gab es keine Frauen mehr. Doch auch die leidenschaftliche Volksjustiz kannte bald keinen Unterschied mehr. Aufgewühlt von Rache, Neid, Mißgunst, Not durch Krieg, Pest und Mißernten fachte sie durch Anzeigen die Prozesse gegen vermeintliche Hexen und Zauberer an, die sich »von Gott lossagten und sich dem Teufel verschrieben, um Schadenzauber gegen Leben und Fortpflanzung bei Menschen, Tieren und Pflanzen auszuüben und die Natur zu beherrschen«. Die Bekämpfung dieser angeblichen Vergehen unterstützt 1484 die Bulle des Papstes Innozenz III ausdrücklich. Zu den moralischen Größen der Gegner der Verfolgung zählte der Jesuit Friedrich von Spee, Gelehrter und Dichter, der in Würzburg die Verurteilten auf ihrem Weg zum Scheiterhaufen begleitete. 1630/31 veröffentlichte er ein Buch gegen die Hexenhammer-Praxis, das aus dem Lateinischen ins Deutsche, Holländische und Französische übersetzt wurde: »Cautio Criminalis oder rechtliches Bedenken wegen der Hexenprozesse. Für die Obrigkeit Deutschlands gegenwärtig notwendig. Aber auch für die Ratgeber und Beichtväter der Fürsten, für Inquisitoren, Richter, Advokaten, Beichtiger der Angeklagten, Prediger und andere sehr nützlich zu lesen. Von einem ungenannten römischen Theologen.« Kurz vorher hatte von Spee einen Mordanschlag schwer verletzt überlebt.

Der Pfarrer und seine Frau

Von Spee gehörte zu den engagierten Erneuerern der katholischen Kirche nach Luthers Reform, die für reichlich dreißig Jahre auch in Kronenburg eingeführt worden war. Denn Graf Dietrich VI. von Schleiden (s. Kerpen) war in seinem ausgedehnten Territorium auch Herr des »spanischen Ländchens« und setzte nach dem geltenden Recht »cuius regio eius religio« (wessen Land, dessen Religion) protestantische Prediger ein. Auf den Burgberg schickte er 1580 Pfarrer Michael Maulhard aus Olef im Kerngebiet der Evangelischen (s. Kirschseiffen), der zum neuen Glauben übergetreten war, geheiratet und dann seine Stellung verloren hatte. Das Haus, das er hier bezog, war für die spöttelnden Bewohner nicht das Pfarr-, sondern das »Katharinenhaus« so der Name seiner Frau. Nach dem Tod des lutherischen Landesherrn 1593 ordnete der spanische König die Rekatholisierung für Kronenburg an.

1992 feierte St. Johann Baptist, ursprünglich der Erzdiözese Köln, schließlich seit 1930 dem Bistum Aachen zugehörig, das 500. Jubiläum zur Grundsteinlegung. Wie bei allen mittelalterlichen Kirchen, sollte nach dem Verständnis der damaligen Zeit in ihrer feinen edlen Gestalt und Auskleidung nicht reines ästhetisches Empfinden angesprochen werden, sondern göttliche Erhabenheit zum Ausdruck kommen. Die Schönheit der Himmelskönigin im Schlußstein steigerte die mystische Verinnerlichung des Glaubensinhaltes. Bis in das kleinste Detail zeugten die Arbeiten der Meister von einem hinterlegten Sinn, der schließlich in die Ermahnung zu gottgefälligem Leben mündete. Dabei hatten die Stifter guter Werke, vom Kirchengebäude bis zum Leuchter auf dem Altar, durch ihre eingeschriebenen Namen, Wappen oder Porträts ihren selbstverständlichen Platz zur prestigeheischenden Selbstdarstellung. Übergeordnet war allen Christen aber die Sorge um das Seelenheil im Jenseits. Sie schwingt, um Fürbitte flehend, noch im Klang der Glocke mit (1478, Umguß 1929): JESUS MARIA JOSEPH
JOHANNES DER DEUFFER BEI GOTT FUR UNS ARME
SÜNDER AMEN
MCCCCLXXVIII

Die Grundrisse der Alten Dorfkirchen

Die folgenden 26 Grundrisse wurden mit freundlicher Genehmigung des Verlags der Akademischen Buchhandlung Interbook Trier den Bänden »Die Kunstdenkmäler der Rheinprovinz« (Nachdruck) entnommen. Grundrisse zu den Dorfkirchen von Ferschweiler, Üß und Kirschseiffen konnten nicht ermittelt werden.

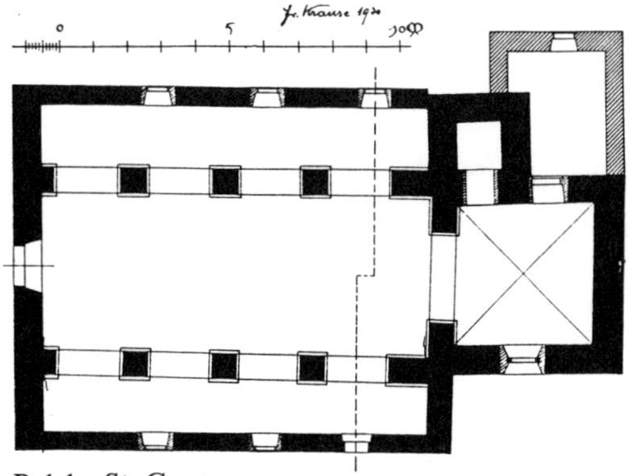

Polch: St. Georg

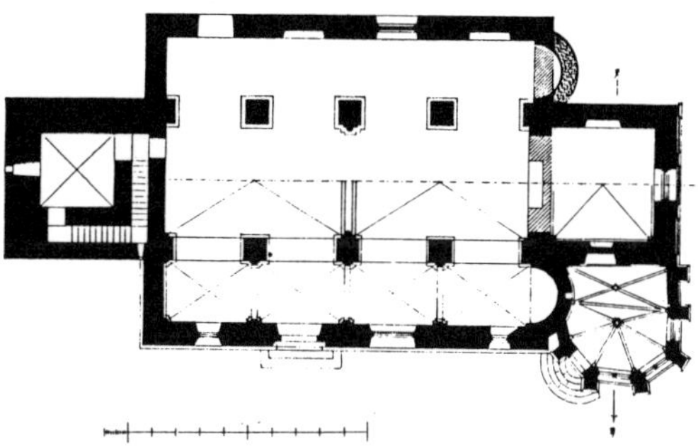

Niedermendig: St. Cyriakus

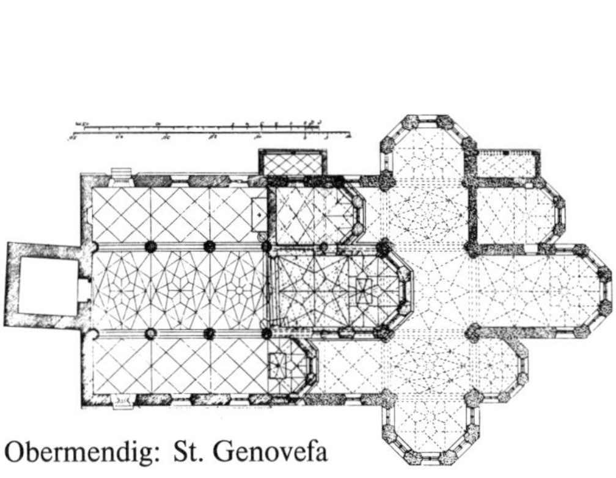

Obermendig: St. Genovefa

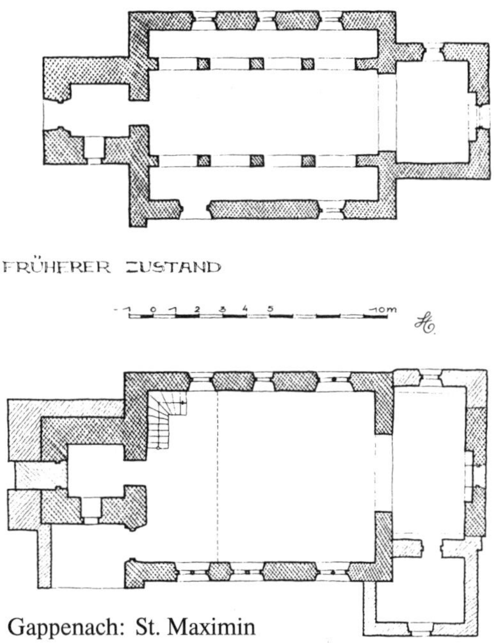

Gappenach: St. Maximin

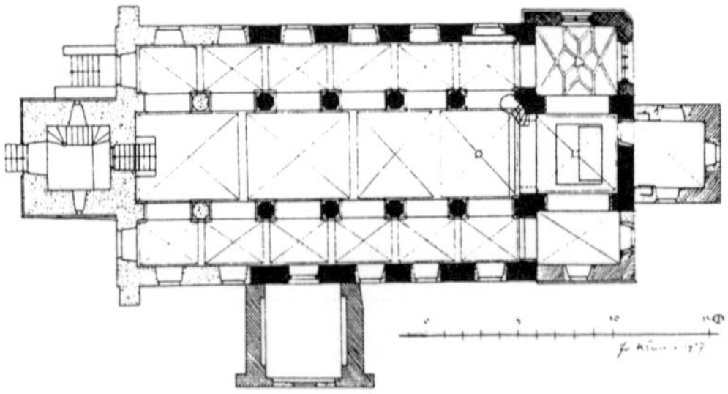

Mertloch: St. Gangolf

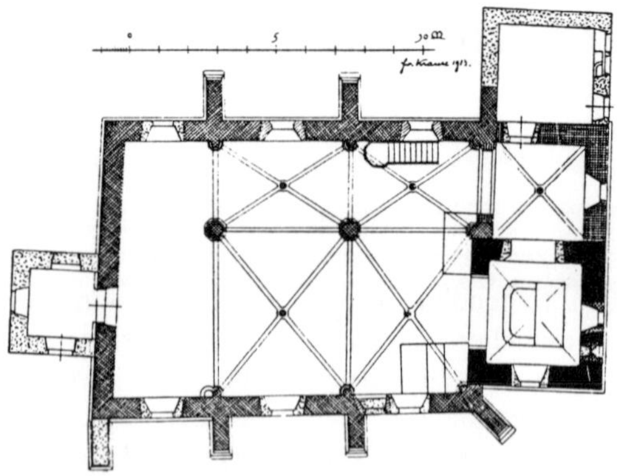

Wolsfeld: St. Hubertus

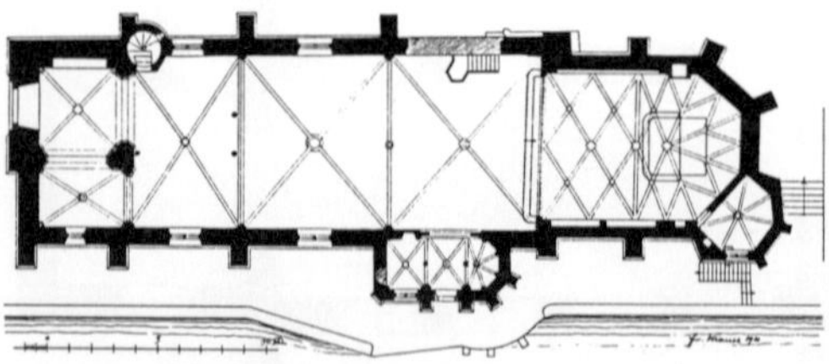

Monreal: Kreuzerhöhung

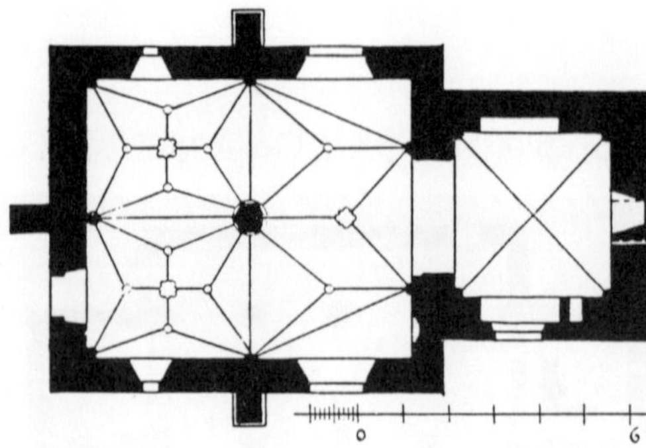

Stockem: St. Hubertus

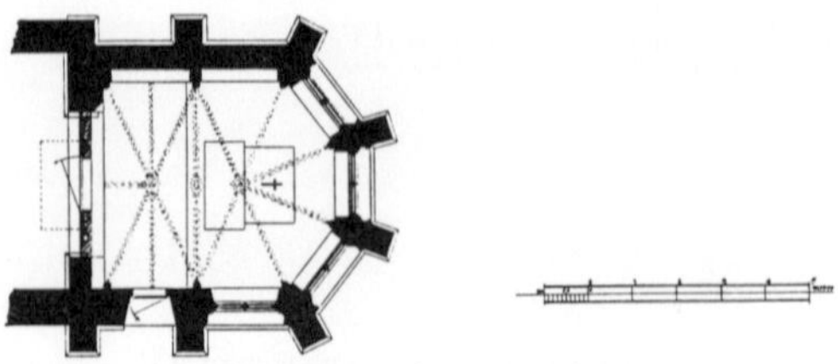

Welling: St. Paulinus

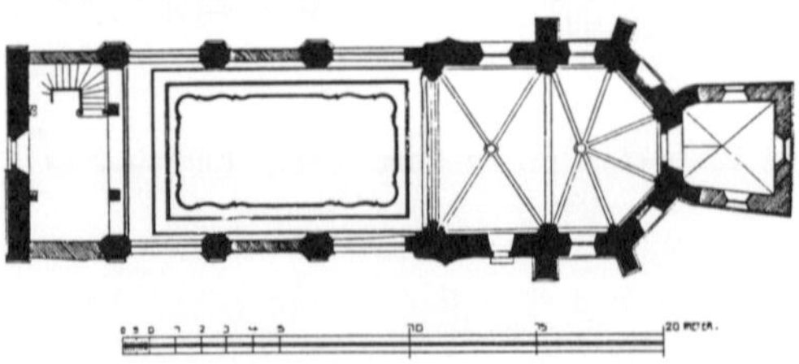

Fraukirch: St. Maria

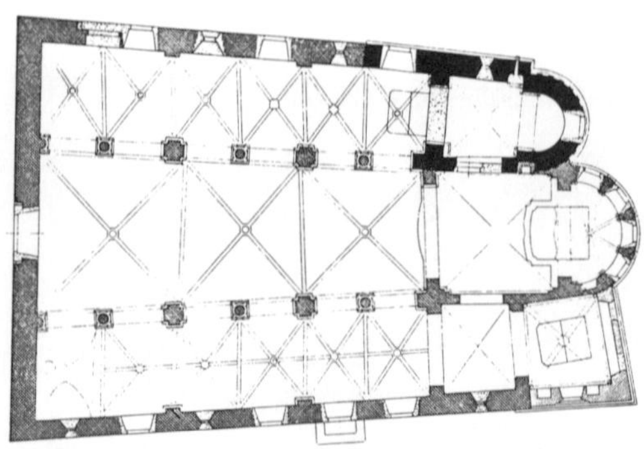

Roth an der Our: St. Peter

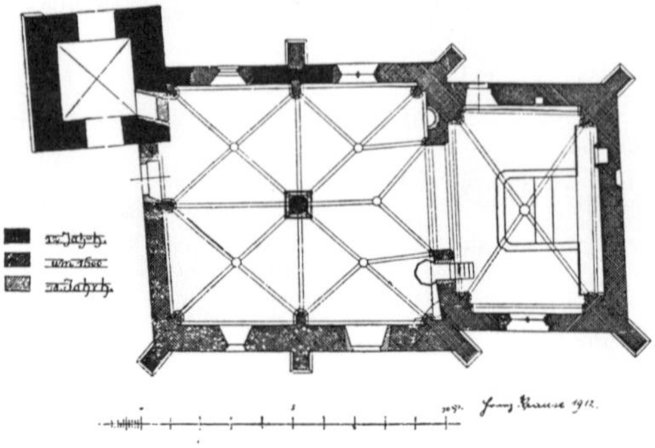

Meckel: St. Bartholomäus

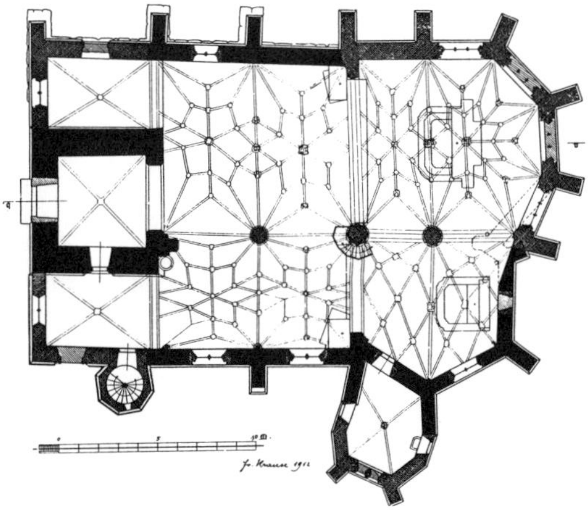

Gondelsheim: St. Fides, Spes, Caritas

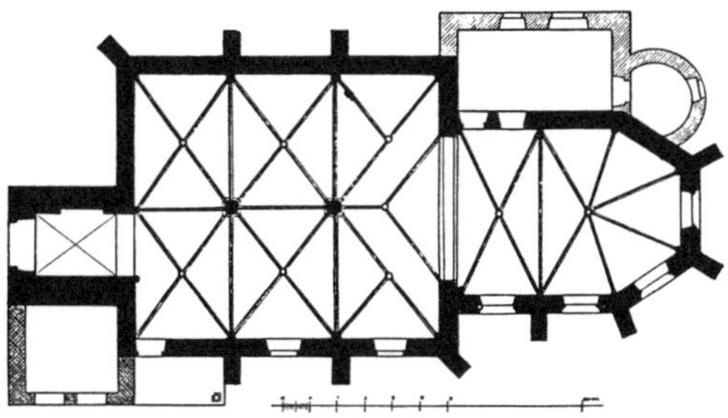

Lambertsberg: St. Lambertus

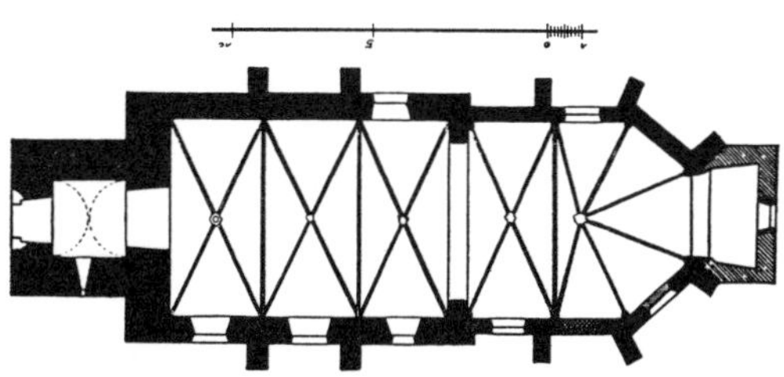

Großlangenfeld: St. Laurentius

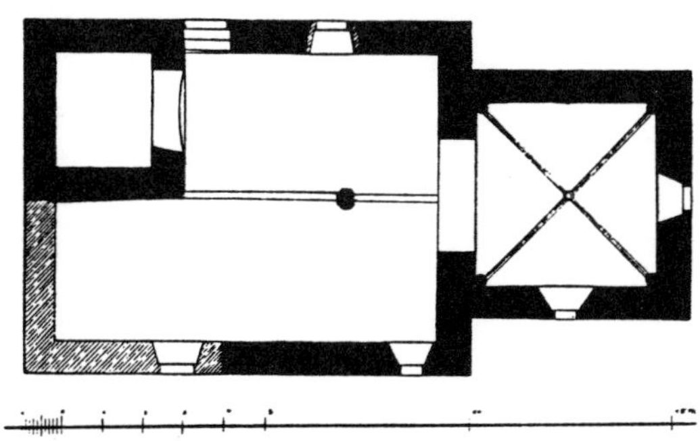

Niederkyll: St. Hubertus

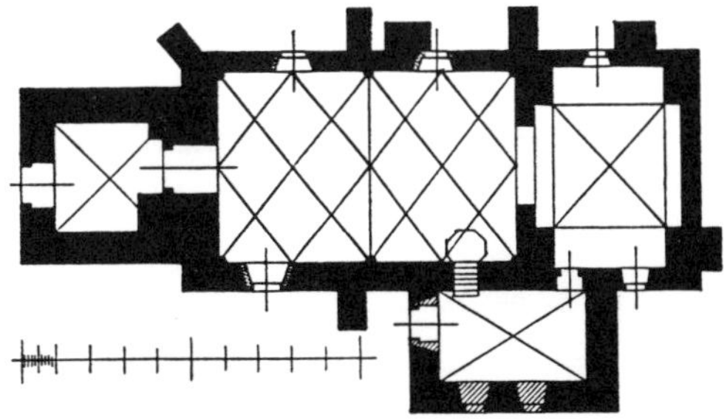

Berndorf: St. Peter

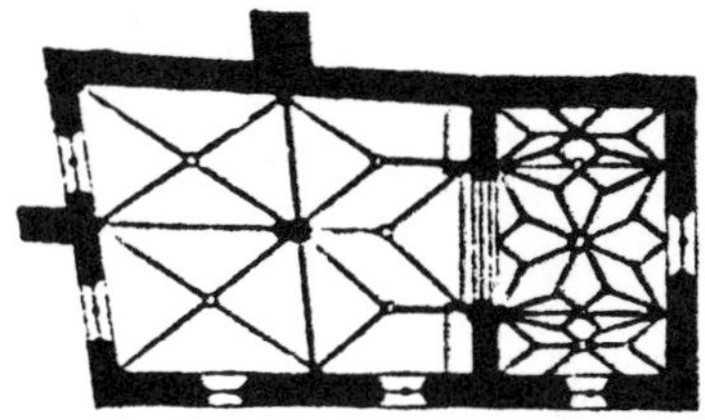

Kerpen: St. Stephan und Sebastian

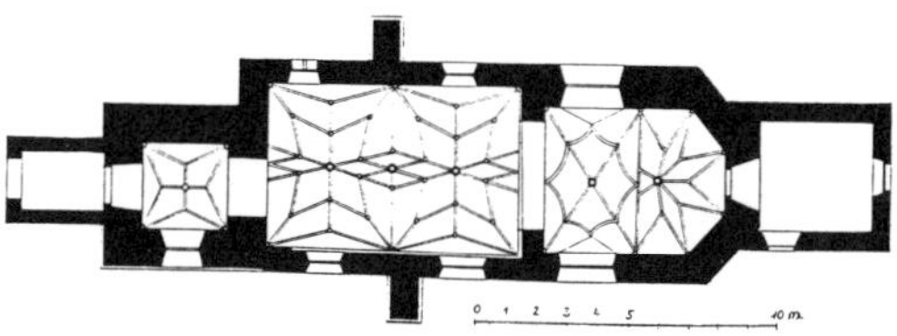

Kirmutscheid: St. Wendelin

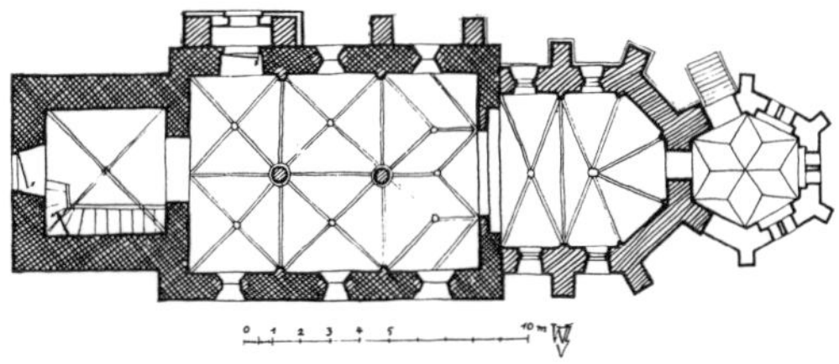

Dümpelfeld: St. Cyriakus

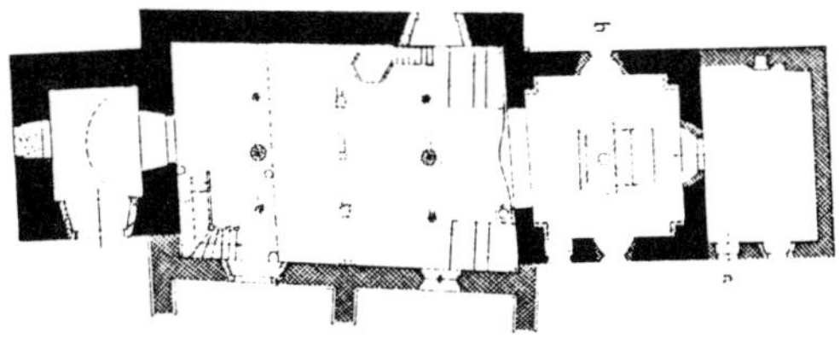

Gransdorf: St. Apollonia

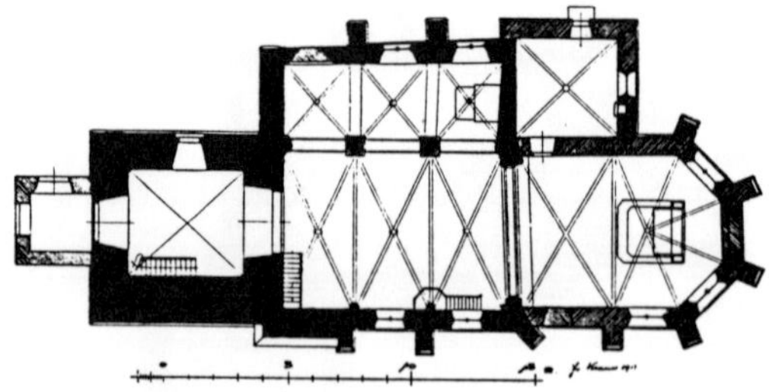

Dottel: St. Antonius

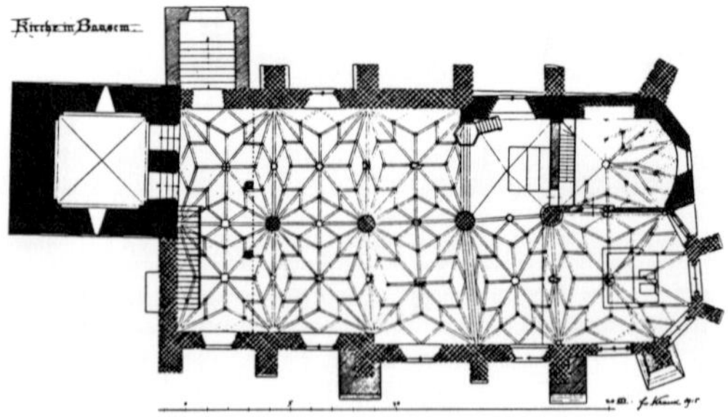

Baasem: St. Mariä Geburt

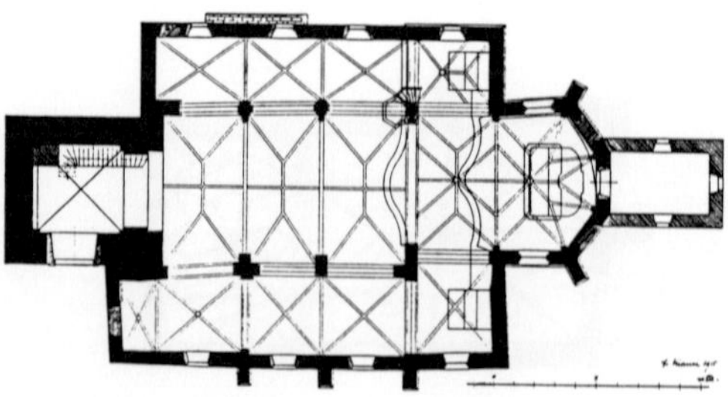

Weyer: St. Cyriakus

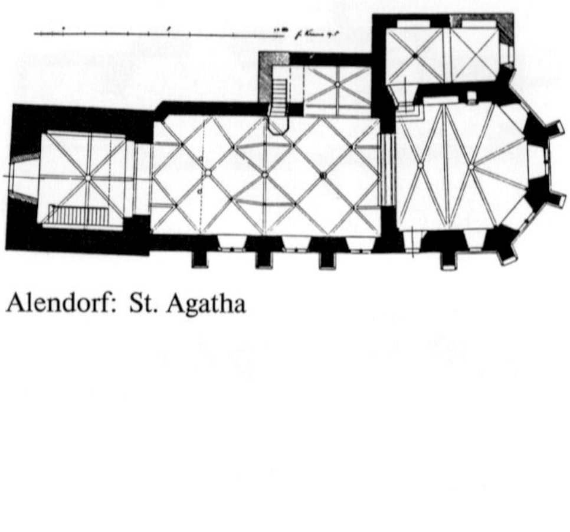

Alendorf: St. Agatha

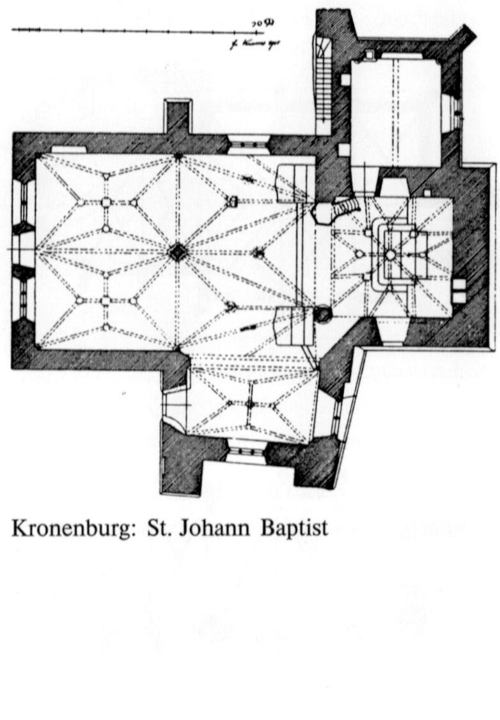

Kronenburg: St. Johann Baptist

Literatur

Adrian, Hans-Gregor, Berndorf (Hohe Eifel), Rheinische Kunststätten, Neuss 1985

Bassing, Th., Geschichte der Kommende, Vianden 1914

Becker, Johannes, Geschichte der Pfarreien des Dekanates Blankenheim, Köln 1893

ders., Geschichte des Dekanates Münstereifel, Bonn 1900

Benker, Gertrud, Christophorus, München 1975

Bertram, Johannes, 700 Jahre Pfarrgemeinde Alendorf, Waldorf, Jubiläumsschrift 1971

Blens, F.L., Scheven, Beschreibendes und Geschichtliches, Euskirchen 1922

Boockmann, Hartmut, Kirche und Frömmigkeit vor der Reformation, Vortrag zur Ausstellung »Luther und die Reformation in Deutschland«, Nürnberg 1983

Braunfels, Wolfgang, Lexikon der christlichen Ikonengraphie, Rom, Freiburg, Basel, Wien 1974

Bresgen, Peter, Kerpen, Geschichte und Geschichten eines Eifeldorfes, Köln 1986

Brüll, Wilhelm, Spuren keltischer Religion und Mythologie bei Weyer, in: Archäologie im Rheinland, Köln 1992

Busch, Harald, und Bernd Lohse, Romanische Plastik in Europa, Frankfurt im Main 1961

Calteaux, Georges, Architektur ohne Grenzen, in: Leben auf dem Lande, Bonn 1987

Clemen, Paul, Die romanische Monumentalmalerei in den Rheinlanden, Düsseldorf 1916

ders., Gotische Monumentalmalerei der Rheinlande, Düsseldorf 1919

ders., Herausgeber, Die Kunstdenkmäler der Rheinprovinz der Kreise Aachen, Ahrweiler, Bitburg, Daun, Düren, Euskirchen, Mayen (1. u. 2. Halbband), Monschau, Prüm, Schleiden, Wittlich, Düsseldorf 1927–1941

Dehio, Georg, fortgeführt von Ernst Gall, Handbuch der Deutschen Kunstdenkmäler Rheinland-Pfalz, Saarland; Berlin 1984; Rheinland; München 1966

Dittmann, Peter, Sinnbild und Abbild, Malerei und Skulptur der Gotik in Köln, Ausstellungsinformation, Köln 1988

Eifelverein, Kronenburg, Wanderfibel, Trier 1980

von Esser, P. Winfried M., St. Genovefa in Mendig, Obermendig 1981

Festschrift zur Kirchweihe in Üß, 1925

Gerstenberg, Kurt und Helmut Dohm, Baukunst der Gotik in Europa, Frankfurt am Main 1963

Glatz, Joachim, Wolsfeld bei Bitburg, Rheinische Kunststätten, Neuss 1983

Handbuch des Bistums Trier, Trier 1952

Handwörterbuch des Deutschen Aberglaubens, Berlin und Leipzig 1927

Hegel, Eduard, Geschichte des Erzbistums Köln, Bd. 4, Das Erzbistum Köln zwischen Barock und Aufklärung, Köln 1979

Heimatchronik des Kreises Ahrweiler, Köln 1968

Herrmann, Wilhelm, Hirt und Herde, 150 Jahre Evangelische Gemeinde Kirschseiffen, Aachen 1937

Heyen, Franz-Josef, Polch im Maifeld, Koblenz 1986

Hoellen, Michael, St. Jakobus zu Niedermending, in: Heimatjahrbuch Landkreis Mayen-Koblenz 1989

Hoster, Joseph, Chortürme im Rheinland, in: Colonia sacra I, Köln 1947

Jantzen, Hans, Die Gotik des Abendlandes, Köln 1962

Kaufmann, K. L. Aus Geschichte und Kultur der Eifel, Köln 1926

Kleinschmidt, Beda, Die heilige Anna, ihre Verehrung in Geschichte, Kunst und Volkstum, Düsseldorf 1930

Koch, Hermann Joseph, Die Pfarrkirche in Wirft-Kirmutscheid bei Adenau, Rheinische Kunststätten, Neuss 1983

Koch, Wilfried Maria, St. Cyriakus in Weyer, in: Archäologie im Rheinland 1991, Köln 1992

Könen, Anton, 800 Jahre Pfarrkirche Weyer, Weyer 1985

Kreissynodalvorstand Aachen, Evangelische Gottesdienststätten im Kirchenkreis Aachen, Monschau-Ingenbroich 1986

Kubach, Hans Erich und Albert Verbeek, Romanische Baukunst an Rhein und Maas, Bd. 4, Berlin 1989

Künstle, Karl, Ikonographie der christlichen Kunst, Freiburg/Br., 1928

Kyll, Nikolaus und Josef Röder, Die Fraukirch in der Pellenz im Rheinland und die Genovefalegende, in: Rheinisches Jahrbuch für Volkskunde, 2. Jahrgang, Bonn 1951

Lexikon für Theologie und Kirche, Freiburg 1964

de Lorenzi, Philipp, Beiträge zur Geschichte sämtlicher Pfarreien der Diözese Trier, Bd. I und II, Trier 1887

Lützleler, Heinrich, Bildwörterbuch der Kunst, Bonn 1981

Lagerbuch der Pfarrei zum hl. Cyriakus in Niedermendig, erichtet 1847

Marx, Jakob, Geschichte der Pfarreien der Erzdiözese Trier, Bd. I, Allgemeines, Trier 1923

Meynen, Emil, Da Bitburger Land, Stuttgart 1928

Müller, Jul. Otto, Die Reformation in der ehemaligen Grafschaft Schleiden, Langenberg 1887

Müller, Karl, Aufzeichnungen zur Geschichte von Monreal, 1992

Möbius, Friedrich, Die Dorfkirche im Zeitalter der Kathedrale, Berlin 1988

Molsdorf, Wilhelm, Christliche Symbolik der mittelalterlichen Kunst, Leipzig 1926

Neu, Peter, Eisenindustrie der Eifel, Köln 1988

Niewodniczanska, Marie Luise, Dudeldorf bei Bitburg, Rheinische Kunststätten, Neuss 1985

Noelke, Peter, Spolien aus dem spätantiken Atrium von St. Gereon in Köln, in: Museen der Stadt Köln Bulletin 3, 1985

Nußbaum, Otto, Kloster, Priestermönch und Privatmesse, Bonn 1961

Oediger, Friedrich Wilhelm, Geschichte des Erzbistums Köln, Bd. I, Das Bistum Köln von den Anfängen bis zum Ende des 12. Jahrhunderts, Köln 1972

Olessak, Egon, Kronenburg, Rheinische Kunststätten, Neuss 1956

Oster, Peter, Geschichte der Dekanate Prüm-Waxweiler, Trier 1927

Pauly, Ferdinand, Aus der Geschichte des Bistums Trier, Von der spätrömischen Zeit bis zum 12. Jahrhundert, Trier 1968

Pesch, Johannes, Die Glocke in Geschichte, Sage, Volksglaube, Volksbrauch und Dichtung, Dülmen i.W. 1918

Petri, Franz und Georg Droege, Rheinische Geschichte Bd. I-III, Düsseldorf 1980

Phleps, Hermann, Die farbige Architektur bei den Römern und im Mittelalter, Berlin 1930

Pippke, Walter und Ida Pallhuber, Die Eifel, Köln 1988

Pracht, Hans Peter, täntze, todt und teuffel, Aachen 1991

Rader, Reinold, 500 Jahre Grundsteinlegung Pfarrkirche St. Johann Baptist, Kronenburg 1992

Reim, Heinz, Herausgeber, Baasem - ein Eifeldorf, ein Heimatbuch, Baasem 1990

Rosenfeld, Hans Friedrich, Der hl. Christophorus, Åbo 1937

Sartori, Paul, Das Buch von deutschen Glokken, Berlin und Leipzig 1932

Schiffels, Josef, Erzählungen aus der Geschichte des Trierer Landes und Volkes, Trier 1905

Schiller, Gertrud, Ikonographie der christlichen Kunst, Bd. I-V, Gütersloh 1966–1991

Schotes, Paul, Die katholische Pfarrkirche St. Johann Baptist in Kronenburg, in: Jahrbuch des Kreises Schleiden 1972

Schug, Peter, Geschichte der zum ehemaligen kölnischen Eifeldekanat gehörenden Pfarreien der Dekanate Adenau, Ahrweiler, Remagen, Bd. 4, Trier 1952, Adenau, Daun, Gerolstein, Hillesheim und Kelberg, Bd. 5, Trier 1956

ders., Geschichte der Dekanate Mayen und Burgbrohl, Bd. 6, Trier 1961

ders., Geschichte der Dekanate Bassenheim, Kaisersesch, Kobern und Münstermaifeld, Bd. 7, Trier 1966

Sträger, Josef, Herausgeber, Das Bistum Aachen, Berlin 1933

Schuler, Wolfgang, Monreal in der Eifel, Rheinische Kunststätten, Neuss 1982

Torsy, Jakob, Lexikon der Deutschen Heiligen, Köln 1959

Virmond, Eugen, Geschichte des Kreises Schleiden, Schleiden (Eifel) 1898

Wagner, Herbert, Kerpen (Hohe Eifel), Rheinische Kunststätten, Neuss 1980

Weyres, Willy, Polch, Kreis Mayen, Instandsetzung der St. Georgskapelle, in: Jahrbuch für Denkmalpflege 7, 1931

Wrede, Adam, Eifeler Volkskunde, Frankfurt/Main, 1983

Zender, Matthias, Matronen und verwandte Gottheiten, Beihefte der Bonner Jahrbücher, Bd. 44, Köln 1987

ders., Sagen und Geschichten aus der Westeifel, Bonn 1986

ders., Schutzheilige der Haustiere im Rheinland, in: Rheinische Vierteljahresblätter, Jahrgang 5, Heft 1, 1935

ders., Die Verehrung des hl. Abtes Antonius im Großherzogtum Luxemburg und in Nachbargebieten, in: Berdorf, 1982

ders., Die Verehrung des heiligen Hubertus und die Hubertus-Schützenbruderschaften, in: St. Hubertus Bruderschaft, Bonn 1975

ders., Die Verehrung des heiligen Lambert von Lüttich, in: Räume und Schichten mittelalterlicher Heiligenverehrung in ihrer Bedeutung für die Volkskunde, Köln 1973

ders., Die Verehrung des heiligen Quirinus in Kirche und Volk, Neuss am Rhein 1967

ders., Volksmärchen und Schwänke aus Eifel und Ardennen, Bonn 1984

Zimmers, Peter, Geschichte eines alten Pfarrhofes, in: Heimatkalender Kreis Schleiden 1968

Stichwortverzeichnis

Bildnachweis

Fotos: Elke Lehmann-Brauns. – Außerdem wurden folgende Abbildungen freundlicherweise zur Verfügung gestellt:

Seite 8, 22
Norbert Pichatzek, Pfarrarchiv St. Cyriakus, Niedermendig

Seite 20, 23
Lydis Stulpich, Pfarrarchiv St. Cyriakus, Niedermendig

Seite 45
Reiner Beils, Monreal

Seite 47
Karl Müller

Seite 87
Förderkreis Alt-Roth, Karl Klotz, Roth a. d. Our

Seite 89
Hubert Göbel, Rommersheim

Seite 97
Hubert Colling, Waxweiler

Seite 145
Alfons May, Gransdorf

Seite 160
Pfarrarchiv der Evangelischen Kirche von Hellenthal

Seite 163
Burghard Stoff, Hellenthal

Seite 168
Pfarrarchiv St. Cyriakus

Seite 181
Kreisbildstelle Euskirchen

Seite 119, 187–190
entnommen dem Nachdruck von »Die Kunstdenkmäler der Rheinprovinz«, herausgegeben von Paul Clemen, 1927 – 41, Verlag der Akademischen Buchhandlung Interbook Trier

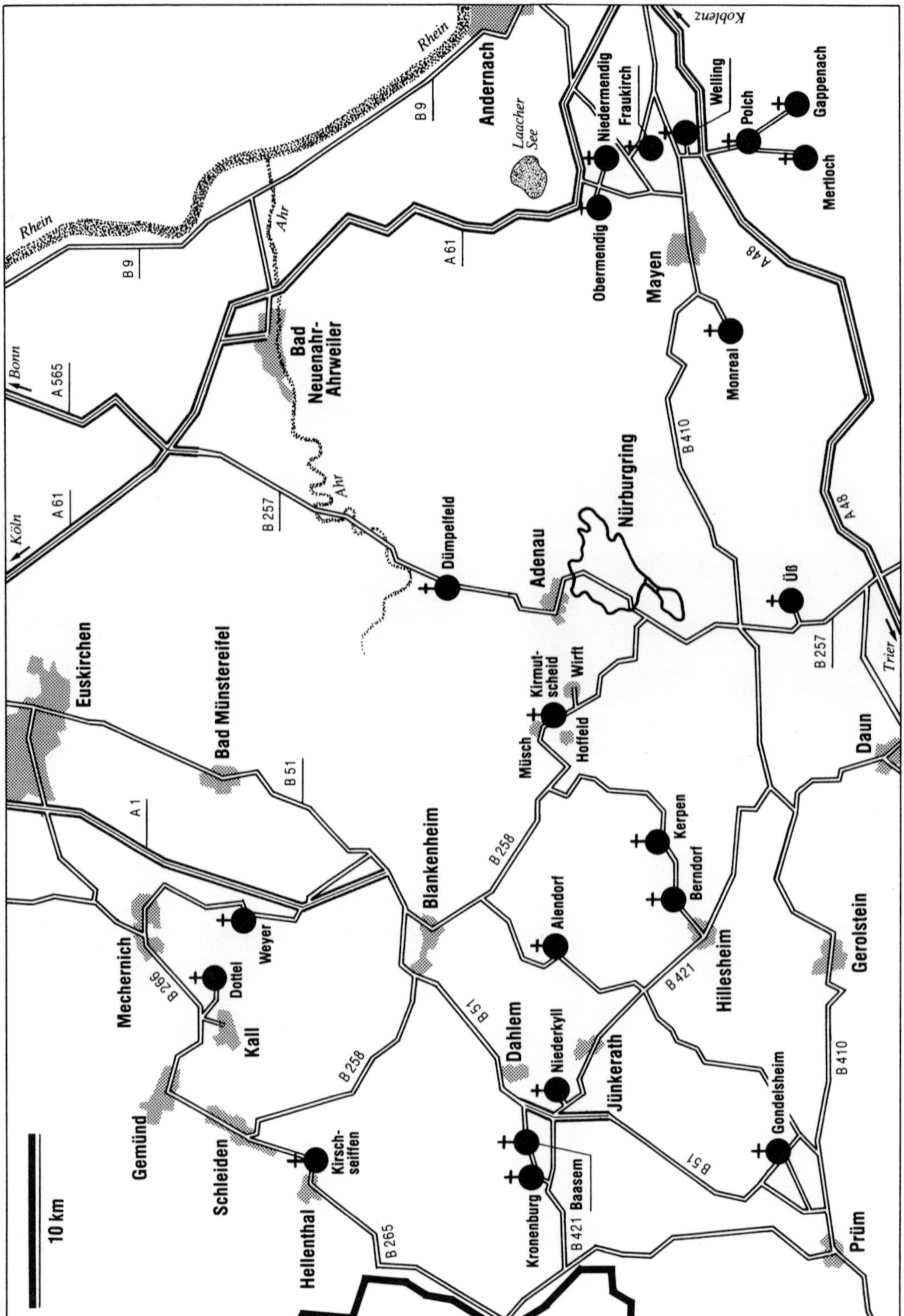
Rhein
Andernach
B 9
Laacher See
Niedermendig
Fraukirch
Welling
Koblenz
Gappenach
Polch
Mertloch
Obermendig
Mayen
A 61
Ahr
A 48
Bad Neuenahr-Ahrweiler
Bonn
A 565
Monreal
B 410
Nürburgring
Köln
B 257
Dümpelfeld
Adenau
Üß
Trier
Euskirchen
Bad Münstereifel
Kirmut-scheid
Wirft
Müsch
Hoffeld
Daun
B 51
A 1
Blankenheim
B 258
Kerpen
Berndorf
Alendorf
Weyer
Mechernich
Dottel
B 266
Hillesheim
B 421
Gerolstein
Kall
Dahlem
Niederkyll
Jünkerath
Gondelsheim
Gemünd
Schleiden
Kirsch-seiffen
Hellenthal
10 km
Kronenburg
Baasem
B 265
Prüm
BELGIEN

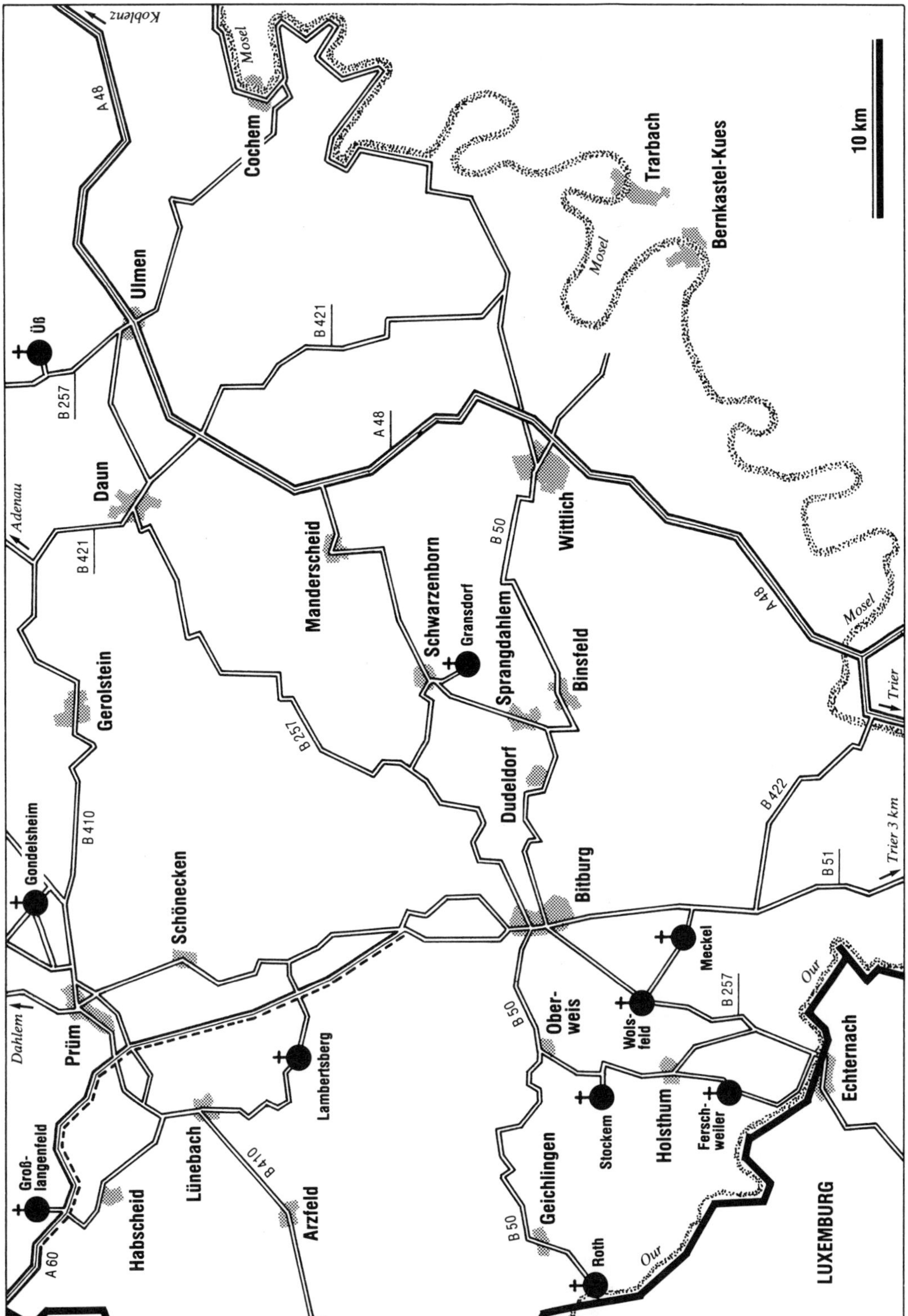
Koblenz
Mosel
A 48
Cochem
Ulmen
Üß
B 257
B 421
10 km
Trarbach
Bernkastel-Kues
Mosel
A 48
Daun
Adenau
B 421
Manderscheid
Schwarzenborn
Gransdorf
B 50
Wittlich
Sprangdahlem
Binsfeld
A 48
Mosel
Trier
Gerolstein
B 257
Dudeldorf
B 422
Gondelsheim
B 410
Schönecken
Bitburg
Trier 3 km
B 51
Meckel
Ober-
weis
Wols-
feld
B 257
Our
Echternach
Dahlem
Prüm
Lambertsberg
B 50
Stockem
Holsthum
Fersch-
weiler
Groß-
langenfeld
Lünebach
B 410
Geichlingen
Habscheid
Arzfeld
B 50
Roth
Our
LUXEMBURG
A 60
BELGIEN

Zähnefletschende Fratze am Beichtstuhl von 1700 aus St. Peter in Roth